嶺南思想家文獻叢書
景海峰　主編

［明］王啓元　撰
陳玄　點校

清署經談

上海古籍出版社

本項目由深圳市宣傳文化事業發展專項基金資助

整理前言

王啓元，字心乾，約生於明嘉靖三十八年（一五五九年），卒年不詳。柳州府馬平縣（今柳州市）人。明萬曆十三年（一五八五年）舉人，天啓二年（一六二二年）進士，選庶吉士，授翰林院檢討。清乾隆《柳州府志》、乾隆《馬平縣志》均有傳。《府志》卷二十五《鄉賢》：「王啓元，馬平人。弱冠博通經史，登萬曆乙酉科榜。連上公車十三次，至天啓壬戌始成進士，授翰林院檢討。以老告歸，猶著書不輟，其篤學如此。弟啓睿以明經授縣佐，辭不赴，隱於蟠龍崗，著《蟠龍崗志》。柳祠前有坊。」

王啓元所著《清署經談》一書，自刊行後三百多年傳藏、著録均極爲罕見。此書出版後即逢明清易代，亂世中銷聲匿跡，因此在清代廣西的多種通志及乾隆《柳州府志》、乾隆《馬平縣志》中都没有留下任何記載。古籍書目中見於清初黄虞稷的《千頃堂書目》著録。卷三《經解類》：「王啓元，清署經談十卷。」本書爲十六卷，而《千頃堂書目》著録或所見爲不全之本，或未見原書。清初朱彝尊《經義考》著録歷代解釋儒家經典之書。卷二百五十一《群經》記録：「王氏啓元，清署經談十卷，未見。」並引録：「鄭玥曰：啓元字心乾，馬平人，天啓壬戌進士，改庶吉士，授檢討。」朱氏所據出自《千頃堂書目》，以其搜求之廣而未見原書，可見清初時《清署經談》已是罕傳之本。

現存的《清署經談》原刻孤本爲臺灣中研院史語所傅斯年圖書館藏書。天啓三年（一六二三年）序刊本，半頁九行，行十八字。書前有作者天啓三年（一六二三年）春自序，文末署款：「天啓癸亥季春朔旦，西粤馬平王啓元書于玉署之麗澤軒。」「玉署」一詞爲翰林院的别稱，明人王洪《留别孫孟博》詩云：「草廬晦跡憐君老，玉署登名愧我先。」時王啓元供職於翰林院。此書是他告老歸鄉前刊刻於京師。

書中鈐印有「池北書庫」（陽文）、「光□初□□□縣王氏海□□」（陰文）、「國立中央研究院歷史語言研究所圖書之記」（陽文）、「史語所考藏珍本圖書記」（陽文）。據「池北書庫」印，知此書曾爲清初名詩家王士禛收藏。民國時期，轉藏於中研院史語所。陳受頤先生曾對此書進行過研究，有《三百年前的建立孔教論：跋王啓元的〈清署經談〉》一文，刊載於《中央研究院史語所集刊》（一九三六年三月）。

本書以傅斯年圖書館藏本爲底本，以柳州市地方誌編纂委員會辦公室影印本爲工作本（以下簡稱影印本），參照中華書局《十三經清人注疏》對本書所涉及的十三經原文加以勘正，並做了校注，加了按語，以示區别。

依據傅斯年圖書館藏本，補入了影印本脱漏的兩頁内容，共約三百字，並加注説明。點校者對底本的譌誤加以勘正，錯誤的文字用（）標出，校正後的文字用〔〕標出，對明顯的板刻錯誤則徑改不出校記。異體字、俗體字俱改爲正體字。底本有多處文字模糊不清，點校者根據前後文意補充了部分文字，補充文字用〔〕標出，以示區別；未補充的文字用「□」標出。全書施加標點，并分段；目録與正文多有不符，今據正文重新整理。

由於點校者水平有限，錯誤之處恐所難免，敬希方家指正。

目録

卷十六……（三三一）

清署經談序

洪惟我太祖高皇帝，初闢天下，定庠序鄉會之制，盡黜二氏百家，專尊孔子。皇皇乎大聖人之制，真可謂度越漢唐宋，直接二帝三王，有萬世之大功矣。不惟聖子神孫之所當恪守，亦天下臣民之所當共遵者也。二百餘年人才輩出，誰非以孔子之經起家而登仕者？祖宗重道崇儒之報，亦可見于前事矣。何近世以來，講學之徒乃有張大佛氏、斥小孔子者，而西洋之人復倡爲天主之説，至使中國所素尊之上帝亦幾混而莫辨。嗚呼！此儒者之過，亦中國之羞也。元初留京，本以受命先臣，思博一第以爲報國之藉；已而見前二家之書，竊嘆高皇帝專尊孔子，而爲臣子者顧反之，于王制爲不忠；且士紳皆誦法孔子，及已得志而遂悖之，于聖門爲不義，宜良心稍有未泯者輒扼腕而不平也。元誠不勝公憤，復思所以致此，蓋爲孔子所以當尊與高皇帝所以專尊之意，前此未有爲之發明者，亦千古一缺典也。于是取十三經正文，朝夕焚香危坐，反復百思。先後留京二十季，誓欲成此一事，當其立志之專、用功之篤，有雖家不顧、雖貧不悔、寧遲進取、不負聖經者，積日既久，亦若矗有入焉。豈天憐其一念之愚，殆陰有以啓之耶？然未敢遽信也。家居十年，細心審體，而後乃知孔子原自至神，聖經原自大備，人自求之弗深，考之弗詳耳。

因隨其所入，叙爲數集，以俟請正大方。兹謬叨一第，荷聖主新恩廣庶常之額，遂以元備粤數，是亦請正之一時已。夫元祖、元父皆自聖經起家，嘗聞一飯不忍忘報，而况聖經固有大焉者乎？然此猶一身一家之私耳。顧念孔子之道不明，則高皇帝萬世之功不白。先民有言，請自隗始。元粤西鈍士，然且不忘明孔子之道，以揚勵高皇帝萬世之功。况天下之大，豪傑之衆，其卓見遠識，千萬元而無數者，獨無是忠義之心哉？豈惟遠方之人，拭目望之，將高皇帝在天之靈，實式臨之。故于請正之後三致公祝：惟大方豪傑特爲留意，吾道幸甚，天下萬世幸甚！天啓癸亥季春朔旦，西粤馬平王啓元書〔二〕于玉署之麗澤軒。

〔二〕　此句「三致公」「天下萬」「啓元書」三處因影印本製作不當脱漏，今據原刻本補正。

卷一

清署經談初集

恭頌聖祖篇

或曰：子之尊聖經也，乃溯其本，而謂我太祖高皇帝有萬世大功，豈子祖若父世受國恩，故爲此獻諛之説耶？抑有可據以爲證者也？曰：子固言之矣，豈有世受國恩之家，而敢于獻諛者？請歷以實證。

天地開闢之初，羲皇首出御世，天有圖書之授，因有八卦之作。先天四圖，豈非萬世斯文之祖哉？然自羲皇至于成周，不知幾千年矣。雖三代皆有易，然皆藏之卜筮耳，未有首揭之以爲斯道之大原者。惟孔子《十翼》既作，然後羲皇之易，得與天地並傳。試思孔子發揮天地，表章羲皇，可謂萬世之功否？先王崇四術以教士，《詩》《書》《禮》《樂》備矣。春秋之世，百家紛出，大抵師異教、士異學，諸子之書猶有存于世者，其有專尊四術以自成而成物者乎？身自尊之，又率天下而共尊之，甚至藏之于地，藏之于壁，四術之至今存者，誰之力與？孔子之前知遠慮所貽也。試思孔子之于四術，爲學爲教，且傳且藏，帝王之經遂永爲後來修齊治平之法，可謂萬世之功否？然但尊古而不急時，則撥亂反正猶爲一缺典也。春秋之世與周公之時不同矣。語有之，急則治標，緩則治本。春秋之義，奉天正王，奉王以正天下，雖《詩》《書》《禮》《樂》未及全舉，然諸侯不得僭天子，大夫不得僭諸侯，夷狄不得僭中國，則大綱固正矣。標已無恙則本可次第施矣。試思孔子經世之略，所爲超于伯佐之上，如此可謂萬世之功否？然此孔子之所以爲天子計者耳。使其自爲出于聖經之外而別有一道，僅有正經之名而非身有其實，則上無以格君，下無以率衆，人猶可易及也。有《中庸》以立本，有《孝經》《大學》以妙用，且咸試于《論語》，以教育英才而備國家之任使。試思孔子即經而完具體用，且豫立如此，是人臣格君之本，又人師身教之本也。上可法以格君，下可法以率衆，可謂萬世之功否？合而言之，以《易》爲五經之本原計，以五經爲天子、人倫、王政計，以三書爲立身、輔天子計，以《論語》爲天子任使之人才計。孔子萬世之功爲生民未有之盛，豈不信而有徵哉？

或曰：即如子言，亦孔子之功耳，于太祖高皇帝曷與焉，而乃移之以頌耶？曰：此義自在聖經，人特忽而不察耳。孟子曰：堯以不得舜爲己憂，舜以不得禹、皋陶爲己憂。又曰：以天下與人易，爲天下得人難。又曰：爲天下得人謂之仁。夫堯舜之憂，豈非爲天下乎？堯舜之仁，豈非爲天下得人乎？向使舜不遇堯，則歷山之耕夫耳；禹不遇舜，則崇伯之胤子耳，其能相繼以樹非常之烈哉？然則舜之得以有爲，而成四方風動之治，堯舉之故也；禹之得以有爲，而成萬世永賴之功，舜用之故也。解在孔子之論管仲、子産矣。自賢雖賢，得薦賢而名益彰。推而上之，以此思太祖高皇帝萬世之功，豈不與堯舜並美乎？雖千聖復起，又安得更有如孔子生民未有之盛，以爲其所專尊哉？即專尊不能外孔子，然亦相繼爲述者之明，而我太祖高皇帝實爲作者之聖矣。豈不猗與盛哉？豈不猗與盛哉？

恭紀聖政篇

或曰：孔子之有功于前代，則亦有信史之可徵矣。然我太祖專尊孔子，而二氏百家曾不得與之並焉，是自漢唐宋以來所未有也。且列聖遵行二百餘年矣，豈可無揚厲者乎？曰：嘗合前代而考之，則聖道之大行未有過我朝者。太祖高皇帝汛掃胡元，是《春秋》華夷之辨，已身行之矣，其合經一也。太祖加意太學，無所不盡其心；成祖頒四書五經、《性理大全》于天下，列聖繼之，日御經筵，親幸太學，至世宗而益盛，是漢唐宋諸君所未有也，其合經二也。郊社之體，合祀天地，世宗親自定之，非天子不議禮，其合經三也。睿宗獻皇帝之稱皇考，世宗獨斷行之，惟孝子能饗親，其合經四也。每遇天象示異，輒爲之修省，自古帝王敬天之仁莫加于此矣，其合經五也。二百餘年，一守祖宗之制，未嘗變更，自古帝王法祖之孝莫切于此矣，其合經六也。視朝之外又有召對，君臣交孚，上下一體，其合經七也。我朝家法之嚴，後妃不得與政，無外戚之失，與宋比隆，其合經八也。二祖列宗皆留意于教太子，而于官僚尤所優待，其合經九也。宗藩分建，第尊位而重禄，而弗假以兵權，其合經十也。我朝之制雖不立丞相，然于内閣尊崇眷注，可謂恩禮兼隆矣，其合經十一也。《周禮》雖未用以取士，然我朝官制無不准諸《周禮》，是《周禮》（土）〔上〕〔一〕下内外之制固已親見之行矣，其合經十二也。朝儀之制，百官恭肅趣命，有不如禮者，則御史糾之，是《周禮》司士之職也，其合經十三也。國家遇有緩急，軍民人等皆許得盡言，則言路可謂廣矣，其合經十四也。祖宗以來，未嘗殺戮大臣、禁錮言官，即有偶誤，旋即悔改，甚至異世而後猶加褒贈，可謂尊賢敬士，有加無已矣，其合經十五也。内有九卿，外有撫按，上下相臨，外内相制，三年外察，六年京察，則《周官》考課之典也，其合經十六也。歷代帝王有祀，而其臣有功世道者，亦得以附享焉，其合經十七也。庠序之設，自太學以偏于天下，盡黜二氏百家，專尊孔子，漢唐宋所未有之盛也，其合經十八也。學校卧碑，于諸生獨有戒焉，所以養其德性者，又何豫也，其合經十九也。學宫以明倫名其堂，名宦鄉賢亦得以祀于學官之側，其合經十

〔一〕依文意，「土」當作「上」。

十也。忠臣有專祠，烈婦有專祠，亦皆以明倫之故，其合經二十一也。以進士起家者，上則鼎甲，次則庶常，次則部屬，即選爲推、知，亦以最入爲臺省；稽古之榮，可謂眷顧之至矣，其孰忍不思報哉，其合經二十二也。于諸臣中尤重詞臣之禮，教習愛養，纖悉具備，真令人對之而感愧並集者，蓋欲豫儲之，以爲顧問之佐也，其合經二十三也。三途並用，有卓異者則破格擢之，不以例拘，是立賢無方之義也，其合經二十四也。三年無過，則有貤封，及其父祖，遇有覃恩則又不以年拘，其所以體群臣者一何厚也，其合經二十五也。兵部有出兵之權，督兵之役則武臣任之，文武兼用，故得以長治久安，而無藩鎮之患，其合經二十六也。功臣世禄而無握兵之柄，故皆得以保全，其合經二十七也。衛所之職，以祖父之功得以世襲，其幼而未成又有優恤，非甚有罪不忍奪也，其合經二十八也。衛所之軍養之于平日，戍守之卒，恤之于更番，有《采薇》之遺意焉，其合經二十九也。學政之外，又有聖諭教民六言，無非感動其良心，使趨于善，以默消禍亂之萌耳，其合經三十也。里甲條編之外，無有苛征，民得以其所餘，爲仰事附育之資，始知有生之樂矣，其合經三十一也。祖宗以來，蠲租之令，無歲不下，恩之及貧民也，其合經三十二也。即商税不廢而未嘗過爲苛索，故皆得以安其生理，其合經三十三也。恤刑之遣，惟恐天下有冤民；哀矜勿喜，尤好生之德也，其合經三十四也。然此猶已罹于刑者耳，其警之于未犯之先，又有旌善申明之法，是刑期無刑之義也，其合經三十五也。甚至孤老，亦有收養之所，無祀亦有厲祭之設，嗚呼，何其仁之周密至此哉，其合經三十六也。

然此皆得之見聞，人所共知者耳，其有内史所載、彤管所記，固有未能盡悉者。合而觀之，則郊社宗廟所以溯本原也，歷代帝王所以報功業也，專尊孔子所以崇道德也，百神之祀所以敬鬼神也。經筵視朝視學，君德修矣；后妃内使皆不得預政，家法嚴矣；敬大臣，禮重臣，優詞臣，容諫臣，保全功臣，駕馭武臣，朝綱正矣；羽林有衛，團營有制，三輔有守，邊鎮有防，王畿重矣；取士有途，用人有法，考課有典，作養有素，人才聚矣；臺省有糾，軍民有奏，言路通矣；撫以坐鎮，按以觀風，三年一覲，黜陟有差，臣紀肅矣；租税有蠲，刑獄有恤，孤老有養，無祀有祭，民生遂矣。自上而下，自内而外，自明而幽，自人而天，無一不盡其制，無一不行其仁，法度既周，德澤綦厚。昔成周世積仁厚，子孫享祚遂至八百。我二祖列宗積累以至今日，有過成周無不及焉。略言其效，則正統有虜酋之患，成化有流賊之患，正德有逆藩之患，嘉靖有倭夷之患，然卒歸于蕩平，金甌如故。又靖難有死節之臣，景泰有定亂之臣，議禮有抗章之臣，礦税有守法之臣，雖其天性固然，亦孰非國家平日作養之報也。嘗謂六經之道，以言明之不若以身行之也；然行之于臣下，不若行之于君上也，行之于君上，又不若君臣上下無不見之行也；然行之或作或輟，又不若行之久而不變也。我朝自太祖定制專尊孔子，二百餘年于兹矣，不惟聖子神孫咸守而不變，亦薄海内外所共遵而莫違也。是君臣上下無人不行，其至于今且無日不行矣。

其行之于君者，是上之以尊經而收效者也；其行之于臣者，是下之以尊經而收效者也。太祖無負于孔子，而君臣上下皆受其益矣，第其中不能無少辨焉。

夫節義之有功于人倫，功業之有功于王政，固顯而易知、實而有據也。文章理學則止于言矣，其時措而爲節義功業之用，猶可言也，不然則無用之空言耳。以專尊孔子之世而乃有無用之空言，無乃負太祖定制之初意，且非孔子立教之本心乎？是不可不愧也，是不可不懼也，更不可不思也，更不可不圖其實，以求其無負于孔子，無負于太祖也。願與同志勉焉。念之哉，念之哉，雖一日百思可也。

卷二

聖道原本天地

聖統天授篇

或曰：韓昌黎有言，「堯以是傳之舜，舜以是傳之禹，禹以是傳之湯，湯以傳之文武周公，文武周公傳之孔子，孔子傳之孟軻」，信乎？道統固自堯舜始乎？曰：其論相傳之統則是，而以爲即始于堯舜則未盡也，曷不徵之孔子之言乎？《易·繫辭》曰：「古者包犧氏之王天下也，仰則觀象于天，俯則觀法于地，觀鳥獸之文與地之宜，近取諸身，遠取諸物，于是始作八卦，以通神明之德，以類萬物之情。」夫八卦之前且無圖象，何況書契？八卦既作，其妙至于神明之德由此以通，萬物之情由此以類，則天地古今之道，又孰有出其範圍之外者哉？故孔子删述必首于《易》，而其贊聖必首于包犧，則羲皇爲開天創統之祖，自孔子而已有定評矣。其叙次之語又曰：「包犧氏没，神農氏作，神農氏没，黄帝、堯、舜氏作」，是二帝之前，孔子固明冠以三皇矣，則叙道統者安得而遺之哉？昌黎蓋就《孟子》七篇中以論，未可即據之以爲道統定案也。

或曰：敘傳道之人，其統肇自三皇，則固信而有徵矣。第所傳者何道，豈即昌黎《原道篇》中之所稱引者乎？其鋪張先王之道，可謂詳而有體矣，信乎？道遂盡于此乎？曰：其引《詩》《書》《易》《春秋》《禮》《樂》，則道固在其中矣。然綱領次第稍有未確，則學之者無所適從，而聞之者無繇信受。故論聖人之道不可不寧過于慎也，曷再徵之孔子之言乎？《繫辭》曰：「有天地然後有萬物，有萬物然後有男女，有男女然後有夫婦，有夫婦然後有父子，有父子然後有君臣，有君臣然後有上下，有上下然後禮義有所錯。」夫首提天地以爲綱領，則古今幽明已包羅而無所遺矣，固二氏之所不能加，而百家之所不能越也。至于萬物並育之中，而敘次所爲男女、夫婦、父子、君臣、上下、禮義，更精確而不可紊，又二氏之所不能滅，而百家之所不能混也。昌黎所稱，則皆綱領次第既正之後，禮義有所錯中之事耳。由此觀之，天地非道統之原而何？雖然《繫辭》又曰：「河出圖，洛出書，聖人則之。」自古立教，未有天人親相授受者，則此圖書者，非天所親授于聖人之秘密乎？夫二氏百家，大抵興于中古之後耳，而肇于開闢之初，則惟儒者獨也。二氏百家自我作祖，特師徒相授受耳。而得之天地之所親授，則又惟儒者獨也。故敘道統者必推極于天地，而又實指天地之所親授，而後儒者之本原始定。此統一定，豈惟二氏百家不能混，即天地再闢、千聖復起，亦不可得而易矣。

或曰：他書有言，「天地之外別有天地，世界之外別有世界」，子第執現前天地，以爲開闢之初，天人親相授受，得無坐一隅之見乎？曰：否。凡言天者，必有驗于人；凡言理者，必有驗于物；衆言淆亂，則折衷于聖人。夫三皇之書，靡得而鏡矣，自堯舜以至孔孟，非古之聖人乎？璇璣王衡〔二〕之制，所以象天者，自堯舜至今日，未有改也；先天後天之説，所以論天者，自孔孟至今日未有異也，則後之學者亦信聖人之言，可矣。乃謂天地之外別有天地，縱不以聖言爲信，天地亦不可信耶。甚矣，人之易惑也！故論道必始于天地，論統必首乎三皇，論徵信必以孔子之言爲定，道德一定，餘可次第定矣。故以冠于聖經之首焉。

上帝統天篇

或曰：嘗聞天地現在所有，中先後三天，雖系全局，然統天爲主，亦須分之爲二，其義乃不相混。曰：然。天有二局，一爲天地自生之局，且屏去人物鬼神，專言天地。蓋天地有上下之定位，有中外之法象，而握天地之大權者則惟上帝。據《孝經》所言，「郊祀後稷以配天，宗祀文王以配上帝」，則天與上帝似當有微異。以理推之，則無名無爲者宜屬天，有主有權者宜屬上

〔二〕「王衡」，即「玉衡」。

帝。以人事徵之，則堯之則天無名即天，舜之恭己而治即上帝也。然實一體而二名，如人身止一心耳。無爲則謂之性，有爲則謂之意，其實只一心耳。顧何以言自生之局，則以德爲主，如《文言》所言「大哉乾乎！剛健中正，（統）〔純〕[一]粹精也。」是也。又如《繫辭》所言「《易》無思也，無爲也，寂然不動，感而遂通天下之故，非天下之至神，其孰能與于此？」是也。然上帝雖至精至神，亦不能孤立而無與，有天地以爲體，又有日月以爲運，四時以爲序，百神以爲用，先天如此，後天亦然，而後上帝始全其至尊之體焉。合而言之，天地也，上帝也，百神也，日月也，四時也，先天以迄後天也，而自生之局全矣。正如人之一身有心爲主，而五官百骸爲之用，且能盡性至命，根心生色以暢于四肢，以其未及于生物也，故曰自生之局，然萬物之所自生則固本于此矣。其一是爲天地生物之局，蓋天地之定位不移也，上帝之居尊不動也，日月之所運行，寒暑之所推遷，雷霆風雨之所鼓潤，則物于是乎生矣。然非雜然生之而無所分辨也。乾父坤母，生之本也；乾男坤女，生之類也；乾首坤腹，生之形也。「有天地然後有萬物，有萬物然後有男女，有男女然後有夫婦，有夫婦然後有父子，有父子然後有君臣，有君臣然後有上下，有上下然後禮義有所錯」，生之序也。「天尊地卑，乾坤定矣。卑高以陳，貴賤位矣」，君子以辨上下、定民志，

[一] 依《周易・文言》，「統」當作「純」。

生之等也。男正位乎外，女正位乎內，男女正，天地之大義也，正家而天下定矣。上下交而其志同也，上下不交而天下無邦也，生之政也。聖人南面而聽，天下嚮明而治，生之主也。聖人之情見乎辭，生之師也。遏惡揚善，順天休命，生之法也。妙物爲言，變動不拘，陰陽不測，生之神也。合而觀之，天地也，男女也，夫婦也，父子也，君臣也，上下也，內外也，作君也，作師也，正家而天下定也，修身而天下平也。正如父之于子，付托得人，而一家之事皆以屬之，幹理爲其父者，有恭己無爲而已。然則作君作師，正天之以天下付托之者，而天之所生者且賴其裁成，生而不足者且賴其輔相矣。後儒但以草木萬物屬天，至于作君作師則專屬之聖人，不知君師之位。聖人能自盡其道，豈能自生其身哉？且人之所爲大德曰生，僅止于生物而不及生人，又不能于人之中生君師，于君師之中生聖人，于聖人之中生至聖，則亦無爲貴天矣。此論天之自生者，不可不兼鬼神；而論天之生物者，不可不先君師也。天之自生與天之生物，分而爲二則明，合而爲一則全，天地現在對待之局，昭然可以意會矣。又按：自生之局即天地之盛德也，生物之局即天地之大業也。惟天地有此盛德大業，以立統天之極，故聖人因之以崇德廣業，賢人因之以可久之德、可大之業，君子因之以進德修業，總之中天之一脈也。不然，捨德業而言性命，將流爲道家；捨德業而言神智，將流爲卜筮。楊子雲曰：「通天地人曰儒，通天地而不通人曰伎。」此統天之所以爲重也，故冠此于首，以爲三天之大宗云。

聖定天局篇

或曰：子嘗有言，聖人立教以人道爲主，然〔所〕[一]以盡人道者，必己所當爲，又人皆可爲，而後其〔教〕[二]可行於天下，可傳于萬世。若己不當爲，人不能爲，則雖神異駭俗，亦非人可通行之達道矣，故論聖人之教當以其可以公行、可以常行者爲主。又曰：聖人有言，不過教人以行道也，若過求奇奧，人不能曉，或好爲獨創，言而無徵，是欲自成一家之文，而非以公天下、覺萬世爲心矣。惟聖人言不必自己出，而述古爲徵，則人既易知而亦易信，教不因之以大明而大行乎？夫聖人以人可公行常行者以立教，且以人所易知易信者以導人而行教，是教爲人設而言又爲教設也。聖人之重人如此，而不先正人道，可乎？是固然矣。然又聞之，聖人立教以天地爲宗，故萬世不可易，而獨以人道爲言，得無淺而未深、狹而未廣、陋而未超乎？彼賢智之士見其如此，安得不向深廣超脱者望而趨之也？然則以人道爲言，不惟不能與二氏百家角而並立，且淺〔陋〕[三]而不及彼萬倍矣。是重爲聖教之累，而自貽儒者之辱也。惡乎可？曰：否。人所謂

[一] 此處漫漶，依文意當作「所」。
[二] 此處漫漶，依文意當作「教」。
[三] 此處漫漶，似當爲「陋」。

天地，離人道而言者也；吾所謂天地，即人道而言者也。離人而言天地，在人之外，與人分爲二；即人而言天地，在人之中，與人合而爲一。子試思，人與天地合而爲一矣，則言天地者當即人道而求之乎，當外人道而求之乎？子又思，求天地之道者，即人而求之爲親切而有徵乎？離人而求之爲親切而有徵乎？可一自反而悟矣。且子未嘗合人道而究其全局，故疑人道之外復有天道，又未嘗合天人而究其必不可離，故欲離人以言天耳。嘗合宇宙人道，其大綱有三：曰君臣、曰父子、曰師弟。此三大綱者，自天地開闢以至於今，又自今以迄於渾沌，所謂斷斷乎必不可易者，非乎？試以君臣觀之，論王者之制，則五等行於天下，六等施於國中，又有王宮、王朝、王國、王畿、中國、四夷、五服、九服之不同；論王者之政，則有設官、建侯、養民、教士、禮樂、刑政之不一；論王者之治，則有開創、守成、中興、恢復、偏安、一統之不齊；論王者之德則有仁暴、昏明、改過、怙終之不等。夫以是德也，居是制也，行是政也，而致是治也，一一與後天符合，而猶謂天道不在是乎？又以父子觀之，相求而爲男女，相合而爲夫婦，相生而爲父子，相序而爲兄弟，尊之而爲祖宗，合之而爲親族。夫始於夫婦，成爲父子，尊爲祖宗，合爲親族，一一與先天符合，而猶謂天道不在是乎？且人惟分君臣父子而觀，故言先天或不貫於後天，言後天或不貫於先天，故疑人道之中，大道未必全耳，則曷不以天子一人獨觀之乎？夫天子有夫婦也，有父子也，有祖宗也，有親族也，則先天在是矣。天子有聖德也，有聖制也，有聖政也，有聖治也，則後天又在是矣。以天子之後天，合天道之生物，以天子之先天，合天道之自生，體用一源，顯微無間，則天道之全局，無一毫之欠缺矣，而猶謂人道之中天道有不全乎？以是知即人而言，天道有四益焉：知天道即具人道中，則人知自貴不敢有暴棄心，一也；知天道即具人心中，則人求自慊不敢有欺罔心，二也；知人道即是天道，則凡言人道必求合乎天道而後已，於是天道人道之全局，不期存而自無不存矣，三也；知聖教是即人道中言天道，則凡明聖教者必合天道人道以爲一，於是聖教之天人一貫者，不期全而自無不全矣，四也。妙矣哉！即人言天之一語也，千聖復起不能易矣。

或曰：子言天子顯然矣，謂人臣何？曰：吾固言之矣。天子之制定而天下之制定矣，天子之學定而天下之學亦定矣。學則凡民與聖人同者，理之一也；制則天子與臣民異者，分之殊也。夫理一分殊，固天道也，又何疑焉？

或曰：子言宇宙大綱有三，茲合君臣父子以當先天後天，則固不可易矣，而獨遺師弟何也？曰：先天後天，道固全矣，然猶在局中也。夫師道者，立乎局外而教人以盡道者也。惟在局中也，則一物不可缺，一事不可遺，而一動不可錯，一念不可苟。惟在局外也，則自處甚高，觀局甚審，念纔有欺則亟正之矣，動纔有錯則亟反之矣。此局外之大觀而救世之神手也，故曰賓師不與臣同。知此義者，孔子之後，孟子一人而已，故當別論。

卷二

聖教原尊天子

天子御天篇

或曰：講學者好標宗旨，各立門户，而子謂聖經原有定宗，雖千聖復起，有不得而易者，豈有説與？曰：一言以蔽之，則以天子爲主是也。或疑天子之上不更有天乎，尊天子曷如尊天之爲尤至矣？是不然。天者，是天子之所獨尊，人不得而僭焉者，亦猶主祭之有宗子，人不得而混焉者。惟爲天子之所獨尊，故天乃稱至尊耳。若人皆得而借之，則亦褻天甚矣，何至尊之有？又况人皆尊天，將置天子于何地與？其人皆共尊之爲尊，孰與天子獨尊之爲尊耶？故知天子者爲天下臣民之所共尊而設也，天者又爲天子之所獨尊而設也，是千聖百王之所不能易，而二氏百家之所不能同者也。雖然，天無時不在，而亦無處不周，倘泛泛而言天，將天子之尊天者，亦無所適從矣，是有二義焉。君子之道造端乎夫婦，及其至也，察乎天地。夫語大莫載，則六合之外皆天矣；語小莫破，則鳶魚之内皆天矣。惟自夫婦以察乎天地，則大不馳六合之外，小不鶩鳶魚之内，而現在之天有大中，固即此而定矣。又曰：仲尼祖述堯舜，憲章文武，何也？蓋自天地開闢以迄于春秋，古今之變亦略備矣。三皇神道未易幾及，五伯詐力不可爲訓，則以二帝之德化，行三王之禮教，是流行之天之有大中，又即此而定矣。使後世之爲天子者，即現在既得所謂天地之大中，合千古又得所謂帝王之大中，以是建極于上而爲天下臣民之所效法，則人皆可以與知，可以與能，道德安得不一，風俗安得不同？故論聖教之定宗，必以天子爲主，而天子又以天爲法。至于天之所以爲天，則有現在之中，又有千古之中，爲天子之所執中而建極者，必如是而後盡也。論而至是，則聖經原有定宗，世儒即欲各標宗旨，各立門户，其如天子之不可僭而天之不可得而貳何？世儒且不得私，二氏百家又安得而混，然則聖道之大明中天，豈非千古大快耶？嗚呼！盛哉！

聖真統壹篇

或曰：子分三教爲異，謂儒者之教以天子爲主，與上帝爲天地古今之主，固非二氏可得而混，則信然矣。第謂儒者之道，惟以天子爲宗，故道會于一，統集其成。信斯言也，則先儒分道統、治統爲二，以合于作君作師之義者，得無相刺謬乎？曰：此正孔子之教所以爲不可混，且不可易也。堯舜，聖人也；傳賢而不傳子，盛德也。聖人之心，豈不欲世世得賢者而傳之哉？其若勢之不能，何故禹變而爲傳子？三代相傳遂爲百世之定制，庶孽不得啓謀奪之心，奸雄不敢萌僭竊之志，則以制之一定而人不得生異念也。孔子合天地古今之理而聚之六經，揭六經之綱而標之尊王，使師不得有異教，而士不得有異學，一惟天子六經之教是遵是行，此與大禹定傳子之制固有異世而同心者矣。且惟以天子爲主，故道無不備而制無不詳，何也？論天子者當自天子之心始，凡所稱精一執中、敬勝義勝、制事制心、隆師親友、聽言納諫、稽古右文、多識大畜，皆天子之所以治其心者也。其次則及身矣，凡所稱宮室、明堂、衣服、飲食、器用、車馬、儀衛，皆天子之所以安其身者也。其次則及家矣，凡祖宗、父母、宗族、兄弟、夫婦、男女、僕妾、宦豎、内外親疏之辯、貴賤長幼之等，皆天子之所以成其家者也。其次則及國矣，王有明堂，后有后宮，前朝後市，左祖右社，國中六卿，郊外六遂，無事則議政于明堂，有事則練兵于大閱，是天子之所以治其國者也。其次則及朝廷天下矣，凡五等施于天下，六等施于國中，内則王宮王國以達于王畿，外則中國九州諸侯以達于四夷君長，是天子之所以成其天下者也。又大之則及于天地鬼神矣，皇天后土之尊，方澤圜丘之制，雷霆風雨之鼓潤，日月寒暑之運行，元會運世之流行，先天後天之升降，是天子之所以崇效卑法者也。又通之，則合乎古今帝王矣，三皇之開闢，二帝之禪授，三代之□□，湯武之放伐，禹皋伊傅周召之陳謨，二南二雅之歌頌，是天子之所遠稽近守者也。合而論之，天地也，父母也，帝王也，天子身心性命也，朝廷邦國以及中國四夷鬼神萬物也。其見在有一可缺者乎？不惟見在而已，自古迄今有一可缺者乎？惟其不可缺，是以不可易，而聖經皆有之，此聖經之所爲至精而亦至備，至正而實至神也。孔子之大智所爲超越千古者，此非其第一義哉？且子言過矣，二氏之高者，亦知聖經皇極有必不可缺、必不可易，特所以立教者不以天子爲主，故與孔子異耳。或以爲此皆天子之事耳，天子而下曷與焉？不知古者在天子之位皆聖人也，惟皇建其極而臣民胥效法焉。故天子之學定而臣民之學皆定，此道德所以一，風俗所以同也。故孔子非能創之也，惟合而守之耳；非能別增益之也，惟聚而定于一耳。孔子曰：「述而不作，信而好古。」孟子曰：「守先王之道以待後之學者。」又曰：「吾爲此懼，閑先聖之道。」然則儒者家法，斷以天子爲主，第就六經考其所爲不可缺，與不可易者而深思之，則其義自見矣，豈在多言哉？

聖教尊周篇

或曰：世稱儒釋道爲三教並立，又或混而爲一，又或尊二氏於儒者之上，其孰是而孰非乎？曰：皆非也。所以然者，世人知孔子爲儒教之主，而不知孔子立教尊天子以爲主，而不自居以爲主耳。何以徵之？天無二日，民無二王。試思自開闢以迄今日，所以爲天下臣民之主者，非天子而何？雖曰作君作師皆有助于上帝，其實君爲之主，師爲之輔，故曰學焉而後臣之也。孔子知君師之道無二，而君師之分不同，故尊天子以爲天下之主，而即奉天道以正天子之心。若曰天子之制定而天下之制皆定矣，此治統出於一也；天子之學定而天下之學皆定矣，此道統出于一也。合政教一出于天子，此道德所以一，風俗所以同也。明政教之全以歸之天子，率天下胥效法之而已不自居焉。此孔子之德所以爲盛，而聖人之教所以爲尊也。何也？宇宙之間，天不可易，地不可易，人不可易，則天子爲天下之主必不可易。天子爲天下之主不可易，則孔子之教爲奉天子以正天下而設者，亦必不可易。故天子之尊與天相始終者也，儒者之道與天子相始終者也。但世儒以禮節爲急，以文字爲雄，以性命爲重，故綱常之大反有所忽耳。知孔子立教之大旨，在乎天下不可一日無君，與爲天下之君者不可一日不奉天以正其德，而爲天下臣民之極，則孔子之教有不可須臾離者，又孰得而易之哉？所以然者，道統與皇極不同，道統以天地爲主，非得天地之全局不可以入統，故孔子叙三皇二帝，孟子叙二帝三王、周公孔子以及顔曾子思。如以位而已矣，則三王以上君也，周公孔子以下則臣與士矣，而皆獲與焉，豈非以得天地之全局故耶？固知道統所重在道也。皇極則以帝王爲宗，非得天地之全局亦不可以立極。皇極則《洪範》一書備矣，原于易之太極，發於堯舜之執中，天乃錫禹九疇而《洪範》作焉，則《洪範》固夏書也。傳之者箕子，則商亦一《洪範》矣。受之者武王，則周亦一《洪範》矣。三代相傳皆此一書，則此書者非帝王傳國之璽而何？其書固曰：「皇建有極，臣民會極歸極矣，又孰得而悖之哉？」孔子曰：「愚而好自用，賤而好自專，生乎今之世，反古之道，如此者，（哉）〔災〕[二]及其身者也。」又曰：「吾學夏禮，杞不足徵也；吾學殷禮，有宋存焉；吾學（殷）〔周〕[三]禮，今用之，吾從周。」子思曰：「今天下車同軌，書同文，行同倫，雖有其位，苟無其德，不敢作禮樂焉。雖有其德，苟無其位，亦不敢作禮樂焉。」豈非以雖得天地之全局而非在天子之尊位故耶？聖如孔子猶不敢以下位生今而反古，則聖人以下可知矣，固知皇極以位爲尊也。要之，作君師皆曰以助上帝，則師道亦有重時，禮所謂天子所不臣于其臣者二。當其爲師，則弗臣也，湯尹其可徵已然。一道德，同風俗，使天下之政出於一，必以天子爲主。此孔子惓惓於從周，而春秋之義所爲，一稟於尊王也。且以尊王爲主，蓋有深義焉。孔子之前，學無常師，故雖以黄帝之聖，猶問道于廣成，道未會于一，統未集其成也。孔子删定六經，則道會于一而統集其成矣。天地古今之道，不過神化德業而已，而六經已有之矣。君臣師士之道，不過更其名曰性命倫政而已，而六經又有之矣。故道不待求而足，則六經之理也。使天人之道皆聚于六經，而人人得以取足，

〔二〕依《禮記·中庸》，「哉」當作「災」。
〔三〕依《禮記·中庸》，「殷」當作「周」。

世世得以遵行，則孔子之功也。然道會于一、統集其成而即以自居，則亦未見其至公之心矣。乃一則曰信而好古，二則曰好古敏求。若身率天下後世以稟學于六經者，又何至謙而至懇也。夫既以天地古今之道統之于天子，又以身率天下後世臣民，以效法天子之學焉，此其心爲何心，而其識爲何識耶？信生民以來所未有矣。是義也，先儒略之而未詳，故爲之特申其說如此。

《春秋》專證篇

或曰：子合十三經將以尊孔子也，乃又于聖教之中獨揭「尊王」二字，謂聖人之教必以天子爲主，何也？曰：中國聖人之教始于伏羲，是天子所自立也，則自開闢以來，中國已有聖人之教矣。夫天地間生人之類，君臣士民是已，文武而上，道統在君；周公而下，道統在臣；孔子以來，道統在士，然猶在中國也。佛教入而禪宗遍天下，無論男女悉傾心合掌而從之，道統幾在民且在外夷矣。揆之以春秋之義，殆非聖人意也，何也？《春秋》之義以尊王爲主，而尊王有四義。奉天以正王，欲王者之先自正也。奉王者以正天下，欲天下之皆歸于正也。諸侯之中有明尊王之義者，無論假託何如，亦以名取之，欲天下之人心，咸知尊王之爲正也。至于吴楚，業已僭王于先矣，即有小惠施于中國，輒擯不與，何也？正以存亡伐罪之功，終不足以敵尊王之義也。乃知《春秋》之義，非有心于進華而黜夷，實視尊王與否而爲褒貶耳。失尊王之義者，雖中國亦貶，鄭衛之伐王師，未嘗以中國遂縱之也。倘非揭尊王以爲主，而徒以擯夷狄爲辭，則夷狄無爲善之路，而中國適容奸之藪矣。豈春秋奉天正王，以大義公天下者哉？

或曰：即如子言，中國聖人之教原出于天子，降而在臣，已非在上之義；降而在士，則所歸滋下矣。然世之儒者，率以孔子爲宗，何也？曰：世儒所宗者，孔子之迹耳，然而孔子之心則專有所在而未之及也。夫孔子有千古之知己，孟子一人而已。孟子之言曰：「《春秋》，天子之事也。」又曰：「孔子成《春秋》而亂臣賊子懼。」他日又有言曰：「未有仁而遺其親者也，未有義而後其君者也。」又曰：「楊氏爲我，是無君也；墨氏兼愛，是無父也。」初亦疑之，天地古今亦大矣，六合之外，六合之内，其間之理亦多矣。君父雖尊，不離人道，胡孟子諄諄以是爲急哉？既而反復百思，假令天下民物之衆，而無天子爲之主，還成世界否？又令天下民物之衆，而無父母生其身，還複有人類否？又令有世界而無人類，有人類而不成世界，還可相安以生、相處以久否？乃知聖賢立教，直從天地古今中揭其必不可易者以爲主，故推之天下而皆准，行之萬世而無弊。豈惟僊不能易，佛不能易，即天地再開，千聖復起，亦必不能易也。由是論之，孔子六經之教，總以成「尊王」二字耳。《易》言乾坤，奉天地以正王也；《書》《詩》《禮》《樂》，引帝王之奉天者以正王也，奉天自正而王者正矣，是合天地古今之道統歸于一人者也。王者奉天以正天下，而天下皆歸于正矣，是合天地古今之治統歸于一人者也。合道統治統以歸一人，所謂聖人在天子之位，禮樂征伐皆自天子出者非乎？如是而天地有不位，萬物有不育，天下有不治，萬世有不安乎？天地位，萬物育，天下治，萬世安，聖人之心慰矣，聖人之志畢矣，而其本自尊王始。故曰：孔子之教，「尊王」二字盡之矣。若孔子果以道統自居，則不應曰「述而不作」，曰「爲下不倍」，曰「吾爲東周矣」。然不獨孔子不以自居也，即孟子願學孔子，亦若曰：「以孔子學如此、德如此、道如此、教如此，而猶不忘君親若此，是固吾之所心悦誠服而願學也。」夫千聖之教至孔子而始定，孔子之道得孟子而益明。知孔子之教以尊王爲主，而不以自居；又知孟子之學孔子，亦以尊王爲大而餘者爲緩，則知儒者之教乃天地古今所不可易。豈惟二氏所不能同，百家所不能混，是千聖復起所不能加者也，又何必紛紛多辨以爲雄哉？

聖教綱常篇

或曰：天地古今亦大矣，聖人之教亦多術矣。六合之內，六合之外，苟持之有故，言之成理，無不可以垂世。子顧約聖人之教于重綱常，而又約綱常之主于尊天子，無乃迂而未當乎？曰：初亦不能無如是之疑，既而爲之反復百思矣，乃知人與天地有並立而不朽者，惟綱常一事而已。自古聖人立教，未有不以綱常爲重者。尋常無事猶未見其甚重也，及主少國疑，流離顛沛之際，忠臣孝子有寧（教）〔殺〕〔一〕身以成仁，寧捨生以取義者，而綱常之重于性命，始可得而斷其必然矣。第聖人之論綱常，則有規模有綱領，不類世儒之泛泛耳。天子爲綱常之主，天子重綱常而天下莫敢不重矣。大臣爲綱常之輔，大臣重綱常而天子亦不得不重矣。上下交相重，是天下無不正之倫紀，即無不正之人心也，故曰聖人人倫之至也。欲爲君，盡君道，欲爲臣，盡臣道，二者皆法堯舜而已矣。要之，尤以天子爲主，故曰君正莫不正，一正君而國定矣，此《春秋》之所以專重尊王也。是義也，始于《虞書》而定于孔子，故尊王顯親因之以作專經焉。至孟子而益著，遂操之以爲衛道辟邪之本。辟揚氏之爲我，爲綱常也；辟墨氏之兼愛、徐子之二本，爲綱常也；辟陳仲子之辟兄離母，爲綱常也，人所知也；辟五伯之假，爲綱常也；斥紂之獨夫、幽厲之不能改，亦爲綱常也，人所未知也。夫綱常者，上下交盡之道，豈獨嚴于臣而寬于君哉？試思大舜聖人而帝者也，而稱其盛德者，乃在父子兄弟夫婦之間；文王聖人而王者也，而稱其至善者，亦在君臣父子國人之際，則綱常之爲重，豈不益信耶？嘗因是而推之，綱常者，儒者之所重也；論綱常者，儒者之所長也；奉天叙以正綱常者，儒者之所本也。夫綱常爲公，則性命爲私；綱常爲重，則性命爲輕；綱常爲急，則性命爲緩，此不兩立之理，亦不能兩全之勢也。故區

〔一〕依文意，「教」當作「殺」。

區性命之談，在方外爲專門，亦在方外爲無碍。儒者身處人倫之中，乃捨所重所長所本，而與方外專門者争是非而較勝負，一何不智之甚耶！所以然者，儒者未嘗深究聖經，過疑綱常之外別有性命，而聖經之談性命又甚略而弗詳，不得不就彼專門者求之，求之而不勝其疑似則争之耳。曷亦試思彼所謂性宗者，不過圓明妙覺耳，而還而内思聖人之經，還有如此精義否？彼所謂命宗者，不過先天一氣耳，而還而内思聖人之經，還有如此秘密否？倘聖經所無而向彼求之，兼聽並觀亦不失樂取諸人之量，乃考之聖經之中，則性命之全局原無一不具焉。顧自忘其有而屑屑乎于彼争之，彼中具眼者已掩口而竊笑矣。矧降尊以角卑，捨大而趨細，不公之是急，而私之是營，是豈忠臣孝子之心，亦豈卓識大觀之士哉？故爲儒者之計，决當以綱常爲重，而綱常之主，决當以天子爲尊，正不必如後儒之見，首以辟二氏爲衛道之功也。第當就聖經之内，深求性命之全局，務期實得，勿作空言。俾其無事則修性命以盡綱常，及其有事寧爲綱常而輕性命，則儒道之大既兼二氏之所長，而儒教之正又非二氏之可混。聖人之道豈不如日中天，而爲萬世之所共仰哉？

聖教至公篇

或曰：自宋儒以來，皆好標宗旨，各立門户，求勝不已，至借二氏以張大其説，反令孔子寄空名于杏壇之上，此亦儒者之責也。今欲專尊孔子，則何以剖門户而定一尊乎？曰：剖諸儒之門户不難，要當使其欲各立而不可得耳。何也？世儒之意，蓋謂孔子稱儒，老氏稱道，釋氏稱佛，彼已先分門户，而佛之中有五宗，道之中有五派，則儒之中何獨不然？故宋儒自分爲門户，近儒又與宋儒各分爲門户，紛紛角立，總之求勝一念爲之耳。此蓋睹其末流之分，而未考其原初之合也。且第從人之所立分之，而未嘗溯天之所統合之也。嘗讀《禮記》大宗小宗之説，而知儒教之爲大宗。又合考六經之義，而知門户之必不可分也。何也？孔子之教，以天子爲主者也；六經删述，爲天子而設者也。天子不可不法帝王，于是乎有《書》；天子不可不法祖宗，于是乎有《詩》；非天子不議禮，于是有《禮》與天地同節；非天子不作樂，于是有《樂》與天地同和。此四經者，謂之四術。《禮記》：先王崇四術以教士，春秋教以《禮》《樂》，冬夏教以《詩》《書》。是四術者，固先王之教爲天子而設，因頒之以教士者，非孔子之所得私可知也。然帝王祖宗《詩》《書》《禮》《樂》備矣，而大原出于天地者，未有專經也，故補之以《易》；大本之生于父母者，未有專經也，故補之以《孝經》；大權之操于天子者，未有專經也，故補之以《春秋》；然則三經之補，亦爲天子而補也。合而觀之，祖天地也，宗帝王也，法祖宗也，本父母也，天子之盛德莫全于此矣。操大權也，節之以大禮，和之以大樂也，天子之大業莫全于此矣。本之以盛德，措之爲大業，天子所以配天而無歉者，莫加于此矣。夫六經爲天子而設，固非孔子之所得私可知也。六經既皆爲天子而設，則孔子之不立門户而以自爲名可知也。以孔子之聖，而且删述之多，然且一體二用，孔子所自得于六經者，亦既深且博矣。然無一不本之六經，則孔子之不立門户以自私可知也。《論語》一書，爲孔子紀事者也。子所雅言，《詩》《書》、執禮。興詩、立禮、成樂，文之以禮樂，「如用之，則吾從先進。」語顔子四代禮樂；「假我數年以學《易》，可以無大過」，是推之以教人者，此六經也，孔子之不立門户以自私可知也。然《春秋》一書，又孔子所以經世而救時者也。其大旨則具于《孝經》《論語》，而其義例則詳于《三傳》。奉天以正王，是取之《易》與《書》者也。奉王以正天下，使諸侯不敢僭天子，大夫不敢僭諸侯，外夷不敢僭中國，萬物各得其所而後和，是取諸《禮》《樂》者也。爲尊者諱，爲親者諱，爲賢者諱，善善長而惡惡（總）〔短〕[一]，是取之《詩》與《孝經》者也。一以之立身，一以之立教，一以之經世而救時，總之取法六經，即總之取法天子。是孔子之至公，固不欲立門户以自私，而既以天子爲主，即孔子亦不可得而私之矣。惟不可私，故教出于一，師無異教，士無異學，道德以一，風俗以同，無復有分門立户者矣。惟不自私，故量極其公，德極其盛，開萬世以大公之門，而不貽後儒以自私之弊。教可以常行，道可以常明矣。且以天子爲主而不自立門户，亦何損于孔子之聖哉？又況以天子爲主

[一] 依文意，「總」當作「短」。

而不自立門户，愈有以見孔子之聖哉。然非但不立門户而已，且並不拈宗旨。人見孔子傳曾子以一貫，遂以一貫爲孔子宗旨，不知後儒所謂宗旨，拈定二字，更不許學之者别立一言。第惟其宗旨之是從，甚有寧悖孔子而不敢悖其師説者，然考《論語》《學》《庸》《孟子》，固原無此法也。不過以人治人，隨材成就，隨問而答耳。使果以一貫爲宗旨，則何不以語顔子？使必一貫而後爲不失其傳，則曾子何不守孔子之教而言言盡出于一貫哉？然則宗旨之不可拘可知也。惟好拈宗旨，故不得不分門户；惟分門户，故不能合六經，覩天地聖人之大全。惟不睹天地聖人之大全，故二氏百家得與之互相爭勝。前有負孔子立教之旨，後有悮學者入道之門，是將爲聖門之罪人，又安得以儒自命哉？然則拈宗旨分門户者，試思太祖盡黜二氏百家，專尊孔子，其意謂何？乃生今反古一至于是，即不爲聖門生報本之思，亦當爲王制動災身之懼矣。可不慎哉！可不慎哉！

卷四

聖志原在春秋

聖志當世篇

或曰：大哉！孔子删述六經，垂憲萬世，使後世志學之士得以循途而入焉。其功之賢于堯舜，蓋在此乎？曰：信如子言，則孔子之志荒矣，何功之有？

曰：諸賢之在當時，既幸身被其教矣。自宋儒迭出，道學由此而明，人心由此而正，後世咸仰賴焉。子顧以爲非功也，豈有説乎？曰：此甚易知，人特未之深思耳。子試思當時之與後世孰急，子又思君親之與後學孰重，假令捨當世君親之重，而且豫爲後世學者之地，迂孰甚焉。豪傑有識者不爲，而謂聖人爲之乎？然則孔子删述六經，殆非爲後儒講學地也。伊尹當耕莘之時，樂堯舜之道，即思任天下之重。矧孔子大成之聖，何至忍捨當時而且念後世哉？

或曰：即如子言，孔子之删述六經自爲當世之計，以何事徵之耶？曰：孔子不云乎，「吾志在《春秋》，行在《孝經》」，然則孔子删述之意，固可推矣。蓋孔子之心以顯親爲念者也，孔子之志以尊王爲主者也。非尊王之全不足以成顯親之大，非正經之備不足以極尊王之全。子試思尊王之所以爲全者安在？不溯原于天地，非全也，《易》可不贊乎；不推本于父母，非全也，《孝經》可不作乎；不折衷于帝王，非全也，《書》可不叙乎；不憲章于祖宗，非全也，《詩》可不删乎；不參酌于王制，非全也，三《禮》可不定乎。故《春秋》既作，當世之大綱已舉矣。徵其所已試，則《書》《詩》、三《禮》述焉；補其所未備，則《易傳》《孝經》作焉。總之，以極尊王之全，而成其顯親之大耳。夫爲尊王而設，是孔子之大忠也；爲顯親而發，是孔子之大孝也；以當世爲志，是孔子之至仁也；合宇宙爲用，是孔子之全智也。執此以論孔子，庶見孔子之爲聖人；執此以論删述，庶見六經之爲大用。不然輕君親而重後學，緩當時而急後世，此老生之迂談、寒士之酸態耳。彼顏子聞一知十，孟子名世豪傑，其于輕重緩急無不洞若觀火，寧能強之心悦而誠服，且頫首而願學哉？

或曰：孔子之在當時，固以六經爲教，而後世之宗孔子亦皆由六經以入，必謂六經爲尊王而設，于人臣之義則得矣。是當時不必教，後世不必師矣。其于尊經之教，無乃反有所未廣乎？曰：顯親之心，凡爲人子者無不有之，特尊王之義或未識其全耳。孔子以六經教諸賢，蓋有三義。使人皆識尊王之全以成顯親之大，則人心無不正，一也；人皆識尊王之全則尊王之輔益衆，而世道自無不安，二也；人皆以尊王顯親相承而益行之，則忠孝之教流于世世，而世世之人心無不正，世世之世道無不安矣，三也。要之，總以尊王爲主，不然諸賢言志大小不同，胡皆以天下國家爲己任；諸侯大夫有問詳略不一，胡皆舉其可用于當世之才，曷不如後儒談心談性，區區争辨于二氏之同異哉？

或曰：即如子言，極其至亦聖人之德、賢人之學耳，于神人曷與焉？曰：否。僊佛之神道，謂聖人能之而能不爲則可，謂聖人原不知有神道則不可。今小生晚學尚津津侈談仙佛，而謂聖人之聰明有所不知，不亦誣乎？且謂聖人之道遠不同于仙佛，是天地古今有二道也。謂小生晚學能爲仙佛而聖人不能，是聖人凡民有二性也。况聖人之經世所爲異于五伯者，正以藏用之妙有性命之全局耳。倘有經世而無出世，則儒一五伯而已，又何足撑持宇宙而超二氏百家之上哉？故必深于僊佛而後知聖經之原有性命，必深于聖經而後知聖人之性命原無待于仙佛，此非可以筆舌争也。姑記之如此。

聖宗正義篇

或曰：世之講學者，人人皆以孔子爲宗，子乃謂孔子所以可宗别有正義，與前之講學者不同，豈有説耶？曰：此甚易知，但儒者自不察耳。夫孔子既曰萬世帝王之師，乃世之儒者專以性命爲言而不及經濟，固已失六經之旨矣。曷亦反而思之孔子之教，必非如佛家之專了一心以求超度易知也，必非如道家之性命雙修以求長生易知也。然則如訓詁之家求解于字句之微乎？亦非矣。然則如文章之家求富于詞華之勝乎？亦非矣。不然則日談性命，令人反身而體驗乎？似矣而未盡也。不然則日談德行，令人實踐而躬行乎？似矣而未盡也。

或曰：前四者之非是當不爲過，後二者則甚切于儒者之日用矣，亦以爲似而未盡何也？曰：譬之于射有正鵠焉，望之而命矢始有所准的，其射之至不至者，力也；其鵠之正不正，則非力也。世儒不先論鵠而驟言至，其亦不講于射之道矣。

或曰：世儒以《大學》爲聖學之鵠，亦既有明言矣，豈《大學》之外别有所謂正鵠耶？曰：吾非謂《大學》之不可爲鵠，第惜其所以論《大學》者，非其正義耳。所以然者，以其即《大學》以求大學，而不能合六經以求所謂大學也。又以《大學》一書爲足了聖道，而不知《大學》者第聖道之提綱，非實之以六經，固不足以盡大學之變也。然《大學》亦自有大學之正義，自六經脱胎而出，孟子之後亦未有發明之者，是則爲慨耳。顧儒者之以大學争勝，非一朝夕矣。千古不决之案，誰其明目張膽以爲之一剖哉？然書由人作者也，不知其人安能知其書，請先言孔子之爲人。春秋之世，天下之亂極矣。豪傑之士尚思以天下自任，豈聖人而忍坐視不恤乎？則聖人之不忘天下可推也。然春秋之天下，爲君者第欲自强其國，爲臣者亦第知各爲其君，曾未有爲天下之共主計者，倡尊周之義僅一見于管仲。夫管仲猶知尊周，而况不爲管仲者，則聖人雖志在天下，必先正天下之共主，而不屑如管仲之所爲可推也。管仲爲一國計，尚且作内政以寄軍令，非空言無當者。孔子爲天下之共主計，夫豈無知幾其神之哲，夫豈無前定不窮之道，必不如僅僅一内政而已可（椎）〔推〕〔一〕也。且孔子所欲行者乃周公之道，則宰相之事；所褒貶者乃諸侯大夫，則天子之事也，則必不如後世教讀先生僅解訓詁而已可推也。合而言之，不爲仙，不爲佛，不爲教讀，不爲文章，且不止性命，不止躬行，則不以一身一家起念，而以天下爲任可知矣。欲行周公之道，奉天正王，奉王正天下，則不以一官一職爲限，而以宰相自期又可知矣。必如今之講學，專以性命爲言，則是一身一家之計也。縱至精至詳，亦不過爲一教讀先生而已。安所關于成敗之數，而以爲發明孔子齊治均平之道哉？故嘗謂欲師其人必先知其品；欲證其品必先考其事。今考之四書而孔子之品如此，考之六經而孔子所欲爲之之事如彼，乃講學者專講性命而不及天下國家，使孔子僅爲教讀先生，豈不爲二氏所撫掌而笑，又安能免賦詩退虜之譏耶？所以然者，以專求孔子于一字或一書，而不能合六經四書以通貫爲一故也。然則合聖經以尊孔子，使不爲二氏所笑，與不爲教讀所混，以無負高皇帝專尊之至意。豈可緩哉！豈可緩哉！

〔一〕依前後文意，此處「椎」當作「推」。

或曰：先正有言，孔子欲行周公之道，夫所以爲周公之道者安在？或謂即《春秋》一書，然再四思之，終未得其要，豈孔子所欲行之道，果止《春秋》一書而已耶？曰：治天下之道如治人之病然，急則治標，緩則治本，此必然之理，有不可得而易者。《春秋》奉天正王，奉王以正天下，收天下之權以歸之天子，使諸侯不得僭天子，大夫不得僭諸侯，夷狄不得僭中國，其規模豈不閎遠哉？然推本論之，此亦止治其標耳。有如天下之治，第如《春秋》所書，而止于《詩》《書》《禮》《樂》之道，不復繼此以用，其何以追帝王之盛而配天地之功哉？故知《春秋》之作，特以先治其標耳。標之不治，固不能驟反其本，而標之既治又不可不深培其本，此聖人之經綸所爲，與伯佐不同也。

或疑信斯言也，則第用《詩》《書》《禮》《樂》足矣。曷爲冠之以《易》，復續之《春秋》，豈别欲自成一家，以求尚于周公耶？曰：非也。四術有綏平而無撥亂，《春秋》不得不續，且制作雖盛而德業之原尚未發明，冠之以《易》尤其不可少者。試合而思，《春秋》收天下之權以歸之天子，大綱已先正矣。次進之以法祖宗，《詩》其可不用乎？再進之以法帝王，《書》其可不用乎？三進之以法天地，《易》其可不用乎？由是治定制禮，功成作樂，酌中而用，如所以語顔子者，則六經之道豈不畢見于用行哉？然則謂孔子欲行周公之道爲止于《春秋》一書者，殆惑于宋儒之言，未之深思耳。試與六經全用者相提而論，則標本之宜緩急之用固不待辨而知其必不容己矣。然大臣之道，誠莫先于格君心，顧在己無至誠之心則不能感動，徒有誠心而無至聖之道，則亦不能開導，兼是二者，正格君之本也。嘗謂《孝經》一書移孝爲忠，是聖人所爲積誠于平日，以爲感動之本者。《大學》一書格物致知，是聖人所爲積學于平日，以爲開導之方者。或以德進則用《孝經》，或以道言則用《大學》，本末、始終、先後、厚薄，二書無一不具，無一不透，真有令人讀之良心勃起、聰明頓開者，信格君之善物也。或疑二書之外，原有《中庸》，尤極其妙，不知《中庸》是合之以爲體者，二書則分之以爲用者。《中庸》之大孝達孝，即《孝經》之理也；知天知人，即《大學》之道也。合而爲一則爲《中庸》，分而用則爲二書，豈惟孔子，即萬世而下大臣，格君之本固已盡在此矣。是且爲萬世帝王之師，于相業乎何有？

或曰：三書之用于《春秋》，則既得其本矣。以三書而用之《論語》，其若之何？曰：先聖有二局焉，用之而行則有行義達道之局，前之《春秋》是已；捨之而藏則有隱居求志之道，此之《論語》是已。然用捨雖有二時，行藏豈有二道哉？其行義所達者即其隱居所求者，有志之士，其可存乎見少，而弗盡心以深求之哉？願與高明者商焉。

《春秋》證聖篇一〔一〕

或曰：聖教立教的以天子爲主，六經之義總之爲正天子而設耳，天子正而天下定矣。或者乃謂《春秋》黜周王魯，是亂賊之姦言也。安有以天尊王而謂之黜周乎？或者又謂《春秋》有貶無褒，是酷吏之口實也。安有録功及于身後，紀烈及於婦人，取善及于夷狄而猶謂之無褒乎？然就《春秋》以論《春秋》，《春秋》不可見，惟合諸經以論《春秋》，而《春秋》之大義似可易明者。王必稱天，本于《周易》；天叙天秩，天命天討，亦見于《書》；及爾出往，及爾遊衍，亦見于《詩》。王者念念，事事皆以奉天爲主，而天下無不治矣。正必書王，本于《周禮》；始于事親，中于事君，亦見于《孝經》；憲章文武，吾學周禮，亦見于《中庸》。諸侯念念事事，皆以尊王爲主而其國無不治。即推之以入相天子，而天下亦無不平矣。二者《春秋》之大義，參之諸經而易知者。先正謂孔子欲行周公之道，其大者乃在《春秋》。然嘗合而參之，多有不同，何也？《周禮》先正周，然後及于天下；《春秋》先正魯，然後上于天子。《周禮》有王躬、王宫、王朝、王國、王畿、天下、天地萬物，《春秋》有魯君、夫人、世子、大夫、民事、土功、兵事、災異；《周禮》有諸侯四

〔一〕 原標題無序號「一」，爲整理者所加。

夷，《春秋》有天王與國；《周禮》有郊社宗廟，《春秋》亦有郊社宗廟；《周禮》有月令，《春秋》有編年；《周禮》自王朝而天下，《春秋》自魯而王朝以及天下；《周禮》以王國爲内、諸侯爲外，《春秋》以中國爲内、夷狄爲外；《周禮》專致平而兼以□，《春秋》專撥亂而兼尊王。《周禮》以禮爲主而得人以行之，故詳于命官；《春秋》以事爲主而人之行有得失，故詳于論事。非《周禮》則天子不尊，京師不重，故天子自攬其權；非《春秋》則天下不尊天子，不重京師，不歸其權于天子。《周禮》以家宰相天子，而歸其權于天子；《春秋》以諸侯入相天子，而收其權于天子。其不同若此，且其大者既以尊王爲主，乃不用周史而因魯史，何也？嘗合當時之勢而觀之矣，周之近臣皆世卿也，周之諸侯皆世爵也，諸侯之大夫亦皆世卿也，無自匹夫而起相天子者，而孔子乃自匹夫起，一也。周之天子弱亦甚矣，徒建空名于六服之上耳，自齊晉稱伯，不能不藉大國之力。孔子即欲有爲于天下，其能不藉大國之力乎，而天下之望無如魯，二也。孔子固曰：「吾其從諷諫乎。」周公抗世子之法于伯禽，人所知也；抗天子之法于冢宰，人所未察也；孔子抗尊周之法于正魯，人滋不能察矣，三也。且周公，成王之至親，而天子之宰相也，其勢便，其義順，故自王國而下臨諸侯，其詞直；孔子則魯人也，既不能以匹夫起相天子，而誼又不得捨父母之邦，其勢難，其義逆，故先正魯以上諷天子，其詞婉，四也。然孝者所以事君也，事親孝則忠可移于君矣，居家理則治可移于官矣。魯侯而不相入天子則已，魯侯入相而孔子佐之，則自魯而天下不過一擴充轉移之間耳，五也。且《春秋》以正君爲主，正其始，正其終，正君之身也；書夫人，書世子，書公子，書伯姬、叔姬，正君之家也；書卿，書大夫，正君之朝廷也；書丹楹，書吉禘，書烝嘗，正君之宗廟也；書土功，書用賦，書有年，正君之邦國也。書朝于王所，書如京師，則自魯而周矣；書會盟，書聘問，則自本國而與國矣；書秦楚吴越、存陳存蔡，則中國而外夷矣；書日食，書恒星不見，書雷震，書雨雪，書梁山崩，書郊牛，書三望，則自人事而天地鬼神矣。使魯君而自觀之，則曰：此誰非王事，其遺之也？則不敢不正；使周天子而獲觀之，則曰：此魯也。而猶不可不正，況天王乎？蓋備天子之事者，魯也；而備天子之鑒者，亦魯也。故抗治天下之法于魯史耳，六也。吾于《春秋》而得經綸天下之數義焉：一曰天下共主以定上下之等，一天子，二王朝大臣，三王人；一諸侯，二大夫，三微者；一中國，二中國近于夷狄者，三夷狄，以上名分界限一一分明矣。二曰天子規模以定先後之序，以天子言，先天子，次諸侯，次外夷，總之大一統而無外，而尊天即是無外之宗；以魯言，先本國，次天下，次外夷，總之先自治以立本，而尊王即是立本之主。三曰抗治内正本之法于魯，一君身，二君家，三朝廷，四宗廟，五邦國民事，六郊社鬼神，内治即此六事，所謂先自治以立本即此也。四曰公奉天統治之權于周，一王，不稱天王，臣稱來，稱出奔，稱歸賵，稱錫命，稱求金求車，皆奉天以正王也。一魯君，不書即位，君薨不地，夫人不稱氏，大夫不稱爵，則又奉王以正内也。一諸侯，各書周之本爵，吴楚不稱王，亦奉王以正外君臣也。天子正于上，魯正于内，諸侯正于外，上下外内各得其所矣。要之，以天子爲主，天子又以奉天爲大，此聖人之經濟也。五曰謹遏惡取善之義以示激勸，諸侯不以義動則貶而稱人，大夫不以君命亦實予而名不予。吴楚有善亦累而進之，其臣亦然，不以夷狄爲嫌，如季札是也；婦人有善亦得録于《春秋》，如宋共姬是也。六曰志天地萬物之變，以備修省災異之變，有一國之詞，有天下之詞，有天子所當修省者，有魯所當修省者，有諸侯之國所當修省者。七曰謹華夷之辯以尊中國，齊晉有攘夷之功，《春秋》爲之録功並諱其遏善善長，爲中國也，人所知也；陳蔡已滅而《春秋》猶存之，不予楚之滅中國也，又吴楚不書王爵，亦爲中國也，人所未察也。八曰嚴令將之誅以討亂賊，趙〈循〉〔盾〕[一]之弑晉君，歸生之弑宋君，誅亂臣也；商臣之弑楚君，誅賊子也；許世子止不明《春秋》之義，亦不免亂賊之誅。以是知聖心大節：尊周，天下共主，大忠也；親魯，父母之邦，大孝也。以是知聖治綱領，奉天以正王而天子先自正矣，奉王以正天下而天下莫不正矣。雖然，《春秋》之作，亦就春秋之時勢言之耳，所謂因病立方者也。倘先聖當二帝三王之世，君臣合德，則其建立當不止此矣。又使先聖爲周人而在周公之位，則其建立亦不止如是矣。如唐虞之制禮作樂，未能也；如周公之設官分職，用人立政，未能也。然萬世帝

[一]　依《左傳》，「循」當作「盾」。

王之法，則先聖固有合而貽之遠矣。故不總合諸經不知先聖功業之大，不專求大《易》不知先聖道德之神，不深考《春秋》不知先聖之教以天子爲主，不溯求《孝經》不知先聖之教以父母爲重，不反約《大學》不知先聖之教以修身爲本，不究及《中庸》不知先聖之學以天命爲宗。然且不自用而用古之聖神，以天人之交有神道也，則祖三皇；以君臣之交有德化也，則宗二帝；以父子之交有禮法也，則憲文武周公。乃自退處于師弟之間而且不居其盛，一則曰無能，二則曰無知。嗚呼！生民未有之盛，非先聖而誰哉？

《春秋》證聖篇二〔一〕

或曰：聖人大業誠莫大于《春秋》矣，然一以天子爲主，一以魯君爲主，疑于太分矣，豈亦有合而爲一之義乎？曰：豎而言之，天也，天子也，天子之公卿也，諸侯也，諸侯之大夫也，夷狄之居長也，而上下之等備矣。平而言之，天子之身也，天子之家也，天子之國也，天子之朝廷也，天子之中國也，天子之四夷也，而中外之序備矣。統而言之，上下以爲經，中外以爲緯，一縱一横，一表一裏，而王道之全局備矣。雖然，天子者，天地神人之主也，專言人道而遺天地鬼神萬物，

〔一〕 原標題無序號「二」，爲整理者所加。

宇宙之間無乃有所缺與。乃《春秋》書法，四時編年，而日食星辰風雷雨雪霜雹之變，山崩川竭大饑有蜮螟螽梅李之災，無一不記，而天地鬼神萬物之變，始與人倫王政交列于宇宙之間，而天人之全局備矣。雖然天地人物鬼神備矣，猶總之爲見在也。始于隱公元年，終于哀公十四年，其間五伯之升降，中國夷狄之盛衰，無一不備，則古今之變亦備于其中矣。夫上天下地曰宇，古往今來曰宙，此元會運世一全局也。見在天地，幽則鬼神，明則人物，則歲月日時一正局也。《春秋》既具正局又兼全局，此《春秋》之所以爲大成也。全局正局，《易》亦有之，然未及乎人事之詳也，是二局本乎《易》而人事則詳矣。古今之變《書》亦有之，然合四代以爲變而非一家數世之變也，是古今之變本于《書》而魯事爲詳焉。豎而言之，有上下之等本于《禮》也；横而言之，有中外之序本于《詩》也。然《詩》《禮》所言乃周之事，《春秋》所言乃魯之事，何也？此有數義焉。君職其要，臣職其詳，譬之言後天可兼先天，言身可兼心，言命可兼性，言臣道可兼君道也，故即魯以明周耳。又周公抗世子之法，于伯禽以教成王，諷諫也，納約自牖之義也。孔子抗治周之法，于治魯以正天子，亦諷諫也，亦納約自牖之義也。故不稱天不足以正王，不稱王不足以正天下，約千古之經濟于一字之間，可爲至神之識矣。然《春秋》第直書其事耳，雖有名分之森嚴，界限之明確，然所謂辨異也；而其中情意之聯絡，精神之融貫，則存乎《孝經》一書矣。天子而孝，必能奉天以正天下，而況孝以事親，有建極之本也。諸侯而孝，必能奉王以正其國，而況孝以事親，有格君之本也。孔子曰：「孝者，德之本也。」兼君臣而言也，明王事父孝則事天明，事母孝則事地察，明王以孝治天下不敢遺小國之君，而況公侯伯子男乎？則爲天子言之也。事親孝則忠可移于官，爲諸侯與大夫言也。治國者不敢侮于鰥寡，而況于士民乎？治家者不敢侮于臣妾，而況于妻子乎？亦爲諸侯與大夫言也。合而觀之，天子能孝則父天母地，而能奉天以正天下矣，此《孝經》之可以正周也；諸侯能孝則能尊王，事大字小以正其國矣，此《孝經》之可以正魯也。孔子曰：「吾志在《春秋》，行在《孝經》。」此人倫王政之全局，所以與天地合德者乎。又合而論之，《春秋》辨異本于禮者也，《孝經》統同本于樂者也，帝王之治莫大于禮樂而二書足以兼之，是合帝王爲一也。《春秋》上下外内之制無一不明，是本于後天之形下者也；《孝經》小成大成之理無一不備，是本于先天之形上者也。天地之道莫備于先後二天，而二書又足以兼之，是合天地爲一也。惟二書合天地帝王爲一，故相爲表裏而不可缺一；惟二書相爲表裏合而爲一，故天地之化育由此以參贊矣，帝王之治統由此以纘承矣，人世之綱常由此以振肅矣，萬世之人心由此以警惕矣。百家不得而同也，二氏不得而混也，五伯不得而假也，亂賊不得而逃也，鬼神不得不欽服也，後之君臣師弟不得不奉行也。此天地之至聖，帝王之忠臣，萬世之人極，而亦宇宙開闢以來之大功也。

或曰：孔子之聖亦大而能博矣，無方之神，無體之易，是先天性命之學也；大象小象之象，大衍參天兩地之數，是後天象數之宗也。又上律下襲兼乎天地矣，祖述宪章兼乎帝王矣。《中庸》約天地于一身，《大學》推一身于天下，以聖之一宗待乎上智，以仁之一宗普乎衆人，以立身則爲至聖至誠之全局，以涉世則爲時措之咸宜。子不是之稱而獨贊《春秋》《孝經》，何也？豈以二書孔子所自著故耶？《易》之十翼亦孔子所自著也，其神化不知超于二書幾倍，子反遺之，何也？曰：子以自了者爲大耶，抑以有功于生人者爲大耶。向令孔子止于贊《易》，雖極聖至神，亦止于自了而已。惟有二書以發揮之，然後有功于天下萬世之人心世道，而其功之至大始不可得而加矣。故專論孔子之聖，猶可得而及也。惟孔子之功由至聖而出，外合于内，萬世所不能違，千聖所不可易，此天地古今之全局，所以獨歸之孔子也。生民未有之盛，非先聖其誰哉？

《孝經》證聖篇

或曰：自宋迄今，理學大興，高明者各出所見，皆自謂發千古未發之秘，子獨守孝之一言，其理至淺，其事至常，欲持此以與《春秋》並論，固不待詞之畢，而人已厭聽矣，況望其説之行而有裨于聖人之教哉？曰：此固先聖意也。先聖之教即形下中指出形上，即後天中指出先天。嘗聞先聖有言：「吾志在《春秋》，行在《孝經》。」蓋孝之一言固甚淺甚常，孝之爲義實至廣至大，故愚的謂一貫之一即貫以孝也，且世儒之言亦嘗略考之矣。且如主敬誠是矣，假令不敬其親而敬他人，其敬是耶（是）〔非〕〔一〕耶？無論敬他人也。即如敬天，敬之至矣，而不本于敬親，其敬是耶非耶？又如主知誠是矣，假令不知事親而知性命，其知是耶非耶？無論知性命也。即如知天，知之至矣，而不本于知孝，其知是耶非耶？且孔子之聰明識見豈在後儒下哉？其所以爲萬世慮者又豈有一毫之不詳且審哉？其刪述之經六，《樂經》雖亡，五經具在也。其自作之經三，《易傳》附于《易贊》，《春秋》本于魯史，《孝經》自爲一書，此何爲者也？人之常情好慕高遠而遺卑近，而至尋常至卑近者莫如君臣，尤莫甚于父子。夫天地亦可謂高且遠矣，而好奇者尤欲索之六合之外，則尋常卑近之事又孰肯俯而加之意哉？夫人止有此精神，一心不能兩用，一技不能兩精，近有所專則遠有所不到，遠有所慕則近有所不周，此自然之理亦必然之勢也。第以忠臣孝子之心推之，不知寧捨君親之卑近而侈談六合之外耶，寧捨六合之外而專意君親之卑近者耶。然又聞之，天人無二道，聖凡無二性，謂六合之外與六合之内不同，是二道也；謂神人之性與凡民之性不同，是二性也。第以高明大智之士觀之，不知將謂有二性有二道，而君親之道爲不可通于六合之外耶。抑將謂無二性無二道，即通六合之外

〔一〕依文意，「是」當作「非」。

亦不離此君親之道耶。夫儒者之教人知其爲常也，然未始不知其爲正也。有如即此君親之道，即可通于六合之外，則至大而至神者，固不出至正至常者而具之矣。儒者顧不已兩得乎哉？

或曰：即如子言，亦就事上論之耳，抑粗矣。本體工夫無當也，安在爲聖心之密、聖學之精乎？曰：就事立教，正聖教之所以爲確也。蓋知之非艱，行之惟艱，知者衆人之所公共，行者己之所自得也。世之談玄説妙，知者多而行者少，正坐不就事上論耳。夫就事立教，所以收其談玄説妙之心，而用之于躬行也，心不期正而不得不正，意不期誠而不得不誠，德不期進而不覺其進，教不期行而不覺其行。故性曰德性，行曰德行，言曰德言，教曰德教。又曰：苟不至德，至道不凝焉。一切冠之以德，此聖人觀理之大智，而亦鼓世之大權也。且子謂于本體工夫無當耶，子試思事君者曰勿欺也，誠意者亦曰毋自欺也。因事君而得誠意，還可謂本體工夫否？子又思事親者曰色難也，養性者亦曰根心生色也。因事親而得養性，還可謂本體工夫否？蓋學問之道有能其事者，小學之基也；有通其義者，是大學之門也。解牛可以悟養生，舞劍可以悟草書，而况聖人之道反有缺于本體工夫哉？故孝一也，人臣之孝移之事君止矣。惟以天子爲主，則天子之孝順而推之可以事天地，可以平天下；逆而返之可以養性，可以正心。天下之道豈復有出于孝者乎？故知孝之能貫，然後知聖道之一，亦必知聖道之一乃貫以孝，然後知聖人之教爲二氏百家所必不能混也。又惡用辯之辟之而後聖道始可得而明哉？

《春秋》三禮篇

或曰：孔子所傳顔曾子思者，大抵道德經綸之正局耳。顧天下不能無治亂，則局有時而變矣。或者謂三子之傳孔子之大宗也，左氏公穀三氏之傳，則孔子之别宗也。且先正引佛家之説，謂大宗之傳即所謂事理無碍，别宗之傳即所謂事事無碍者。《春秋》，孔子之大用，斯言倘亦有見乎？曰：聖人合天地古今而定萬世之極，其已行而可復用者已以公心存之矣，其當行而未備者，正不嫌以公心補之也。孔子欲行周公之道，甚至夢寐不忘，人亦知有《春秋》爲行周公之道，第未見其確然不可易耳。周公之道，其大者則二禮是已，一曰《周禮》，以治天子之國，故自王躬王宫王國王畿，以達於中國四夷上下内外，井然有條，無一非天子之事；二曰《儀禮》，自士之冠婚喪祭飲射，以達於朝覲會同，升降進退，無一非人臣之事。蓋天子一人耳，人臣則自士以上至諸侯皆臣也。一爲王禮，一爲臣禮，而君臣之制已無一不備矣。後世於二禮之外别以《曲禮》矣，爲三禮。不知《禮記》曰：「經禮三百，曲禮三千。」《中庸》曰：「禮儀三百，威儀三千。」皆未嘗言三禮，蓋《曲禮》即《儀禮》之曲折而得名也。矧《曲禮》之即爲《儀禮》，原有數證。《儀禮》有冠禮,《禮記》即有冠義;《儀禮》有婚禮,《禮記》即有婚義;以至喪祭飲射莫不皆然,是不可分而爲二者,一也。昭公習於朝覲會同之儀,魯人皆以爲知禮,獨晉人譏之曰:「此儀也,不可謂禮。」則所謂諸侯之禮者又安在耶?非《禮記》中所言而何,是不可分爲二者,二也。且禮獨不下庶人耳,而諸侯大夫士固皆臣也,今以《儀禮》爲侯禮,曲爲士禮,然則大夫之禮安在?是不可分爲二者,三也。《周禮》不止言天子,所以接遇下臣之儀,並所謂治天子之國者,無不在其中焉。使《儀禮》僅有儀而無所以爲治,將何以爲國,是不可分爲二者,四也。所以然者,人蓋不知周公之妙用耳。其教成王也,抗世子之法於伯禽,以臣可責其詳也。其教諸侯大夫也,抗修齊治平之道於士,以士不嫌於瑣也。試以《禮記》所載細心閱之,自始孩胎教以至成人,自弱冠以至期頤,死喪祭祀,生人之變備矣。自父母兄弟夫婦男女内外,自師友賓主親戚鄉黨鄰裏上下尊卑親疏貴賤,生人之局備矣。一人之身如是,人人之身亦如是;一家一鄉一國如是,天下之家鄉與國皆此一法矣。教之者不可不詳,而太詳又不可以瀆尊長也。故於士乎詳之,若曰卑幼如此則尊長可知矣。此《禮記》之所以獨詳於士也。又詳於士者正所以教諸侯,以分治其國者也。執一御萬,執簡御煩,道莫妙于此矣。

或曰:此特周公之所以教諸侯者耳,孔子所以行其道者何居?曰:周衰禮廢,人皆視之爲士禮而不復究心，且日趨於文，惟威儀之是矜耳。故孔子即魯史以作《春秋》，於魯事獨詳焉。乃細按其魯事，則正君身之始終也，正君家之父子、夫婦、兄弟、（敵）〔嫡〕[一]庶、内外、親疏也，正君政之用人、治民、用兵、理財、興廢、因革也，正君之朝覲于天子，敬怠踈密也，正君之會同與國、與外攘夷狄，公私正變也。有一不出於《儀禮》者乎？如第以《儀禮》爲侯禮，而以《曲禮》爲士禮，則《春秋》之正魯者無乃以士禮責之侯乎？固知《禮記》所載，原係周公所以教諸侯治國之正禮，與威儀不同，禮廢之後孔子特舉而還以正魯侯之失耳，所謂即周公之法以行周公之道，此其一證也。雖然，《春秋》專爲魯而設，則亦隘而不廣矣。所謂天子之事何居？蓋成周之制相天子者有二，有親臣就近在内而相天子者，周公召公是也；有諸侯爲天子所取而入相天子者，虢公鄭伯是也。在内而相天子，周公之法不可得而加矣，故定而存之以守其舊。自外而入相天子，倘僅僅如虢公鄭伯，既不能先正其國，又不能上正天子，亦安取入相爲哉。《春秋》一書則補諸侯入相天子之缺者也。如第以爲魯事而已，則正必稱王，王必稱天，于魯曷與？然此猶曰奉正朔也。他國之君或公降而侯，夷狄之君或王降而子，魯非天子何敢擅其大權哉？固知進魯以入相之誼，而代天子以賞罰天下者也。蓋孔子而周人也，其勢便，其理直，即魯之失禮亦

[一] 依文意，此處「敵」當作「嫡」。

在所貶。惟孔子而魯人也，當時惟世卿是用，聖賢不獲伸於時，故不得已假《春秋》以見志，而《春秋》固魯史也。義不得斥父母之邦，故魯本侯也，而仍其舊稱曰公，且大惡不書，爲尊者諱也。稱公而曰我公，我者親之也，明其爲父母之邦，不忍斥言，爲親者諱也。倘孔子周人也，因周史以賞罰天下，則豈獨私一魯哉？即魯有善，不過如齊桓之善善長而惡惡短，當其偶失謹，亦爲賢者諱耳，必不詳爲之諱，過爲之掩，如魯史之所稱矣。所謂補周公之法以行周公之道，此其又一證也。大抵三皇之相，其德業不可詳考矣。若夫舜之相堯，禹之相舜，伊尹之相湯，傅説之相高宗，皆聖人之表表者，乃相道獨宗周公，蓋有數義。君無授禪之奇，一也；相無放置之異，二也；啓沃不減于前，三也；製作獨□于後，四也。嘗細繹周公相業，大約與孔子略同。《禮記》：「先王崇四術以教士，春秋教以《禮》《樂》，冬夏教以《詩》《書》。」則孔子之前已有四經矣。又二天雖隱于卜筮，然《周禮》居上臨下，居中運外，則先天大圖之局也。四《詩》由宫闈而邦國，由朝廷而天下，以象下經；由祖父而子孫，由宗廟而郊社，以象上經，則後天之序也。以二天爲藏用，以四術爲顯仁，以天地爲規模，以祖宗爲家法，以帝王備參考，以吐握盡咨訪，周公所以備宇宙之理而盡天下之心者，亦已無所不用其極矣。當其時君明臣良，禮備樂和，法修政舉，刑措不用，太和在宇宙者，與唐虞同相業之盛可知也。天地四義，堯舜以盡君道者，周公亦以之盡相道矣。孔子于堯舜言祖述，于文武言憲章，而周公則言夢見，豈非堯舜文武君也，周公臣也？孔子欲行道于時，亦不過爲周公之所爲耳。任道之專，憂世之切，宜其夢寐而不忘也與！

《春秋》三傳篇

或曰：即如子言，亦孔子《春秋》之大法耳，於三子之義例何居？曰：正以《春秋》之義非三子不能發明，又以其止於論事，故謂三子爲别宗耳。然理不能離事而自顯，則事中正自有至理存焉。特分閲之則散，而理或隱而未見。愚讀《春秋》則有一合閲之法焉，先即周制爲一圖，以天王爲主，而天王之修身、齊家、治國、平天下者以次布列，即魯不過一國之君，與中國諸侯等耳，其賞罰在中國諸侯大夫及外夷君長，而魯弗敢專焉。次即魯國爲一圖，以魯君爲主，而魯君之修身治國、上覲天子、下交友邦，亦以次布列，至於魯之大惡則皆諱焉。然僅僅爲一國之事，與天子順流而普及天下者不同矣。故列而言之，天子一人耳，系天於王，則凡天位、天禄、天秩、天叙、天命、天討皆在其中焉。稱天不稱天，而王之奉天與否皆不待注而自見矣。天子雖一人，然天下之共主也。係王於春，則凡王制、王章、王言、王命、王政、王禮皆在其中焉。〔而尊王〕〔三〕

〔三〕此處漫漶，依文意當作「而尊王」。

不書王，則〔諸侯〕〔二〕之尊王與否不待注而皆自見矣。此二者《春秋》之大義也。以天王而臨天下，則先中國之諸侯大夫，次外夷之君長。齊桓雖有自私自利之心，然尊王一義自彼倡之，桓公之下拜而受胙，管仲之讓高國而受禮，君臣之分尚在也。故孔子稱之曰：「正而不譎。」又曰：「微管仲，吾其被髮左衽矣。」至於首止之會、召陵之師、尊周攘夷之績大書特書不一書，即滅項非正矣，猶以善善長而惡惡短之義爲賢者諱，其褒桓公者可謂至矣。所以然者，周衰已甚，天下諸侯不啻弁髦視之，桓公獨首倡尊周之舉，雖其心有未純而其事則甚正矣。使天下諸侯事事而皆如桓公尊周如此，則豈復有僭王猾夏之罪哉？所謂其自爲謀則過，其爲先君謀則忠矣。故孔子以至公裁之所爲，小其器而稱其仁也；說者以桓公與晉文並稱，已失其旨，又以秦穆楚莊宋襄合爲五伯，則戰國策士之說，愈非孔子之意矣。《論語》於晉文已斥之曰「譎而不正」，彼三君並未形之齒類，非聖言之信而誰信哉？所以然者，弱主而得强臣，起而尊之，猶足示尊於天下。晉文自居賢主而使人召天子入會，此其跋扈之狀，與溫、莽、操、懿何異？《春秋》書曰：「天王狩於河陽。」蓋不勝髮上指冠矣，雖有拒楚之捷，彼自爲其國耳，何與尊王哉？彼三君者，初無尊周之舉，又安得與桓公並稱也？然則《春秋》所僅取而厚褒者，獨桓公一人而已，乃桓公卒而書之

〔二〕此處漫漶，依文意當作「諸侯」。

曰：「齊侯小白卒。」則又奉天王而正之以禮，亦如書季札而名之，所謂正人臣者當使之爲臣也。至於諸侯之大夫，不過據事直書而善惡自見，其善者不過拒楚，已無與於尊周，其惡者以大夫而僭諸侯，與諸侯之僭天子不已愈流愈下哉。即此已見其惡，更安得屑屑較其功過也？惟是爲法受惡不得不究其首，有情可原不得不赦其終，如趙盾、許世子，又《春秋》之所爲至密也。由是觀之，天王而下於諸侯中，獨褒齊桓一人耳。自晉文而下無非貶辭，大夫又可知矣，此其治中國者也。若夫吴楚之僭，去王稱子已足著其罪矣，又何功之可紀哉？銖銖而較之，至石必失；寸寸而度之，至丈必差，石稱丈量，徑而寡失，奉天王以正天下。第正中國之諸侯大夫與外夷之君長，而大體已得矣。至於日食必書，恒星不見、六鷁退飛必書，則又有深意存焉，而不可以淺裹測者，安在事事有例、字字有法哉？至於正魯則與天子之正天下又別立一法矣。書公即位或不書即位，其受之天子與先君者不同，故書之者亦異，此正魯君之始也。公薨或地或不地，蓋善終與否不同，故書之亦異，此正魯君之終也。至於夫人如齊，丁卯子同生，烝嘗世室，正魯君之家也。三家用事，正魯君之朝也。築臺築囿，浚洙伐夷，正魯君之國也。如京師朝於王所，四不視朔，正魯君之臣禮也。會盟征伐，正魯君之邦交也。有年不雨，書蜮書螽，紀魯國之災異也。夫以正魯之事較之正周，其詳略相去遠矣。所以然者，《春秋》魯史，故魯事爲詳，一也；諸侯入相天子，必先有諸己而後可求諸人，則自治宜密，二也；又周之正王者有周公之四詩三禮，不啻詳矣，在入相後，奉行獻納已有餘矣，三也；又合周與魯觀之，則惟天子之始終未嘗書耳，至於天子之家，雖有王室亂及天子出居數條，然亦略矣。惟是王朝錫命於諸侯，則與諸侯入覲於天子，二禮正相當矣。二百四十年之間寥寥數語，上下之交即何諫也。至於朝之用人，周任世卿，雖魯亦然，已失賢賢親親並用之舊典矣。魯詳於治國家，周詳於正天下，魯之災異止於一國，周之災異偏及天下，則天子諸侯之局固有大小遠近不同者在也。魯之義極於尊王而止，而天弗與焉；周之義則必以天爲極，非諸侯以下所敢望矣。此又天子諸侯之分，有尊卑上下不同者在也，即一魯而天下諸侯可知，即一正魯而奉天王以正天下，則天下諸侯入相者可知，所謂補周公之缺以行周公之道者莫約於此矣。但正天王與正魯君尊卑之分不同，天王之正天下，魯君之正一國，其大小之局不一，則不可以不細心考之也。

或曰：即如子言，於《春秋》義例見於三子者亦大略可覩矣，然用之當時與後世，何以遂能事事無碍哉？此聖人之大用最爲經世之大要者，倘亦可聞其詳乎？曰：於周提一天字，正王在是，正天下亦在是矣。於魯提一王字，正魯君在是，正魯國亦在是矣。此聖人提綱挈領、拔本塞源之妙也。在周則録齊桓之功，正餘諸侯之罪，以管仲之功而不書，則讓其君可知；以晉五世稱伯而大夫屢書，則蔑其君可知，此又以書不書而正中國之諸侯大夫者也。以吴楚之稱王降而書子，以季子之賢進而書名，此又以名不名而正外夷之君臣也。首惡之誅，即宣孟不得辭，原情之聽，則許世子猶可赦；取人之善，雖細行如宋姬，而亦見録於《春秋》；善善之長，雖滅頂如齊桓，而不書名於史册。據此以治周之天下，既無不得其平，推此以治後世之天下，又安至失其理哉？在魯則正君身之始終，正夫人世子之本始；見用者皆屬三家，則不能廣進賢才可知；會盟者皆屬齊晉鄭楚，則不能敬事天王可知；烝嘗之及期與否，而事祖之勤惰見；築毁之合時與否，而憂民之勞逸見；伐邾伐莒知其不能字小，竊大弓、竊寶玉，知其不能御臣。蓋史者善惡並書，法戒具存，其善者吾以爲法，遇其事則變通而行之；其惡者吾以爲戒，遇其事則反案而用之，是善惡皆爲吾師，而法戒皆可互用。處常可以知經，處變可以知權，可操以治一國，亦可操以治天下，又何事之不妙其用，又何古今之時不可通貫爲一日哉？故曰：三子得聖人之用而盡其變，未可以其别傳而遂忽之也。雖然蘇氏論作史之法有二，一曰義理，一曰事詞，即如三傳之説乃事詞之得其當耳，進乎此則爲義理矣。《孝經》《大學》，所謂義理之書也，先聖約《易》與《詩》《書》《禮》《樂》而操其要者也，合之以參《春秋》，其義當益不可易矣，然具見别編，殆未可一言盡也。

卷五

聖政原從周禮

成周祖德篇

或曰：子謂《典謨》《洪範》爲禹之典，則所以爲家天下者諭教太子之法，夫既信而有徵矣。然謂《周禮》與《詩》相爲表裏，爲周公之經制，所以爲相天下者忠愛其君之法，豈亦有説乎？曰：誦《詩》讀《書》，當觀其大義，上可以致君爲堯舜，下可以輔世爲唐虞，此豪傑之識而大臣之度也。讀《書》之説，前固言之矣，世人見孔子論《詩》以爲一言可蔽，遂執「思無邪」以爲徑約，更不復究其全經何如，及問其「施于有政」與「使于四方」者若何，而茫然莫知所答。然不獨一《詩》爲然，且執「思無邪」一義並諸經而亦此概之，但取其一言以標大義而止，不知諸經各具全局，各有無窮之用。聖人一言可蔽，不過偶然，因其既徹全詩之後，而謂一言可蔽，亦如論道德九經，而謂一誠可貫耳。今論誠者不廢道德九經，而論《詩》者顧專執「思無邪」一語，無乃舉一而廢百乎？且讀《詩》之法與讀《書》不同，《書》以堯舜爲宗，而所叙者唐虞三代之事，是歷代之變也；《詩》以文武爲宗，而所叙者上自后稷下至匡王，皆周之祖父子孫，則有周一代之變也，不同者一也。堯舜官天下，故舜禹之位由禪授而起；成周家天下，故文武之業由積累而成，不同者二也。二《典》始于君臣，據見在天下而言也；二《南》始于夫婦，溯根本發源而言也，不同者三也。唐虞夏商周係自古而今，以世代爲序；《國風》自宫闈而邦國，《小雅》自朝廷而天下，《大雅》自祖父至子孫，《頌》自人而天，則以周禮《王制》爲序，不同者四也。雖然，人之常情以空言而引之于善，不若以實事而引之于善；以古人之實事而引之于善，又不若以祖宗父母之善引之于善尤爲親切而深入也，何也？彼生長家庭，固熟聞而熟見，故言之者易指，而聽之者易入也。周公作《詩》以教成王，其用此法乎？然既曰有周一代之變，則當先求其所爲積累而興者矣，故於《詩》可以見有周世德之遠焉。《思文》《生民》咏后稷也，《篤公劉》咏公劉也，《緜》《天作》咏大王也，《大明》《皇矣》咏王季、大任也，《文王》《關雎》咏文王、大姒也，《棫樸》《旱麓》《靈台》《清廟》《維清》咏文王也，《大明》《下武》《文王有聲》《時邁》《執競》《酌》《桓》《賚》《般》咏武王也，《昊天有成命》《閔予》《訪落》《敬之》《小毖》咏成王也。一何祖父子孫世德之厚，且大任大姒大姜又三世婦德之相繼也。於《詩》而又有以見成周家法之嚴焉，稱大任曰思齊而已，稱大姒曰嗣徽音，則百斯男而已。《關雎》《樛木》之德，《麟趾》之頌，可謂盛矣，然亦止于不淫其色，逮下而無嫉妬之心，富而能儉，貴而能動耳，非如幽后之爲梟爲鴟也。於《詩》又有以見文武成王心學之密焉，《文王》曰：「文王陟降，在帝左右。」又曰：「緝熙敬止。」《大明》曰「維此文王，小心翼翼，昭事上帝」，此兢業之衷也。《皇矣》曰：「無然畔援，無然歆羨。不識不知，順帝之則。」此皇極之義也。《思齊》曰：「雝雝在宫，肅肅在廟。不顯亦臨，無射亦保。不聞亦式，不（陳）〔諫〕〔一〕亦入。」此允恭克讓之體也。《大明》論武王曰：「上帝臨汝，無貳爾心。」《昊天有成命》論成王曰：「成王不敢康，夙夜基命宥密。於緝熙，單厥心。」《我將》曰：「我其夙夜，畏天之威，于時保之。」《閔予》曰：「維予小子，夙夜敬止。」《敬之》曰：「敬之敬之，天維顯思，命不易哉。無曰高高在上，陟降厥士，日監在兹。維予小子，不聰敬止。日就月將，學有緝熙于光明。」儼然文武心法也。於《詩》又有以見有周仁政之周焉，《關雎》《樛木》，后妃之逮下也；《鹿鳴》，天子之體群臣也；《棠棣》，天子之厚同姓也；《伐木》《皇華》《四牡》，天子之厚異姓也；《七月》，天子之重農也；《采薇》《東山》《出車》《杕杜》，天子之厚戍役也；《行葦》《甘棠》《騶虞》，仁厚之被于萬物也。於《詩》見有周禮教之正焉，宫闈而有《關雎》之教以正其内也，邦國而有二《南》《豳風》之教以正其外也，《文王》《大明》諸篇則所以正君心以正朝廷

〔一〕依《詩經・思齊》，「陳」當作「諫」。

也，《鹿鳴》《天保》諸篇則所以正外内臣工而正天下也。自宫闈而邦國、自朝廷而天下無不正矣，然後以成功告于郊廟，又何其有序而不紊也。於《詩》而有以見成周人才之盛焉，夫有君有政而非賢才以共濟，則君爲孤君而德澤亦不能自致於民矣。文王之世有四友，故能疏附后先、奔奏禦侮，其人則虢叔、閎夭、散宜生、泰顛、南宫適是也；然不止此也，觀于濟濟多士，維周之楨，赳赳武夫，干城腹心，則文王作人之效也；武王之世，邑姜以治内，九人以治外，故一戎衣天下大定，亦得人之效也；成王之世，天下初定，三監既叛，頑民爲梗，周公制禮作樂，吐哺握髮以下白屋，召公相與輔之，君陳畢公又繼其後，亦得人之效也。合而觀之，世德也，家法也，心學也，仁政也，禮教也，人才之盛也。無一人不幾于聖賢，無一事不歸于仁厚，即使他人不相關者聞之，猶不能無忻慕，不能無仰止，而況爲之子孫者乎？故嘗謂大禹引堯舜爲法，而以《典謨》爲證，是父之愛而能教者也；周公引祖宗爲法，而以《詩》歌致諷，是臣之忠而能誨者也。夫天子天下之主，而太子天下之本也，或有聖父以教之于前，或有聖臣以誨之于下，則君德安得不清明，天下安得不平治哉？故于《周禮》得周公之善于立政，于《詩》得周公之善于引君，合是二者，相業之隆莫加焉，宜孔子之夢寐不忘與！

尊周存用篇

或曰：即如子言，周公之善于引君亦成王以前之詩耳，成王以後之詩而亦存之何居？曰：

孔子欲行周公之道，此正其一徵也。蓋《春秋》之義，以天奉王乃其大綱耳，而天之爲義，在《典謨》則爲天叙、天秩、天命、天討，是天王所以收其大權者；在《詩》則昭事、陟降、臨汝、宥密，尤天王所以培其大本者。使周之子孫其相繼者而皆成王之賢而能守成也，則但誦成王以前之詩以爲納牖足矣，而不能不降而爲幽厲也，又不能不降而爲平王之東遷也。夫厲王之後則幸有宣王之中興矣，平王之後豈遂不可復興乎？謂亂之後必不可興，則宣王已繼亂而興矣；謂春秋王室之衰不如宣王之世，則列國之風猶有可興之機在矣。故孔子于言《詩》之學三致意焉，豈直爲門弟子哉，則以興周之機寓于《詩》者更深耳，何以徵之？宣王中興，其美政有可紀者，《雲漢》憂民則懷保惠鮮，視民如傷之德也，有仲山甫以輔之，而又有張仲孝友、程伯休父、尹吉甫、方叔、〔召〕[二]虎、韓侯、申伯以爲之佐，則亦疏附後先、奔奏禦侮之盛也。《庭燎》既備而早朝稍晏，則又有姜后脱珥之諫，則亦思齊思媚之家法也。有仲山甫小心翼翼，古訓是式，威儀是力，則所啓沃君心者當不在周召後矣。故《六月》北伐也，《采芑》南征也，《雲漢》憂旱也，《鴻雁》勞來安集也，《斯干》考室也，《無羊》考牧也，《庭燎》勤政也，《鶴鳴》納誨也，《車攻》吉日蒐狩也，《常武》自將也，《崧高》建侯也，《烝民》任相也，《江漢》命將也，《韓奕》錫命也。夫文武以《天保》以上

[二] 此處漫漶，依文意當作「召」。

治内,《采薇》以下治外,始于憂勤,終于逸樂,故萬物甚多而可以告于神明。《鹿鳴》廢則和樂缺矣,《四牡》廢則君臣缺矣,《皇華》廢則忠信缺矣,《常棣》廢則兄弟缺矣,《伐木》廢則朋友缺矣,《天保》廢則福禄缺矣,《采薇》廢則征伐缺矣,《出車》廢則功力缺矣,《杕杜》廢則師衆缺矣,《魚麗》廢則法度缺矣,《南陔》廢則孝友缺矣,《白華》廢則廉恥缺矣,《華黍》廢則蓄積缺矣,《由庚》廢則陰陽失其道理矣,《南有嘉魚》廢則賢者不安下不得其所矣,《崇丘》廢則萬物不遂矣,《南山有臺》廢則爲國之基墜矣,《由儀》廢則萬物失其道理矣,《蓼蕭》廢則恩澤乖矣,《湛露》廢則萬國離矣,《彤弓》廢則諸夏衰矣,《菁菁者我》廢則無禮儀矣,《小雅》盡廢則四夷交侵中國微矣,是二十二《詩》者,周之仁政在焉,至是而皆廢則亦有周中衰之世已。宣王承厲王之烈,内有撥亂之志,遇災而懼,側身修行欲銷去之,方其任賢使能,興衷撥亂,内修政事,外攘夷狄,復文武之境土,亦可謂中興之盛矣。及其末年稍怠於政,於是《黄鳥》之詩作,則與《鴻雁》之還定安集者異矣;《祈父》之詩作,則與《采芑》之執訊獲醜者異矣;與《六月》之元戎十乘以先啓行者異矣;《白駒》之詩作,則與《崧高》《烝民》《韓奕》《江漢》交相和衷于一時者又異矣。夫宣王一人之身而且治亂相半若此矣,厲王暴虐則非仁厚之家法也;聚斂之臣在位用事,則非大賚之遺軌也;幽王寵褒姒任奄人以致亂,則與《關雎》之内政懸矣;王委政于尹氏,尹氏又委政于姻婭之小人,則與周召同心輔政而又吐哺握髮以進天下之賢者又懸矣。既無文武之德,又無文武之政，内無庭燎之儆，外無周行之示，安得不再致亂哉？合周之列國而又有以見四方風氣之殊焉，文王修身齊家而南國化之，將以漸及于天下，此不可得而及矣。邶之《凱風》則猶有孝子也，鄘之《柏舟》則猶有貞婦也，衛之《淇澳》則猶有盛德君子也。王室既卑而猶有嘆《黍離》、嗟《兔爰》者，則忠義之士世固未嘗乏人也；鄭之《緇衣》《羔裘》則邦之司直，猶爲國有人焉；齊之《雞鳴》則猶賢妃之儆其君也。以魏之儉而猶有《伐檀》之君子，以唐之弱而猶有《蟋蟀》之良士，以秦之尚武勇而乃有三良之賢臣，以陳之好樂巫覡歌舞之事而乃有《衡門》棲遲之高隱，雖然顧瞻周道，則不如《匪風》之乃心王室也，念彼周京則不如《下泉》之未忘成周也。叙《詩》者首二《南》而終之以《豳風》，又以《王風》儕之，于列國何居？若曰周室而既卑矣，則《王風》亦與列國等耳，然獨不思所以變之者乎。二《南》之盛則文王修身齊家之化也，則君爲之主也；《豳風》之咏則周公輔相成王之業也，則相爲之輔也。且概觀列國則風靡波蕩之中，固未嘗無賢人之不奪于流俗者，則世道之猶可維也；載觀人心則雖檜曹微小之國，猶不忘周京王室之思者，則人心猶可挽也。竊意孔子讀《詩》至此，未嘗不慨然而嘆也，獨不得君如文王、相如周公耳。何憂《王風》之儕于列國而不能及于文武成康之盛哉？此叙《詩》之大義，固專爲興周設也。若曰觀風考俗而已，於尊周曷與焉？總之，成王以前之詩，周公作之以爲守成之誨者也；成王以後之詩，孔子存之以爲撥亂之資者也。周公當平世，故其勢順，其機暢，其爲《詩》者多温厚而和平；孔子當春秋，故其勢衰，其機鬱，其引《詩》者多隱諷而淒婉。要之，欲以轉其君之心則一也，而欲以祖宗之實事、一代之家法爲轉其君心之法亦一也。後世詩學不傳引君之術，遂僅止于章奏之一途，彼豈知聖人之妙用哉！吾悲先聖之隱念不白于後世，故爲之發其義如此。

《周禮》相業篇一〔一〕

或曰：《周禮》一書乃六卿代天子以治王畿之書也。成周之世，自王畿而外列爲諸侯，皆分治其國，則王畿雖天子所自治，亦不過一大國耳。爲六卿者得以其全力而用之於天子之國，故思慮甚周而經畫甚當，亦以其所治甚約故也。然說者謂冬官缺焉，其果然與？曰：周公之作《周禮》，蓋有四藉焉：一者多才多藝，有聖人之才且吐握下士，有聖人之量，非沾沾于自用者比也；一者在師保之位，有叔父之親可以思窮天地、慮極古今以爲天子鋪張治化，非拘拘于一國而分有所限者比也；一者未經秦火，唐虞夏商典籍具存，得以備考而斟酌損益之，非春秋之世文獻無徵者比也；一者文王演先天而爲後天，周公廣彖辭而係爻辭，則性命之理其得于家學之淵源者，又非聞見之粗、採集之末而已者，宜其經制所定，有以爲萬世相業之冠也。且《周禮》之

〔一〕 原標題無序號「一」，爲整理者所加。

制有所準而爲之者，其義亦有四焉。一曰天文，天地原係一體，而地之所列皆根本于天，故當以天爲主。《周禮》王宫居中，象天之紫微也；王朝居前，象天之太微也；市居後，象天之天市也，是以象三垣者也。又夏官司士掌朝儀，象天之相見乎離也；春官之五禮五服，象天之春生也；秋官之五刑，象天之秋殺也；冬官與地官合而爲一，水土不相離，又冬隱而不見歸藏于地也，是以象四時五行者也；六卿有太有少則十二職矣，象一歲十二月也；一官之屬六十，凡三百六十，又象一歲日行乎天度三百六十之數矣，是以象日月天度者也。合而觀之，三垣也，四時也，日月也，天度也，天文無一不備矣，安得謂冬官缺也？其伏而不見，正象天之至妙至妙者也。一曰易理，然象天文，人所易知也，而又有與圖書二天之易合焉。王后之居中宫也，王象日，后象月，則先天納甲圖，坎離居乎乾坤之中之義也。春夏秋冬四官之居四面也，則後天方位，出震、見離、説兑、勞坎之義也。六卿之有太少，則十二辟卦之象，所以環列乎先天納甲之外者也。其設官之數，大宰卿一人，小宰中大夫二人，宰夫下大夫四人，上士八人，中士十六人，下三十二人，合得六十三人。又合六官共得三百七十八人，去太少十八人，則三百六十之數，與乾坤九六二用之策數合矣。又自一而二而四而八而十六而三十二，則先天加一倍法也。萬有一千二百五十人爲一軍，則二篇之策數也。合而觀之，先天納甲也，後天方位也，辟卦也，策數也，加倍法也。以中宫對四面，則外内二體也。河圖天五地十之居中也，以王朝對天下則上下二體也。洛書天九之居上也，圖書二天無不全矣，又安得謂冬官缺也。一曰人道，以天文易理爲準，大矣全矣，而猶未甚切也，以人道合之而其妙愈見矣。王朝人之首也，王宮人之心也，王國人之腹也，王郊人之背也，王畿則人之四肢也，此以身取象而有中宮四面之義者也。然此以王畿而言也，若合中國九州而論，則王畿又爲中宮而八州又爲四面矣；合天下九服而論，則中國又爲中宮，四夷又爲四面矣；合天地三才而論，則人道又爲中國而天地古今又爲四面矣。合而觀之，一中宮四面耳，而王躬也，王國也，王畿也，中國也，天下也，天地古今也，皆有以推之而準，三才之道無一不見前矣，又安得謂冬官缺也？試合六官以觀，則冬官雖隱而實未嘗亡耳，何也？以王制言之，王宮也，后宮也，王朝也，王國也，王郊也，王畿也，中國諸侯也，四夷君長也，天神地祇人鬼也，鬼神也，百穀也，萬物也，古今也，無一缺也，欲補冬官補何制也？以王政言之，王者之威福，有六卿佐之矣；王者之宮闈，小宰司之矣；王者之府庫，有太府司會掌之矣；王者之百官，太宰掌之矣；王者之朝廷，宰夫司士正之矣；王者之郊廟，宗伯掌之矣；王者之飲食衣服，隸于天官矣；王者之車旗儀衛，隸于夏官矣；王者之學教，隸于宗伯矣；王者之親臣，隸于宗伯矣；王者之貢賦，隸于天地二官矣；王者之命討，分隸于春秋二官矣；王者之禮樂，隸于春官矣；王者之巡守征伐，隸于夏官矣；不知補冬官者補何事也？信乎讀《周禮》者不可無圖也，無圖則上下内外中宮四面之制不明也；又信乎深于圖者不可不知天道也、人身也、易理也，不知易理，則孰爲顯仁，孰爲藏用之義不的也。噫！相業可易言哉？

《周禮》相業篇二[一]

或曰：天下所有者，邦國也，百官也，萬民也，王國如此，侯國亦然，非六典不足以治之，非六卿不足以掌之，而王之所立六官者，固將以佐一人而治天下也。六典平鋪於前，六卿各效其職，王恭己以任之，太平氣象已見於目前矣，然周公之深意僅僅設官分職而已乎？曰：天官有二義，以君后視之，天官亦六官之一也；以五官視之，則四時之官環繞於地，正五行之象也，天則超于五行之上而無所不統矣。又君象日，后象月，而王宫后宫之事皆統于天官，則又爲陰陽兩儀之象矣。譬之於人，則天官其首也，故君后屬之；地官其腹也，故土地人民屬之；四官其耳目手足也，故禮樂刑政屬之。以一家合之，則如子之事父母，而天官爲長子；以一身合之，則如身之統四肢，而天官爲元首。然不獨如此也，國家之所至重者天子，其次則太子，此家天下者萬世之計也。人知成王踐祚，周公抗世子之法于伯禽以教成王，不知成王既冠，周公又抗天子之法于冢宰以教成王，正其愛君無己之至情也。天官一職，修身齊家之道備焉，既與二《南》相

[一] 原標題無序號，爲整理者所加。

表裏，又取人立政之道亦悉具其中矣。六典在握百職受成，然則五官之職不過循職奉行而已。《大學》「平天下章」專言理財用人，正天官之職也。而斥巖巖之師尹，取休休之大臣，亦推天官之義而明相天下者之體也。讀天官者當另作一義，不可與五官並論，庶任相之義明，而《易》於六子之中專重長子，亦由此而得其命名之義矣。吾於是而知天子之權焉，六官之首皆冠以「惟王」二字，即《洪範》惟辟作威作福之義，凜然以總攬之權天子一人自握之。然不惟天子當自攬其權，且六卿分治其權，既分自不至有專擅之患矣，吾於是而知大臣之體焉。六卿皆曰掌，則不過天子之有司耳；六職皆曰佐王，其歸權于天子而不敢自專之義，一何謙退而安人臣之分也。故位雖尊、權雖重，而無跋扈之勢，天子亦安之矣。以《易》合之，王即乾以君之也，國即坤以藏之也，民即萬物也，六官即乾坤之六子，所以代二老而生成萬物者也。天子天下之父也，后妃天下之母也，即乾坤之象也；六卿即子之〔一〕事父母以代理其家者也，人子不能代父母以治家即爲不孝，人臣不能代君臣以治國即爲不忠，爲人不能代天地以生成人物又爲不仁，受君之尊爵厚禄而不能盡于其職又爲不義。然則六卿雖欲不盡其心不共其職，其心自不容已矣，吾於是而知聖人立法之義焉。當先觀其大臣之所掌，次及其貳，次乃及其所屬，此以人論者也。又當先觀

〔一〕「之」字下原衍「之」字，今删。

其大事之所係，次及其以義附者，次及其以事附者，此以事論者也。以天官言之，太宰掌建官之六典，此與六卿之長皆司天子之大事者也，掌與六卿之長遥相照應而不與所屬之職同。小宰以下則不同矣，小宰掌王宫者也，宰夫則掌王宫之事矣，乃司士正朝儀之位則在夏官，此所謂聯也。內宰則掌王之后宫矣，太府則掌王府庫之入，司會掌其出者也，四者皆國之大事也。故小宰中大夫二人，宰夫下大夫四人，內宰下大夫二人，太府下大夫二人，司會中大夫二人，其責任之重大可知也。宫正、宫伯、宫人則因天子之王宫以設而統於小宰者也，掌舍、掌次、幕人則又天子之行宫也，膳夫、庖人、内饔、外饔、亨人則因天子之飲食而設者也，獸人、𩡧人、鱉人、腊人又因飲食而附見者，酒正、凌人亦因王之飲食而附見者，醫師、食醫、疾醫、瘍醫、獸醫又因飲食而附見者，酒正、凌人亦因王之飲食而附見者，故止于用士。酒人、籩人、醢人、醯人、鹽人、幂人則又因后宫之飲食而附見者，故皆用女人。（王）〔玉〕[一]府、内府、外府則因府庫之入而附見者也，司書、職内、職歲、職幣則因司會掌其出而附見者也，司裘、掌皮亦因府庫而附見者也，典絲、典枲爲王之衣服而設者也，典婦功則因后宫之衣服而設者也，内司服縫人亦因后宫之衣服而見

[一] 依《周禮·天官·冢宰》，「王」當作「玉」。

者也，追師、屨人、夏（來）〔采〕[一]又因衣服而附見者也。九嬪、世〔婦〕[二]、女御、女祝、女史則皆后宮之官也，内小臣、寺人、内豎后宮之使令也，閽人則王宮之使令也。合而觀之，天官有六義焉，太宰掌六典，與六卿相聯者也；宰夫掌治朝，與夏官相聯者也；小宰之掌王宮，内宰之掌后宮，太宰司財賦之入，司會掌財賦之出，此四者天官之大事也，除皆附見者耳。職之重輕不同，而設官之以大夫與士亦因之矣。《周官》用聯，蓋有深意，自王者言之，則爲兼聽並觀而權不屬于一人；自人臣言之，則爲和衷協恭而見不執于一己。然六屬之體小事則專達，即正設之專官，如小宰内宰大府司會是也；大事則從其長，謂其餘附見者也。又六卿皆有聯，其大者莫如贊王，大事從其長亦以有天子在也，其不忘君之義歟。嘗以天地二官合參之矣，王宮也，后宮也，府庫也，皆屬之天官者也。王國也，王國之中分爲六鄉，其中有學（較）〔教〕[三]焉，有市廛焉；王郊則在王國之外，又曰王畿，分爲六遂，其中有農事焉，有倉廩焉，有虞衡焉，皆屬之冬官者也，附于地官耳；王國之外、王郊之内交界之所，有門關焉，有險固焉，皆屬之地官者也。王宮也，后宮也，府庫也，王國也，學教也，市廛也，門關也，郊野也，如人自首而至足腹背皆具矣。

〔一〕依《周禮・天官・冢宰》，「來」當作「采」。
〔二〕依《周禮・天官・冢宰》，「婦」字脱。
〔三〕依《周禮・天官・冢宰》，「較」當作「教」。

然皆身以内者也，所以豐基強幹之道也。其以王宫、后宫皆屬天官，人所易知也；其以府庫亦屬之天官也，人所未知也，非知道者不能解其義也。然府庫有二義焉，王國王郊之所獻者，其一方之財也；天下諸侯所貢者，則萬國九州之財也，所謂富有四海之内乃在此矣。此有至深之義，非知道者不能解也，豈曰天子好聚斂哉。嘗以《春秋》二官合參之矣，天地二官斂于身以内，則首與腹也，《易》之乾坤也，又乾坤坎離之四正也；四時之官見于身以外，則耳目手足也，《易》之六子也，又震巽艮兑之四隅也。然人知周公抗天子之法備于冢宰之一官也，不知抗太子之法又備于宗伯之一官，何也？宗伯以事天地宗廟爲重，而賓禮則兼秋官之諸侯矣，嘉禮則兼地官之鄉遂矣，軍禮則兼夏官之司馬矣，凶禮則兼冬官之送終矣。大史馮相天文鬼神，又兼天官之六典之貳矣。所以然者，春爲震位，太子之位也，春爲天地之交，又盛時也，春爲天命有德，又慶賞之時也。此《周官》之制於宗伯之職獨加詳也，其以司樂隸春官尤有深義，蓋教世子之法必兼禮樂故也。行人之屬秋官者何居？樂之屬春，「帝出乎震」也，雷出地奮，豫亦二月之卦也。行人之屬秋官，又取「説言乎兑」之義也，又風行地上，觀亦八月之卦也。聖人設官不拘一義，亦如大象取義不拘于一説也。又以冬夏二官合參，職方在外者也，屬夏官，王畿在内者也，似當屬之冬官。蓋以鄉遂例之，王畿亦六鄉之在内者，職方亦六遂之在外者，大小不同而中外之制一也。前爲王朝司士，在夏官，後爲后市，則司市當屬冬官。禮固有之，爵人于朝，刑人于市，朝市正相對耳。合外内與前後，冬夏之義愈明，不必以考工補之而冬官已全矣。然則當如後儒析五官以補冬官乎？曰：不必然也。既曰冬伏而不見，正分屬于五官乃見其隱之妙耳。嘗謂相品之粹未有如周公者也，舜禹雖聖而有禪授之嫌，伊尹雖忠不免放置之迹，故論品者當首周公。又相業之全亦未有如周公者也，堯舜之世制度尚有未備，夏商之後文獻皆已無徵，則論相業者亦當首周公，此孔子所欲行不能外周公之道也。雖然相品相業皆周公之顯諸仁者耳，既曰聖相，則有顯仁必有藏用，乃周公之書曾未發明之者。藏用未得而僅效其顯仁，其果能如周公之聖哉？願與同志者商焉。

《周禮》證聖篇

或曰：前人或謂《周禮》爲僞書，非周公所作，至比之戰國陰謀，雖宋儒表章亦有所不甚急焉。子乃信之以爲周公相業之譜，何耶？曰：漢儒之正者莫如董生，博者莫如劉向，深者莫如楊雄，曾有一義望《周禮》之藩籬否？夫《周禮》原于天地，本于易禮〔一〕，合于人身，周于人事，周公監二代以作此書，是王者崇效卑法之全局也。故雖聖如孔子，猶曰「吾學周禮，今用之，吾從

〔一〕「禮」，疑當作「理」。

周」，矧後學其敢輕議哉！曷言其原于天地？蓋天上地下以爲體，日月中宮以爲用，四時四面以爲局，幽則治鬼神，明則生人物，而孰爲之統治者？上帝也。《周禮》所謂王躬，其即上帝乎？天地二官定上下之體，君象日，后象月，合中宮之用，四時之官，布四面之局，其所統治非鬼神則人物，是天地現在全局已無一不備于其中矣。又王朝象太微，王宮象紫微，王國象天市，三者天之文也。宗伯、司徒象天叙、天秩、天命，司寇、司馬象天討，四者亦天之道也。其于人身則王朝象首，王國象腹，君后居于王宮，象人身中兩儀。夏官合于天官爲上體、前體，面南而二者俱現；冬官合于地官爲下體、後體，負北而半隱地中，半現地上。春秋二官如左右二手，而上自王朝中王宮下王國，達之于王畿，次而中國，次而四夷。若通貫爲一體，則人身上下内外前後左右亦無一不備于其中矣，而孰爲之主宰者？天命之性也。晝居明堂以應事接物，夜居中宮以調神養氣，皆性之爲也。至于易道之合尤精而密，天上地下日月居中，此先天坎離居中，六卦以象六侯之象，以一月言其中宮之正體也。夏南冬北春左秋右，此後天離南坎北震東兑西，八方以侯八風，以一歲言其四面之大用也。天官總司六典，先天之尊乾也，資始而統天也；夏官專治王朝，後天之尊離也，南面而嚮明也。天地二官所治王宮、王府、王國、王郊之事，先其自治，固其根本、豐基强幹之義。先天中宮大方八卦之交聚于中宮者，四時四官所治，百官萬民諸侯四夷之事，滿其局量，大其經綸，篤近舉遠之序。後天四面八方各正其位，各得其所也；甚至一二上大夫，四下大夫，八元士，十六中士，三十二下士，先天加倍之數也。六官合之三百六十屬，六陽統六陰，後天一歲之紀也。冬至之數不現，可以義推也，一云是扶陽抑陰之數也，其于二天之立象取義又無一不備于其中矣。大人原只一體，二天原不相離，可即于易象證之，而先天爲體，後天爲用，先天中宫，後天四面，又于此而有徵矣。再以人事言之，有祀昊天上帝，以及五帝，偏及百神，天下之神祇得其所矣。有祀祖宗父母之合祭、分祭、時祭，而本支之人鬼得其所矣。無大小無外内，鬼神無不正位得所，且内則盡志，外則盡物，是《周禮》之密于理幽者也。天地祖宗而下則君后爲尊、世子爲親矣。王宫之冠冕、袍服、飲食、醫藥，親耕親蚕，王府之金玉財貨無不掌于天官，一以象乾之尊，一以象首之實也。王朝與王宫相表裏，但王宫則后得與居，王朝則王者專主矣。安居聽政則有朝儀，歲時巡狩、有事征伐則有儀衛，前以王宫爲内、王朝爲外，此又以王朝爲内而巡狩征伐爲外矣。一以象日月，南面嚮明而治；一以象大有，火在天上，遏惡揚善順天休命。然對巡狩征伐則王朝爲上爲内，對中國諸侯、四夷君長則王國、王畿又爲上爲内矣。蓋王國、王畿有王躬、后妃、世子在焉，而王宫、王朝亦皆在王國之内者也，而其政之大者莫急于教太子、育人才爲天下本，其次則四民，國之本也。故國子之制獨詳于地官，而教士之典于是爲大。蓋教士即以教太子，即抗世子法于伯禽之義也。司市以正工商，司關以譏行旅，遂人以下屬冬官以治農畝，士農工賈四民皆得其所，而王國之邦本固矣。其冬官隱于地官，水土原自同宮，土現地上而水隱于地中，故二官可合爲一。且地官配天官則天官爲王宮、王府，地官爲王國、王郊、六鄉、六遂，不惟精確而不可移易，抑且方整而不涉偏欹矣。夫王宮正矣，王朝肅矣，王國安矣，王畿靖矣，天地象先天上下，夏冬象後天上下，中宮四面皆得其所，而王者可恭己安坐而致理矣。由是而行天命則有五服以正百官，而上之則以祀典分掌于此，兼以曆象卜世詔王之事責百官以格君心，且明格君莫如天地祖宗，皆以象春之交泰也。由是而行天討則有五刑以正萬民，禮不下庶人，刑不上大夫，出理則入刑，故于司寇特以刑典示義焉。然每官皆有兼義，春官既兼祀典以治百神，則秋亦兼會同朝覲以治諸侯，而小之芟夷百物亦肅殺之義，故並附之秋官焉。夫有祀典而百神正矣，有儀等而百官正矣，有刑法而萬民正矣，有邦交而萬國諸侯無不歸于正矣。如是而人事猶有不盡者乎？然再細觀其義，則六官皆冠以「惟王」，尊王之至也；兼繼以「佐王」，親王之至也。天官八柄詔王，地官師保詔王，司馬形方訓方夾王車而詔王，太史太筮以天文鬼神之事詔王，內史以二帝三王之事詔王，大小行人以四方諸侯之事詔王，幽明古今上下內外，無一事不以詔王，則王之心乃四通六闢而無一物之爲蔽矣。此又天子之學分見于立官之内而可繹思者，乃今而後知天子之尊也。端拱于天地文理之中而莫與爲對，是上帝北極居所之尊也，乃今而後知天子之神也。或深居中宮，或遊行四面，總之不離天地日月四時，是五帝陰陽不測之用也，乃今而知天子之親也。大之同乎天地，返之近在一身，是天命之性也，乃今而知天子之聖也。百官皆得以職事詔王，而王之居學專業又復有《明堂月令》一書樂之，神道與天地同和者在焉。且夜居王宮象神之退藏，晝居明堂象性之用事，則接賢士大夫之時多矣。王國有明堂與王宮別，四岳有明堂與王國又別，皆有深義不可不繹思也，乃今而後知天子之密也。幽至百神，明至百官萬民，外至諸侯四夷，細至萬物，上至王躬王朝，中至王宮，下至王國，外至王畿，無一不收于制，無一不得其所，乃今而知天子之全也。大之天文地理，小之人身物理，幽之易象神道，明之人倫王政，無一事不備于中，無一理不寓其内，雖然，《周禮》大矣，而《月令》亦不可遺焉。《周禮》天地四時中宮四面，是千古二天不易之體，不與時俱變者也；《月令》一月一宮，一宮一政，是一歲四時衰旺之運，隨時變易者也。非《周禮》無以盡統體之全，非《月令》無以妙提綱之用。且《周禮》制也，以天之形體取象，其道象天之顯仁；《月令》樂制也，以天之神氣取象，其道象天之藏用。王躬在王朝之上、王宮之中，正合性之夜居于丹田，晝居于明堂，然止言性耳。黄鍾之宮在中央太室，則命宗之妙且微見于此，故二書相爲表裏，不可相離者也。與《考工記》于大體精義無補，第以文詞之古取之者迥不同矣。其隱于《吕覽》之中，安知非有識之士豫知秦火之禍，亦如易象之隱于卜筮，寄于方外，使有所托以存乎。其大體精義非聖人決不能作，則太尉丞相等字必爲後人所改，又何疑焉？恢復以還聖經，非識超千古之豪傑孰能任其責哉？

《月令》存古篇

或曰：天子親近大臣有時，而其躬行禮樂亦有時，且皆必得人與俱而後可以無失，然獨無退居游息之所自明自修之學乎？說者曰周公制禮必與學俱者也，而其所作之樂則稱述祖宗之德以詔其後王者也。在宮闈邦國則有二《南》，在朝廷燕饗朝會則有二《雅》，在郊廟則有《頌》。蓋無處不有禮以爲之周旋，亦無一處不有樂以爲之提醒，則所以格君心成君德者亦可謂詳且密矣，而又何以加焉？第嘗合《詩》與《禮》考之，郊廟與神明祖考對也，朝廷與百官同姓異姓諸侯對也，邦國省耕省斂亦與有司庶民對也。至于宮闈可謂退居無事矣，而亦有后妃嬪妾宦官之在側也，然則天子遂無一游息之所獨居之處，而爲自明自修之學乎？曰：明堂之制乃天子獨居之所也，而《明堂月令》之記即天子獨居游息之學也，何以徵之？《大戴記》中所載《明堂位》曰：「明堂者，古有之也。凡九室，一室而有四户八牖，三十六户，七十二牖。以茅蓋屋，上圓下方。明堂者，所以明諸侯尊卑。外水曰辟雍。南蠻，東夷，北狄，西戎。」又曰：「明堂月令，赤綴户也，白綴牖也。二九四七五三六一八。堂高三尺，東西九筵，南北七筵，上圓下方。九室十二堂，室四户，户二牖，其宮方三百步，在王者近郊三十里。或以爲明堂者，文王之廟也。朱草日生一葉，至十五日，生十五葉，十六日一葉落，終而復始，周時德澤洽和。蒿茂大以爲宮柱，名蒿宫也。此天子之路寝也，不齊不居其宫。待朝在南宫，揖朝出其南門。」《晏子春秋》曰：「明堂之制，下之潤濕不及也，上之寒暑不入也。木工之鏤示民知節也，然或以蒿爲柱，表其儉質也。」《大戴·盛德篇》又曰：「凡人民疾、六畜疫、五穀災者，生于天。天道不順，生于明堂不飾，故有天災則飾明堂也。」又曰：「刑罰之所從生有源，不務塞其源，而務刑殺之，是爲民設陷以賊之也。刑罰之源，生于嗜慾好惡不節。故明堂天法也，禮度德法也，所以御民之嗜慾好惡，以慎天法，以成德法也。」合而觀之，則明堂之有也必矣，但其制有三耳。一在諸侯以備巡狩之所居也，一在近郊以備省耕省斂之所居也，一在王宫之内以備齋戒之所居也。《月令》一書專爲明堂而設，則又王者不可斯須不觀者矣。後儒以《月令》採于《吕氏春秋》，且以其中所引太尉爲秦官，遂以爲非周公之書。竊謂《月令》所載與《洪範》五事庶徵之義正相表裏，其必爲天子法天之書無可疑者，其寄于《吕氏春秋》蓋亦有説。嘗謂聖人神道之書必有鬼神呵護，其爲人所秘藏以傳于世，有莫知所以然而然者。如《易》之隱于卜筮而得不焚，《月令》寄于《吕氏春秋》而得不缺，安知非天意默爲之曲全哉？且太尉不過差一字耳，更之爲太宰，則他無雜入者矣。夫上古之書與其過而廢之，寧過而存之。昔之論官人者，尚不欲以二卵而棄干城之將，乃以一字之訛遂舉數千年之鉅典以人而廢之。然則陽貨之言不應見採于《孟子》矣，夫使其書果出于吕氏，猶不當以人廢言也，乃其書必不出于吕氏，意爲有識之士知有焚書之厄，特借吕氏以寄其傳耳。細以其書考之，當自辨也，何也？天子之德莫大乎法祖，尤莫大于敬天，天子之學莫要于親正人，尤莫要于對正法念祖一事。周公于《雅》《頌》《豳風》二《南》叙之詳矣，少有人子之心者，亦必知所感動矣。敬天一事，《雅》《頌》雖亦及之，然未若《月令》之有專書，無時無事而不與天俱，雖欲一念一事違之而不可得者，此真聖人之制作也。秦不師古，固不知有敬天之法，而其慘刻少恩，又安能一行敬天之事？秦法甚嚴，吕氏知守秦法耳，安能捨秦法之外而别尊周制？其太尉二字，安知非有識之士故訛一字，以合秦法而令其必傳也。夫其理無一毫不精，法無一毫不合，且于法天一事無有一毫滲漏。雖周公復起而作之，不過若此矣，安得以一字之訛而疑其非古書也。嘗試畫爲一圖懸之于壁，最上爲皇天上帝，次天宗百神，次寢廟，最下爲山林、川澤、社稷、四海、地祇。中之上爲王朝王躬，居中而三公九卿，諸侯大夫、名士賢者侍于左右。中之中爲王宫、后妃、宫妾、閹尹屬焉。中之下内爲王國，學居其中，教太子者在焉，而百工商賈往來交易于外；外爲王郊，農桑、虞衡、百穀百物並生並育于其間。王郊之外爲王畿，有百縣之諸侯分治王畿。王畿之外爲中國八州，有天下之諸侯各治其國，以歸命于天子之國。幽明、上下、内外、遠近既已明顯，儼然一幅明堂圖也，又一幅天文圖也。其事之序，然後以次列于後焉。且論事者正當觀其事之何如，固不可以人廢言也。如《月令》之事而非天子之所當行，則可廢之矣。如皆天子之所當行也，安知非周公之遺法哉？且聖人制作必有深意，其巡守以對臣也，近郊以對民也，齋則對神明矣，而何以亦居之，是不可不深思矣。然則《月令》者善用之，則亦格君之一術，安知非周公之神假手于吕氏，而存之以傳于後世哉？故今日之論《月令》，當論其法之合道與其事之合理，即未必出于周公而亦以中國古書存之可矣。

《月令》合禮篇

或曰：《月令》所言皆王者之政令行事耳，正心誠意之道缺焉，去《洪範》皇極之義遠矣，子何取之深也？不知天子之身，目之所視爲五色，耳之所聽爲五音，口之所食爲五味，鼻之所聞爲五臭，内之所有爲五臟。以至次身而有衣服也、器用也、乘駕也、宫室也，又外身而有五行也、五數也、五帝也、五神也、五祀也、十干也、十二律也、十二月也、十二次舍也、七十二候也。分之若不可勝窮，合之則總一五行而已，乃自身内身外以達于天地萬物，通貫爲一。如此正與廣八卦之象取義正同，是出往游衍，果無刻不與天俱，真令人有心不得不正，意不得不誠，身不得不修，行事不得不謹者，是安可以其繁瑣而忽之也？或疑《洪範》以斂福爲鵠，以建極爲宗，其言三德五事於君之心身最切，至於五紀五行八政稽疑庶徵，不過以外資内耳。譬之樹木者，然根本既立，而後加以灌溉之功，故生機不逆而日至于高大。若《月令》之書既無所謂建極斂福之義，兼亦不及三德五事之要，區區于法象之間、行事之際，擬議以爲配合，即擬之而合也，已涉于象而無與于性矣。矧其一一細分又近於苛瑣而失大體矣。子以爲可與《洪範》相表裏，何也？不知《月令》固出于後天者也，先天八卦有太極以居其中，而後有八卦以環其外，其以性兼命、以理兼事固矣。後天八卦從二老爲始而不及太極，且以八方爲運而不及中宮，然未聞以爲異于先天而斥之，何也？蓋所貴于著書者，前人之所不可易者，則遵之而不可違；前人之所未備者，然後續之以補其未足耳。《洪範》以皇極爲宗，非略於事也。彼《典謨》之所載者，事已備矣，故《洪範》得以詳于性命。周宫之事不勝其繁，而天子執要之義缺焉，非以《月令》補之，是上與下同道也，失體甚矣。且《月令》雖以事言，然何者非天子之事乎？以奉先言之，天子雖尊，必以事親爲本。在仲春也，「鮮羔開冰，先薦寢廟」；在季春也，「薦鞠衣於先帝，薦鮪于寢廟」；在孟夏也，「農乃登麥，天子乃以彘嘗麥，先薦寢廟」；在仲夏也，「農乃登黍，天子乃以雛嘗黍，羞以含桃，先薦寢廟」；在孟秋也，「農乃登穀，天子嘗新，先薦寢廟」；在仲秋也，「以犬嘗麻，先薦寢廟」；在季秋也，「天子乃以犬嘗稻，先薦寢廟」；在季冬也，「命漁師始漁，天子親往，乃嘗魚，先薦寢廟」。不惟是也，且命后妃親蠶，以供郊廟之服，又命同姓之邦共寢廟之芻豢，其一念不忍忘親，且合兄弟妻子之懽心以事其親，與《中庸》「妻子好合，兄弟既翕，而父母其順者」固無異也。以饗帝言之，天子之祭祀，由事親而上之，則莫大于饗帝矣。「季夏之月，命四監大合百縣之秩芻，以養犧牲，令民無不咸出其力，以共皇天上帝、名山大川、四方之神，以祠宗廟社稷之靈，以爲民而祈福。」「仲秋之月，乃命宰祝循行犧牲：視全具，按芻豢，瞻肥瘠，察物〔色〕〔二〕，必比類，量大小，視長短，皆中度。五者備當，上帝其饗。」「季秋之月，乃命冢宰：『農事備收，舉五谷之要，藏帝籍之收於神倉，祗敬心飭。』是月也，大饗帝，嘗犧牲，告備于天子。」仲夏之月，大雩帝，用盛樂。孟冬之月，天子乃祈來年于天宗。「季冬之月，乃命四監收秩薪柴，以共郊廟及百祀之薪燎。乃命太史，次諸侯之列，賦之犧牲，以共皇天上帝、社稷之饗。凡在天下九州之民者，無不咸獻其力，以共皇天上帝、社稷寢廟、山林名川之祀」。不惟是也，且孟春之月首祈穀于上帝，兼躬耕帝籍，以供郊廟之粢盛。季春之月，后妃親蠶以供郊廟之衣服，此其典禮何隆備，而誠敬又何嚴重也。且命天下諸侯、天下之民咸獻其力，合萬國之懽心，以共事上帝，又何公普之至也。以王躬言之，於仲春也，「先雷三日，奮木鐸以令兆民曰：『雷將發聲，有不戒其容止，生子不備，必有凶災。』」；於仲夏也，以爲「日長至，陰陽争，死生分。君子齋戒，處必掩身，毋躁；止聲色，毋或進；薄滋味，毋致和；節嗜欲，定心氣」；於仲冬也，以爲「日短至，陰陽争，諸生蕩。君子齋戒，處必掩身，身欲寧，去聲色，禁嗜欲，安形性，事欲静，以待陰陽之所定」；於仲夏又曰：「可以居高明，可以遠眺望，可以升山陵，可以處臺榭」。夫於聲色嗜欲則收斂以衛其生，於登高

〔二〕　依《禮記・月令》，「色」字脱。

眺遠則順時以暢其志，則所爲保王躬者密矣。以王官言之，於仲冬也，「命奄尹申宮令，審門閭，謹房室，必重閉。省婦事，毋得淫，雖有貴戚近習，毋有不禁」；又曰：「乃命大酋：『（林）〔秫〕[一]稻必齊，麴櫱必時，湛熾必潔，水泉必香，陶器必良，火齊必得。』兼用六物，大酋監之，毋有差貸」；於仲秋也，「乃命司服，具飭衣裳：文繡有恒，制有小大，度有長短；衣服有量，必循其故；冠帶有常」；於季夏也，「命婦官染采，黼、黻、文、章，必以法故，無或差貸；黑、黄、倉、赤，莫不質良，毋敢詐僞。以給郊廟祭祀之服，以爲旗章，以別貴賤等級之度」；於季春也，「命野虞毋伐桑柘，鳴鳩拂其羽，戴勝降于桑。（其）〔具〕[二]曲、植、籧、筐」；又曰：「后妃齊戒，親東鄉躬桑。禁婦女毋觀，省婦使，以勸蠶事。蠶事既登，分繭、稱絲效功，以共郊廟之服，毋有敢惰」；於孟夏也，「蠶事畢，后妃獻繭，乃收繭税，以桑爲均，貴賤長幼如一，以給郊廟之服」；於仲春也，「玄鳥至，至之日，以（太宰）〔太牢〕[三]祠于高禖，天子親往，后妃帥九嬪御。乃禮天子所御，帶以弓韣，授以弓矢于高禖之前」。夫王宮之事，不過后妃親蠶與祠于高禖爲大事，餘則飲

〔一〕依《禮記·月令》，「林」當作「秫」。
〔二〕依《禮記·月令》，「其」當作「具」。
〔三〕依《禮記·月令》，「太宰」當作「太牢」。

食衣服之事矣，而皆有政若此，則所以正王宫者簡而約矣。以王朝言之，於孟春也，「迎春於東郊，還反賞公卿大夫於朝。命相布德、和令、行慶、施惠，下及兆民。慶賜遂行，無有不當」，又「命太史守典奉法，司天日月星辰之行，宿離不貸，毋失經紀，以初爲常」；於季春也，「開府庫，出幣帛，周天（子）〔下〕〔二〕，勉諸侯，聘名士，禮賢者」；於孟夏也，「迎夏於南郊，還反行賞，封諸侯，慶賜遂行，無不欣説」，又「命太宰贊傑俊，遂賢良，舉長大，行爵出禄，必當其位」；於孟秋也，「迎秋于西郊，還反賞軍師、武人于朝。天子乃命將帥選士厲兵，簡練傑俊，專任有功以征不義，詰誅暴慢，以明好惡，順彼遠方」；於孟冬也，「迎冬于北郊，反賞死事，恤孤寡」，又「命太史衅龜、筴占兆，審卦吉凶」，「又是月也，大飲、烝」。夫王者所與共治天下，内則公卿大夫，外則諸侯，無事則傑俊賢良之並用，有事則有功將帥與死事之臣之效忠，而一一皆有禮若此，則所以正朝廷者厚矣。以王國言之，於孟春也，「命相布德、和令、行慶、施惠，下及兆民」，又曰「無聚大衆」，又曰「掩骼埋胔」，又曰「是月也，不可以稱兵，稱兵必天殃。兵戎不起，不可從我始」；於仲春也，「養幼少，存諸孤」；於季春也，「天子布德行惠，命有司發倉廩，賜貧窮，振乏絶」；於仲夏也，「養壯佼」；於仲秋也，「養衰老，授几杖，行糜粥飲食」；於季秋也，「霜始降，

〔二〕 依《禮記・月令》，「子」當作「下」。

則百工休，乃命有司曰：『寒氣總至，民力（是）〔一〕不堪，其皆入室』」，而於重農一事尤爲至切；於孟春也，「天子乃以元日祈穀于上帝，乃擇元辰，天子親載耒耜措之于參保介之御間，帥三公、九卿、諸侯、大夫躬耕帝籍。天子三推，三公五推，卿諸侯九推。反，執爵于（太）〔大〕〔二〕寢。三公、九卿、諸大夫皆御，命曰勞酒」，又曰「王命布農事，命田舍東郊，皆修封疆，審端徑術，善相丘陵、阪險、原隰，土地所宜，五穀所殖，以教道民，必躬親之。田事既飭，先定準直，農乃不惑」；於仲春也，「耕者少舍，乃修闔扇，寢廟畢備。毋作大事，以妨農之事」；於季春也，「薦鮪于寢廟，乃爲麥祈實」；於孟夏也，「命野虞出行田原，爲天子勞農勸民，毋或失時。命司徒循行縣鄙，命農勉作，毋休于都。是月也，驅獸毋害五穀，毋大田獵」；於仲夏也，「命有司爲民祈祀山川百源，大雩帝，用盛樂。乃命百縣雩祀百辟卿士有益于民者，以祈穀實」；於季夏也，以爲「不可以興土功，不可以合諸侯，不可以起兵動衆。毋舉大事，以摇養氣。（且）〔毋〕〔三〕發令而待，以妨神農之事也。水潦盛昌，神農將持功，舉大事則有天殃。是月也，土潤溽暑，大雨時行。

〔一〕依《禮記・月令》，「是」字疑衍。
〔二〕依《禮記・月令》，「太」當作「大」。
〔三〕依《禮記・月令》，「且」當作「毋」。

燒薙行水，利以殺草，如以熱湯。可以糞田疇，可以美土疆」；於（孟）〔季〕〔一〕秋也，「乃命家宰：『農事備（取）〔收〕〔二〕，舉五穀之要，藏帝籍之收於神倉，祗敬必飭。』」「合諸侯，制百縣，爲來歲受朔日，與諸侯所稅于民輕重之法，貢職之數，以遠近土地所宜爲度，以給郊廟之事，無有所私」；於孟冬也，「命百官謹蓋藏，命（有司）〔司徒〕〔三〕循行積聚，無有不斂。」「天子乃祈來年于天宗，大割（社）〔祠〕〔四〕于公社及門閭，臘先祖五祀，勞農以休息之。乃命水虞、漁師收水泉池澤之賦，毋或敢侵削衆庶兆民，以爲天子取怨于下。其有若此者，行罪無赦」；於仲冬也，「農有不收藏積聚者，（牛馬）〔馬牛〕〔五〕畜獸有放佚者，取之不詰。山林藪澤，有能取蔬食、田獵禽獸者，野虞教導之。其有相侵奪者，罪之不赦」；於季冬也，「令告民出五種，命農計耦耕事，修耒耜，具田器。是月也，日窮于次，月窮于紀，星回于天，數將幾終，歲且更始，專而農民，毋有所使」。不惟是也，孟春「祈穀于上帝」，季春「祈麥實于寢廟」，仲夏「爲民祈祀山川百源，大雩

〔一〕依《禮記·月令》，「孟」當作「季」。
〔二〕依《禮記·月令》，「取」當作「收」。
〔三〕依《禮記·月令》，「有司」當作「司徒」。
〔四〕依《禮記·月令》，「社」當作「祠」。
〔五〕依《禮記·月令》，「牛馬」當作「馬牛」。

帝，用盛樂，乃命百縣祀百辟卿士有益于民者，以祈穀實」，季夏「命四監大合百縣之秩芻，以養犧牲，令民無不咸出其力，以共皇天上帝、名山大（用）〔川〕〔一〕、四方之神，以祀宗廟社稷之靈，以爲民祈福」，季秋「大饗帝」，仲夏「大雩祈」也，此之大饗報也。孟冬「天子乃祈來年于天宗，大割祠于（宗）〔公〕〔二〕社及門閭，臘先祖五祀」，仲冬「命有司〔祈〕〔三〕祀四海、大川、名源、淵澤、井泉」，季冬「乃畢山川之祀，及帝之大臣，天之神祇」。蓋祈祀于神者，又無一非爲民也。王者之政，先養而後教農事，之次則重學矣。于孟春也，「命樂正入學習舞」；於仲春也，「上丁，命樂正習舞，釋菜，天子乃帥三公、九卿、諸侯、大夫親往視之。仲丁，又命樂正入學習舞」；於季春也，「是月之末，擇吉日大合樂，天子乃帥三公、九卿、諸〔侯〕〔四〕、大夫親往視之」；於孟夏也，「乃命樂師習合禮樂」；于仲夏也，「命樂師修鞀鞞，均琴瑟管簫，執干戚戈羽，調竽笙箎簧，飭鐘磬柷敔」；於季秋也，「上丁，命樂正入學習吹」；於季冬也，「命樂師大合吹而罷」。然農工商賈皆國中之民也，即不可與士齒，然王政所不遺也。仲春，「日夜分，則同度、量、鈞、衡、石，

〔一〕依《禮記・月令》，「用」當作「川」。
〔二〕依《禮記・月令》，「宗」當作「公」。
〔三〕依《禮記・月令》，「祈」字脱。
〔四〕依《禮記・月令》，「侯」字脱。

角斗、甬，正權、概」；仲秋亦然。季春，「命工師令百工審五庫之量，金、鐵、皮、革、筋、角、齒、羽、箭、幹、脂、膠、丹、漆，毋或不良。百工咸理，監工日號：『毋悖于時，毋或作爲淫巧，以蕩上心！』」；孟冬，「命工師效功，陳祭器，按度程，毋或作爲淫巧，以蕩上心，必功致爲上。物勒工名，以考其(成)〔誠〕〔二〕。功有不當，必行其罪，以窮其情」；以上皆所以飭工也。仲夏，「門閭毋閉，關市毋索」；仲秋，「易關市，來商旅，納貨賄，以便民事。四方來集，遠鄉皆至，則財不匱，上無乏用，百〔事〕〔三〕乃遂」；以上皆所以通商也。士之外又有醫卜，亦民用之不可缺者。於孟夏「聚畜百藥」，於孟冬「命太史釁龜占兆，審卦吉凶」，如此醫卜皆有用于民，而民生可以不夭，民志可以不惑矣。然刑者一成而不變，王者尤盡心焉。仲春，「命有司省囹圄，去桎梏，毋肆掠，止獄訟」；孟夏，「斷薄刑，決小罪，出輕繫」；仲夏，「挺重囚，益其食」；孟秋，「命有司修法制，繕囹圄，具桎梏，禁止姦，慎罪邪，務搏執。命理瞻傷，察創，視折，審斷。決獄訟，必端平。戮有罪，嚴斷刑」；仲秋，「命有司申嚴百刑，斬殺必當，毋或枉橈，枉橈不當，反受其殃」；季秋，「乃趣獄刑，毋留有罪」；孟冬，「是察阿黨，則罪無有掩蔽」；以上皆所以謹刑也。

〔二〕依《禮記·月令》，「成」當作「誠」。
〔三〕依《禮記·月令》，「事」字脱。

季春，「命司空曰：『時雨將降，下水上騰，循行國邑，周視原野，修利隄防，道達溝瀆，開通道路，毋有障塞』」；孟秋，「命百官始收斂，完隄防，謹壅塞，以備水潦，修宮室，坏垣牆，補城郭」；仲秋，「可以築城郭，建都邑，穿竇窖，修囷倉」；以上皆所以重土功也。合而觀之，士也，百工商賈也，醫卜也，老幼孤獨之民也，與刑罰之謹土功之時也，皆王國中之事也。王國而外則爲王郊矣，又外則爲王畿矣；王郊有六，一農事已見於前矣，二虞衡，三生物，四防守，五田獵，六兵政。孟春，「乃修祭典，命祀山林川澤，犧牲毋用牝。禁止伐木，毋覆巢，毋殺孩蟲、胎、夭、飛鳥，毋麛、卵」；仲春，「安萌芽」「是月也，毋竭川澤，毋漉陂池，毋焚山林」「是月也，祀不用犧牲，用圭璧，更皮幣」；季春，「田獵罝罘、羅網、畢翳、餧獸之藥，毋出九門」；仲夏，「令民毋艾藍以染，毋燒灰，毋暴布」；季夏，「命漁師伐蛟，取鼉，登龜，取黿，命澤人納材葦」「是月也，樹木方盛，〔乃〕〔一〕命虞人入山行木，毋有斬伐」；季秋，「草木黄落，乃伐薪爲炭。蟄蟲咸俯在内，皆墐其户」；孟冬，「乃命水虞、漁師收水泉池澤之賦，毋或敢侵削衆庶兆民，以爲天子取怨於下。其有若此者，行罪無赦」；仲冬，「山林藪澤，有能取蔬食、田獵禽獸者，野虞教道之。其有

〔一〕依《禮記·月令》，「乃」字脱。

〔相〕〔一〕侵奪者，罪之不赦」；以上虞衡之政，兼愛物在內。孟春，「不可以稱兵，稱兵必天殃。兵戎不起，不可（以）〔二〕從我始」；季春，「乃合累牛騰馬，遊牝于〔牧〕〔三〕。犧牲駒犢，舉書其數」；仲夏，「養壯佼」「遊牝別（郡）〔群〕〔四〕，則縶騰駒，班馬政」；孟秋，「迎秋于西郊，還反賞軍師武人於朝，天子乃命將帥選士厲兵，簡練傑俊，專任有功，以征不義，詰誅暴慢，以明好惡，順彼遠方」；季秋，「天子乃教於田（臘）〔獵〕〔五〕，以（有）〔習〕〔六〕五戎，班馬政。命僕及七騶咸（載）〔駕〕〔七〕，載旌旐，授車以（綴）〔級〕〔八〕，整設于屏外。司徒搢扑，北面誓之。天子乃厲飭，執弓挾矢以獵，命主祠祭禽于四方」；孟冬，「迎冬於北郊，還反賞死事，恤孤寡」「壞城郭，戒門閭，修鍵閉，慎管鑰，固封疆，備邊竟，完要塞，謹關梁，塞徯徑」；仲冬，「飭死事」「日短至，則伐木取

〔一〕依《禮記·月令》，「相」字脱。
〔二〕依《禮記·月令》，「以」字疑衍。
〔三〕依《禮記·月令》，「牧」字脱。
〔四〕依《禮記·月令》，「郡」當作「群」。
〔五〕依《禮記·月令》，「臘」當作「獵」。
〔六〕依《禮記·月令》，「有」當作「習」。
〔七〕依《禮記·月令》，「載」當作「駕」。
〔八〕依《禮記·月令》，「綴」當作「級」。

竹箭」，以上兵戎之政，兼田獵在內，此外又有于人物無與，而陰陽之事不可不爲之調燮者。孟春迎春于東郊，孟夏迎夏于南郊，孟秋迎秋于西郊，孟冬迎冬于北郊。孟夏天子始絺，孟冬天子始裘，此易知也。仲春「擇元日命民社」，季春「命國難，九門磔攘，以畢春氣」，仲夏「令民毋艾藍以染，〔毋〕〔一〕燒灰，毋暴布，毋用火南方」，仲秋「天子乃難，以達秋氣，百官静事無刑，以定晏陰之所成」，季秋「收禄秩之不當，供養之不宜者」，仲冬「罷官之無事，去器之無用者，塗闕廷門閭，築囹圄，此〔所〕〔二〕以助天地之閉藏也」，季冬「命有司大難，旁磔，出土牛，以送寒氣」「水方盛，冰澤腹堅，命取冰，冰以入」「天子乃與公卿大夫共飭國典，論時令，以待來歲之宜」。又以王畿之外天下諸侯之國言之，孟夏「迎夏于南郊，還反行賞封諸侯，慶賜遂行，無不欣説」，季春「開府庫，出幣帛，周天下，勉諸侯，聘名士，禮賢者」，孟秋「是月也，毋以封諸侯，立大官，毋以割地，行大使，出大幣」，季秋「合諸侯，制百（孫）〔縣〕〔三〕，爲來歲受朔日，與諸侯所税于民輕重之法，（百）〔貢〕〔四〕職之數，以遠近土地所宜爲度，以給郊廟之事，無有所私」。又以鬼神之祀

〔一〕依《禮記・月令》，「毋」字脱。
〔二〕依《禮記・月令》，「所」字脱。
〔三〕依《禮記・月令》，「孫」當作「縣」。
〔四〕依《禮記・月令》，「百」當作「貢」。

言之，季冬「乃命太史次諸侯之列，賦之犧牲，以共皇天、上帝、社稷之饗。乃命同姓之邦共寢廟之芻豢，命宰、歷卿、大夫至于庶民，土田之數，而賦犧牲，以共山林名川之祀。凡在天下九州之民者，無不咸獻其力，以共皇天、上帝、社稷、寢廟、山林、名川之祀」。合而觀之，饗上帝百神也，薦寢廟也，敬身也，正內也，祈嗣也，正朝廷也，正邦國也，正天下也，即《周禮》之序也；敬身也，正內也，醫藥也，則天官冢宰之事也；饗帝也，薦寢廟也，祈嗣也，皆春官宗伯之事也，卜筮亦春官之事也；教士也，通商也，地官司徒之事也；飭百工也，重土功也，農事也，虞衡也，則司空之事也；謹刑獄也，司寇之事也；慎防守，嚴武備，亦司馬之事也；又皆《周禮》之官也。總之，毋變天之道，毋絶地之理，毋亂人之紀，三語爲綱。凡舉大事，毋逆大數，必順其時，慎因其類，又所以用三語也。夫《月令》之有徵而可信者若此，乃不得與揚子雲之《太玄》同類並稱，則亦後儒不公且不明之過矣。竊謂《月令》與《周官》相經緯者也，《周官》所佐者王，猶屬人臣之事，故以爲緯；《月令》所奉者天，更屬天子之事，故以爲經。至于《月令》之中所行之事與所藏之理，又相爲表裏者也。所行者君臣民物鬼神之事，是即中天德業所藏者；日月星辰五行之理，是即先天性命、後天神化之理。夫王者有德業性命神化，以建極于上；諸臣有象數名分界限，以修職于下。君臣各正，上下相維，天人交合，内外相安，太和氣象儼然在目，萬世相臣之譜已莫詳密于此二書矣。矧有《書》以聖王作則，有《詩》以祖德獻規，所以爲君心聖學計者，又無一不精且約也。周公復起，其經制當亦無以加此矣，不然有顯仁而無藏用，有人事而無天道，局有未全，理有未備，豈所稱聖臣之相譜哉？而孔子所爲欲行周公之道者又安在耶？

《大學》約禮篇

或曰：《大學》一書或以爲曾子所作，或以爲此與《中庸》皆子思所作，世代之遠而既不可懸決矣。乃其附之《禮記》之中則何意耶？曰：前固言之矣，聖人之道合天人而一以貫之者也。然其顯說天莫辨于《易》，說人莫辨于《禮》，故《易》爲之幽而《禮》爲之明，天人合而全局備焉。仁者即其藏用者也，故善《易》者不言《易》，謂言《禮》而《易》在其中矣。第世之言《禮》者，惟知有《曲禮》耳，至《儀禮》則及之者鮮矣，至《周禮》則及之者更鮮矣。愚讀《大學》而知其約禮爲局，其附於《禮記》蓋有繇也，但須分爲四圖。一曰三綱圖，以象三才，又象先天，中宫直體即《周禮》之王朝、王宫、王國，居上臨下以象三垣之義也，而至善止於中。故曰：邦畿千里，惟民所止。一曰八目圖，人皆曰以象後天八節八方，不知其象先天大圖，由中達外皆用其八之數也，即《周禮》王心、王躬、王宫、王朝、王國、王畿、中國四夷、天地古今之全局也。蓋舉一天下則天地幽明，古今人物無不舉之矣。一曰聖人止至善圖，以居上臨下取象，故首言帝王，亦象先天大圖；且以先天用後天，以天道治人道，以三綱運八目，以性立命，以至聖臨天下，是一時天下維皇之極，而亦萬世天下帝王之鵠也，此則《禮》中所無而《大學》本《易》義所補矣。一曰君子返至善圖，以由中達外取象，故泛言君子，亦象先天大圖；第由後天返先天，以人道合天道，以八目盡三綱，以情合性，以學利困，勉返生安，是一心去邪歸正之法，亦天下撥亂返治之機也，此亦《禮》中所無而《大學》本《易》義所補矣。惟以天下爲局，則必不能外《禮》，然非天命爲主，則必不能正心。天子自正固不能外天命以爲正也，即天子而下至於庶人，亦不能外天命以各正也。惟天下皆不能外天命，故自天子至於庶人，皆以修身爲本。惟以天子爲主，故曰「一人定國」，「堯舜帥天下以仁，而民從之」。然《乾》曰「統天」，則天固未嘗私一人矣；又曰「萬物資始，各正性命」，則人所稟性命無一非得之天矣。所謂理之一者，此其徵也。至引《詩》《書》，堯湯太甲武王則天子矣，文王武王則諸侯矣，《秦誓》「一个臣」則卿大夫矣。天子有天下，故兼國家而有之，爲全局以配天地；諸侯則止于國矣，而入以相天子，則亦有輔天下之責也；大夫則止于家，相諸侯則有國之責，相天子則亦有天下之責；士、庶人則止于身矣，然仕則爲大夫，是亦將有相國與相天下之責者也。所謂分之殊者，亦寓其中矣。以理之一者貫乎一書之中，而以分之殊者隱於天子，至于庶人與「一人定國」一句之内，此所以爲規模之廣大而等級之精明與！夫等級之精明從《王制》所定也，規模之廣大從《周禮》所該也，而皆所謂分殊也。至于天命爲宗，則乾元所統矣，故《易》爲之幽以藏用，《禮》爲之明以顯仁，兼而用之則《大學》有焉。若但以《大學》爲天下公共之學，是知理一而不知分殊矣，是亦二氏、天主之爲教矣。必以天子爲主，而以諸侯而下爲〔二〕，則君自治焉，則於《洪範》「維皇建極，臣民歸極」者合，又與《春秋》尊王而大一統者合，又與《禮》則君自治者合，又與《孟子》一正君而國定者合，即與《大學》一人定國者亦合。故曰天子之制定而天下之制皆定矣，言分殊也；又曰天子之學定而天下之學皆定矣，言理一也。以天子爲主，以天下爲局，而以理一分殊經緯其中，是二氏之所不能同而百家之所不能混也。聖人有功萬世，于此爲益信矣。雖然明命者先天之命，理一之所從出也；峻命者後天之命，分殊之所從出也。然則理一分殊，總之出于天耳，然由分殊中指其理一，則上下之等不移，而理一自在出分殊外，而執其理一則尊卑之分莫辨，而理一亦虚。此《中庸》教人由費識隱，而《大學》之附於《禮》，蓋亦先分殊以合尊王之義與。

《儀禮》正義篇

或曰：成周之禮蓋有三制：一爲王制，《周禮》《月令》是也；一爲諸侯大夫之制，《儀禮》是也；一爲士制，則《曲禮》是也。禮不下庶人，故無庶人禮，出禮則入刑耳。前一屬君，後二皆

〔二〕　此處疑脱一字，與「主」相對。

屬臣，以天子視之，諸侯亦臣也，君一而臣二，君奇而臣耦也。天地之數固如此乎？且《禮記》之中有合于《儀禮》者否？曰：《儀禮》固諸侯大夫之禮也，然當以王制爲首，《周禮》以「惟王建國」冠其首，是天子之國六官尊王之義也。《儀禮》以王制爲首，則諸侯、伯、子、男之爵級，與夫大國、次國、小國之禄食，皆有以正其常秩，尊王大體已先立矣。然後遇行禮之會而酌其儀以用焉，庶情文兩得而人臣之誼無歉耳。倘王制不尊所爲逾分，如魯之伐南陽、三家之僭雍徹，大體已失而徒屑屑于儀文之習，是虚文無當于實事，正昭公之所以貽譏也。

或曰：《儀禮》有冠禮，則《禮記》有冠義；《儀禮》有昏禮，則《禮記》有昏義；以至喪祭飲射莫不皆然，則《儀禮》《禮記》固當合爲一乎？曰：不然。冠昏等義後人所加，如《大學》《中庸》《坊記》《表記》之類，非《儀禮》本文也。夫禮謂之儀，則其止爲升降進退周旋之節可知矣。今《儀禮》具在，第存其舊文，自可成一家之書，但當冠以《王制》，以合于《周禮》，惟王之義耳。至于冠昏諸義，如《易傳》附于二經之後，使後世制禮者得以知其所係之輕重而因之議損益焉可也。

或曰：信斯言也，《儀禮》既屬繁文，古人又苦其難讀，王介甫廢而不以試士，不亦宜乎？曰：不以苦士則可，弃其書而謗之則不可。先王之制其幸賴刪述以傳于後世者無幾，與其過而廢之，不若寧過而存之。且《儀禮》之存其所係有五，一則與《周禮》合參見人臣之誼，雖貴如公侯必不可以上僭天子，故特別爲一禮，是嚴君臣之辨者此也。一則《周禮》天地全局，惟天子得而用之；《儀禮》朝覲會同，不過君倡而臣和，或先自正以待其君，地道卑而上行，無成而代有終耳。然非假此無以遇合，是聯上下之交者此也。疆有力者非有禮義以銷耗其雄心，懼不免用之于争鬥，終日勞于升降進退之中，而後可以成禮，即疆有力者無暇别馳矣，是銷跋扈之心者此也。然終日不勝勞，而未聞有以勞而廢禮者。雖曰不免文勝之嫌，然其精力足以辨此，亦因是以概見矣，是可以觀古人精神之聚不妄用，以留有用處用者此也。且古何以煩，今何以簡，古何以勞，今何以逸，古何以興，今何以廢，其古是而今非乎？抑古非而今是乎？麻冕則變古而是，拜上則變古而非，則可以酌古今損益之宜者此也。且行大禮必先宗廟，示人不忘親也；廟祭必先宗子，示人不淩長也。至于三楫而升，一辭而退，升必东階，降必西階，無不有微意存焉。尚未易悉數，默以參之于道，其有不合者亦鮮矣。雖然，《易》無《十翼》而欲以彖爻解二天，則莫得其根原；《儀禮》無冠昏等義而欲以《儀》文尋大義，則莫知其體要。嘗謂《儀禮》當自爲經，如《易》之卦辭、爻辭；其冠昏諸義宜别爲傳以附于後，如《易》之《繫辭》《文言》。至于《曲禮》又自爲一書，勿與《儀禮》相雜，則《儀禮》之本末始終先後既得因諸義而益明，而《曲禮》之本末始終先後亦得因與《儀禮》各爲一經而益著矣。所謂君一臣二，君奇臣耦，三禮之制豈不並行宇宙而揭日月于中天哉！

《曲禮》實用篇

或曰：文王之演《易》爲二經也，上經純用辟卦，天地日月之始終也；下經純用小成，夫婦男女之始終也。《周禮》象日，麗天而生物；《月令》象月，得日而生明，其于天地之道無不合矣。至于《儀禮》冠、昏、喪、祭、飲、射爲士之六禮，而《大射》《燕射》《食大夫》諸篇則于士無與矣。至于《曲禮》《内則》《少儀》之文入之《儀禮》，其文辭既不相類，而事體亦不相蒙，故小學所引多《曲禮》之文，而《儀禮》無與焉。然則《儀》《曲》二禮其當分耶合耶？曰：人道始終，《曲禮》已自明叙之矣。二十曰弱冠，三十曰壯有室，四十曰强而仕，五十曰艾服官政，六十曰耆，七十曰老致仕，八十曰耄，九十曰耋，百歲曰期頤。夫人誰無始終，天子之尊不可斥言，故借士之卑者以盡其義，所謂君職其要，臣職其詳，上下之體固然，而因臣之詳可通于君，是亦抗世子法于伯禽之義也。冠在二十，則《曲禮》凡言責之以爲人子、爲人臣、爲人少之禮者，皆當叙之于冠矣。有室在三十，則凡言婦事、舅姑及胎教等法，皆當叙之于有室矣。仕以四十，則凡言出處進退、危邦不入、亂邦不居之事，皆當叙于仕矣。服官政在五十六十，則凡言致君、澤民、大順、小康等事，皆當叙之于官政矣。致仕在七十，則知足知止與夫升沉之變，及立廟制正宗法以貽謀啓佑者，皆當于致仕言之矣。至于耄耋期頤，則子孫皆已成立，正父祖優游自得之時，家事當付之後人，而可習静習虛以返于太虛矣。夫本言人道之始終，而以臣道言之者，古之士不終于隱，必仕而盡君臣之義，故必合士臣而後盡人道之始終也。若必以《曲禮》合于《儀禮》，則諸侯皆生而貴者，所謂士與服官政、致仕之三者將何所指耶？固知《儀禮》《曲禮》宜各爲一書無疑也，蓋《儀禮》以理言，理不離象，故本末始終、周旋升降無一不准諸道；《曲禮》以事言，事存乎變，故本末始終、出處進退無一不因乎時。理必舉全局，大小之局不同而其理之全者則一，如先天大小二圖，局無不全是也；事必合時宜，上下之位不齊而其時之宜者常寓，如后天六位，一爻各具一義是也。一爻各具一義，一事各具一理，故謂之曲，猶《易》之有爻也。嘗思成周三禮蓋準諸三才者也，而于人道中又分君臣士爲三等以象三才。《周禮》兼用二天，六官爲六爻，天地爲上下，又爲中宮，四時爲互體，又爲四面。君理陽教，后理陰教，爲二用，加以《月令》，大樂同和，兼用圖書，天地全局備于此矣。且以《周禮》同天地一元之定位，以《月令》配日月一歲之流行，則皆以天地之始終言矣。然惟天子得以用之，非諸侯以下所敢僭也。故天子以象天道也，《儀禮》亦具始終，則以臣道配地言矣。君用全，臣用半，陽得兼陰，陰不得兼陽，故坤之德常減于乾之半。士禮止于六禮，《大射》《燕射》《食大夫》等篇則皆臣禮矣；冠、昏、飲、射皆生人之禮，《少牢》《饋食》等篇則又人鬼之禮矣。人生之始終，臣道之始終，皆備于此。始必有終，其義雖同，但《周禮》以象天運，《儀禮》以象人生，《周禮》之外別有《月令》，即王而帝，即地而天矣。無爲也，無待也，《儀禮》之外不諱喪祭，則自士而臣，自人而鬼矣。有爲也，有序也，以人臣對天子，尊卑之體不敵也；以人道對天道，大小之局不敵也；以道得而神，與人歸而鬼，升沉之義不敵也；以臣耦對君奇，全半之數不敵也。均曰人道之始終，是諸侯以下所得而同也。甚哉！周公定制之詳也。異哉！周制取義之確也。大抵二《禮》如《易》之二經矣，《禮記》《曲禮》如《易》之六爻矣。易理全局已備于二經，然非六爻各一取義亦不能發揮之盡也，故有二經又不可無六爻以辨占，有二禮又不可無《曲禮》以辨體。以《易》爲之幽，而以《禮》爲之明，聖人復起，雖文之損益不同，而其大體所在，則有不可得而易者矣。然《儀禮》言人道之始終，兼自士而臣，又自人而鬼，有兩義焉，所以準道也；《曲禮》亦言人道之始終，則自士而臣，有人之吉而不言鬼之凶矣，此不同者一也。《儀禮》以理言，故準道之始終而不離乎象；《曲禮》以事言，故準諸位之上下而不悖乎時，其不同者二也。《儀禮》專就其一禮之儀而言，故其文聯貫而不可斷；《曲禮》又就其一禮之事而言，故其文明辨而不可淆，其不同者三也。《儀禮》惟其聯貫，故僅可存其古制，以備因革損益之鑒；《曲禮》惟其明辨，故即可見于行事，以盡修身涉世之宜，其不同者四也。《儀禮》之儀文爲虛，故集家禮者可採其儀文；《曲禮》之行事爲實，故小學可採其行事；細繹家禮之與小學必不可强混之爲一，則《儀禮》《曲禮》必不可不明分之爲二審矣，其不同者五也。然《禮記》一書不專爲《儀禮》之傳也，有兼釋二禮之義，有兼禮樂之義，又有分三禮以準三才之義，又有常變不同之義，又有古今之變之異。自此而外則有附入者，當挑出别爲一書，如《表記》《坊記》《儒行》諸篇是也。又有文與《儀禮》相類，當摘出以入《儀禮》《喪記》《喪服》《服制》諸篇是也。如此一一清出分明，則不惟使無識之人不得藉以輕議聖經，且令有志之士咸得因以循途直入矣，此亦宇宙一快事也。

《樂經》存古篇

或曰：周公制禮作樂，今《三禮》具在，人謂《樂經》已亡，其果然乎？曰：所亡者韶樂耳，若成周之樂則猶有可概見者矣。《月令》一書，五音、十二律吕無不備焉，則作樂之至理也。《大司樂》一篇，天神、地祇、人鬼之祀，則奏樂之大用也。二《南》本宫闈邦國之樂章，而房中有歌之者矣，《儀禮》可考也。大小二《雅》本朝廷宗廟之樂章，而諸侯大夫賓筵宗祀有僭之者矣，《論語》《左傳》可考也。雖其所用有當不當之殊，然《詩》之爲樂章則固因此而可見矣。蓋有一代之禮，必有一代之樂，雖未必如韶之兼美善。要之，鳴一代之盛則不可廢也。合而參之，作樂有至理也，樂章有定序也，用樂全半有等級也，樂器多寡有定數也。然則三代而後，樂遂不可復乎？曰：天地一元之運如一日之自子至亥，堯舜適當已運中天之盛，故韶樂之作美善兼盡，三代之樂已不可及矣。是樂之關于氣運者，其不可復一也。然樂非徒作，必本于功德，無論後世，即三代之治有功德並于堯舜者乎？功德不及三代，而望大樂之同于堯舜，其必不可復者二也。且樂之爲理，内爲命宗而外爲樂制，性命德業之全局，君則堯舜，臣則周公，全局之難其人久矣。内者不知何以制外，此樂之關于學術者，其不可復三也。周公而後得四者之全局，則惟孔子耳。于齊聞韶而盡其妙，遂以傳之顔子，故曰樂則韶舞。夫禮兼三代，樂宗韶舞，孔子經世之具一何全而豫也。然《中庸》曰：「雖有其位，苟無其德，不敢作禮樂焉。雖有其德，苟無其位，亦不敢作禮樂焉。」此樂之關于時位者，其不可復四也。

或曰：樂不可復，天下將遂不可治乎？曰：嘗内外並擬之矣，有盡性之聖人，有盡性至命之聖人，論主則性爲主，論盛則兼命爲盛，然有性無命不害爲聖，有命無性則失其主矣。有禮教之治，有禮樂兼備之治，論用之大則禮無不偏，論用之神惟樂爲入神，然有禮無樂不害爲治，有樂無禮亂且無日矣。故孔子而後之聖，大抵專言性而不及命；三代而後之治，大抵專言禮而不及樂。然皆足以成一身之品而致一時之治，則性與禮所係之爲更重可知。己嘗觀《樂記》所言，樂從天來，禮從地制，樂之變化準諸陽，禮之一定準諸陰。雖曰分析太過，然其理實有不可易者。樂既準諸陽矣，陰陽之義無歲無有，乃作樂之盛至韶而止，何耶？此非大胸襟大眼界固不足以知其解也。康節有言，天性大運自開闢以至渾沌，如子日，自子至亥，又如一歲，自冬至子月以至立冬亥月。夫日亦一陰陽，歲亦一陰陽，然終不可與一元之陰陽並論，則陰陽之有大小所從來矣。世儒不以一元之盛思韶舞之盛，乃欲以一歲一日之微妄意大樂之復，是三代所不能者而強求其必能也。考據雖詳，議論雖正，其如胸中無康節之識何，則亦心勞而日拙矣。

或曰：孟子有言，「今之樂猶古之樂」，又曰「樂之實，樂斯二者」，謂其必不可復，則孟子之說非乎？曰：孟子有爲言之也，若夫可復不可復，知命者自能辨之，固難以筆舌争也。

卷六

聖統原宗帝王

帝王正鵠篇

或曰：六經固皆本于先天，然先天有畫無文，《易》之十翼始于孔子，則《易》之理雖在天地之先，而《易》之文實出二天四術之後矣。自今逆而遡之，以極于開闢之初，諸經之文其莫古于《書》乎！孔子删書，斷自唐虞，雖曰表章堯舜爲中天之盛，其無亦以示古文之祖耶？曰：古文以文論耳，聖經當以道叙先後，孔子《易傳》所以爲五經之祖也。然論道之局雖全，非實之以人而已見之行事者則無徵不信。夫三皇行事見于《繫辭》者，其大略耳，其詳不可得而考矣，則欲實之以人，非斷自堯舜而誰始耶？嘗試以《易》中論道之全局，按二帝之行事，無不一一相合，因益信有人不可無道，則天地爲之祖；有道不可無人，則堯舜爲之宗；合宇宙以論道統，則三皇爲之首；執道統以按行事，則堯舜又爲之冠也。然則《易》之與《書》其殆與天地相始終者乎？

今即《易》與《書》合參之，以天地爲規模，以乾元爲主宰，以純粹爲心精，以好生爲大德，以四時爲流行，以六子爲變化，作君在此，作師在此，生人生物在此，明則禮樂，幽則鬼神，遠則極于四海，久則復歸渾沌，無不在此，此《易》之全局。合之于《書》則治，曆齊政、分州、畫野，天地規模備矣。堯曰「執中」，舜曰「精一」，主宰心精尊矣、粹矣，如天好生，惇睦克諧，盛德大矣、至矣。百揆爲輔，九官十二牧爲佐，五行六子無不見于用矣。禪授即同作君，命相即同作師，禹平水土、益烈山澤、稷司稼穡、契敷五教、皋正五刑，無不分任于人，五禮、五典、五服、五刑無不歸本于天。民安物阜，有苗來格，鳳儀獸舞，草木咸若，府事修治，萬邦協和，類于上帝，肆于群神，受終文祖，祖考來格，生人生物，禮神事親，無一不備于治矣。君明臣良，民安物阜，禮備樂和，猶自交儆無虞，太和在唐虞宇宙間，如方春之景遐想其盛，豈不與天地全局若合符節哉？

或曰：此當時堯舜現在之全局也，所謂萬世永賴而爲百王之宗者安在，豈平水土一事即可以當之耶？曰：道之全局以性、命、德、業四義約之，人之任道又以君相師士分之，亦既參合于前矣。兹以《書》之《典謨》合《易傳》，正欲以堯舜之君臣配天地之泰交也。以四義推之，則水土之平特大業中一事耳，安得謂萬世永賴遂止此耶？所謂萬世永賴，正當以後之君相師士所取用，于堯舜以配天地者，其于四義或離或合、或前或半，其必爲萬世之所賴者，乃有徵而可信耳。去二帝之近莫如三代，而三代相傳莫如《洪範》一篇，天以畀禹則夏書也，箕子傳之則商書也，武王受之則周書也，則此篇者非三代傳國之璽乎？試合之于《典謨》，則皇極居中，執中建矣。五紀則曆象也，五行則六府也，稽疑則枚卜也，八政即三事、九官、十二牧也，三德即九德也，五事即修身也，庶徵即鳳儀獸舞也，福極即天命天討也，此即君道永賴之證也。然法古貴得其意耳，若後儒必欲以《洪範》合洛書，于四義何補而徒敝精神、縻歲月，此則學者所宜戒也。大抵命藏諸用，不可見者也；性與德業顯諸仁，則可見者也。以四義按之，得其全者，二帝其至矣；得其三者爲上，三王創業者是也；得其二者爲中，夏之啓、少康，商之盤庚、高宗，周之成、康、宣，或守成，或中興是也；得其一者爲下，太甲之處仁遷義是也。若桀紂則全與之悖矣，性之弗明，德之弗立，雖有大業亦不能自守焉耳。

或曰：湯武征誅與堯舜禪授天淵之隔，顧以爲得三，無乃爲後儒所惑乎？曰：堯舜之禪授，天命之正局也；禹之世及，已爲變局，然以世及爲正局，則湯武征伐又變之變者也。不有正局無以見天德之厚，原不忘聖人之功德；不有變局無以見天命之公，並不私聖人之子孫，此《書》所爲兩存以示後世之法戒也。惟是以二帝爲衡，而三代之君其品地皆可有據而核，不啻燭照而數計，宜其爲一經之冠也。不特君也，雖相亦然。遇堯舜之君則揖遜之相也，師師濟濟同寅協恭，贊襄于君，各盡厥職，禹皋諸臣是也。遇創業之君則鷹揚之相也，伊吕是已；遇守成之君則綏平之相也，周召是已；遇中興之君則撥亂之相也，少康之靡、高宗之説是已。有是君則有是相，居其位則盡其職，非君之信任不及此，故功成不自居，有歸美于君已耳。

或曰：伊尹于桐之放，其可爲常法乎？曰：孟子已言之矣，有伊尹之志則可，不然是篡也。孔子並存不删，以警後世之爲君者；孟子于舜之避，尹之放，兩言是篡，又以戒後世之爲相者。聖賢立言皆有關于世道，正當合而參之，不可執一論也。至于相業之全局，莫備于周公，然《周禮》自王宫、王朝、王國而天下，即唐虞帝都而外，分州畫野之制也；三公六卿治内，五等諸侯治外，即九官十二牧之職〔分〕〔二〕。至于天官掌六典，糾六官三百六十屬，則端揆之任矣。地官敷教即契之司徒也，冬官遂人即稷之稼穡也，夏官司馬即禹之徂征也，春官禮樂即伯夷后夔之所典也，秋官司寇即臯陶之士師也。此總之爲王制也，或前分而後合，或前合而後分，則時勢之不同，職事之迭異耳。要之，周監于二代，二代實本于唐虞，其大體未能盡革者，以易理之全局在《典謨》爲已試，固不可得而盡革也，不過窮則變，變則通耳。若夫致治之序，則又有可言者，《國風》自宫闈而邦國，則惇睦平章之叙也；《小雅》自朝廷而天下，則平章而協和之理也；《大雅》推本于祖德，則又以見官天下者，固以欽若爲心傳，家天下者，當以聿念爲世訓，庶與二帝之大義並行而不悖耳。至于郊祀后稷以配天，宗祀文王以配上帝，則較之二帝之終局更爲精確。雖

〔二〕 此處漫漶，依文意當作「分」。

曰家天下者不得不纂，然亦足以補《虞書》之缺典矣。此聖人所以善通其變也，此又相道永賴之證也。夫天地之間，君主之，相輔之，天地始實而不虛，此正宇宙之大綱也。不以此言永賴，而區區指水土一事，何其不達大體耶！此讀書者不可不先辨者也。

唐虞盛治篇

或曰：孟子道性善，言必稱堯舜，又曰「我非堯舜之道，不敢陳于王前」，乃叙天下一治一亂，則引禹周孔子而不言堯舜何也？豈以堯舜爲君而禹爲臣，故與周孔並稱耶？然舜之初亦臣也。嘗反復以求其義矣，先正有言，堯舜性之也，禹之爲聖則兼以學成，然後知善法堯舜者蓋莫如禹也，何也？人子蓋愆之心尤深于揚善，而學者見知之益尤捷于聞知。試思禹八年于外，四日塗山，呱呱不顧，豈獨無身家之念哉？則蓋愆一念有大不得已者，奪其情也。天下大患至難治者莫如水，以禹之神力猶足以平成底績，則以其精心日侍堯舜而密證焉，則見知之親切有並其精神而得之者矣。竊以爲二《典》三《謨》，是禹得于見知而識其事者也。《洪範》一書是禹因《典謨》而約見其義者也。故《左傳》于引《典謨》或稱《夏書》，而箕子于《洪範》直指爲天之錫禹，則《典謨》之與《洪範》正當合之，以觀禹之所爲善法堯舜者耳。嘗讀《書》而得其要，「乃命羲和，欽若昊天，曆象日月星辰，敬授人時」，堯之以敬天爲首務也，舜之「在璿璣玉衡，以齊七政」，亦以敬天爲首務也。人以爲二聖之經天，不知聖人事天如父，經天即所以敬天，故不敢不先之也，言天則必及上帝矣。舜之肆類于上帝，禋于六宗，望于山川，徧于群神，正所以敬天地而尊之如君父也。堯之咨四岳以治水，而曰下民其咨有能俾乂。舜之命禹作司空、平水土，人知其緯地也，而不知聖人事母如地，緯地即所以敬地也。然不獨平水土也，肇十有二州，封十有二山，濬川亦所以緯地也。禹之則壤成賦，制九州以爲五服，而有甸服、侯服、綏服、要服、荒服之異，其制疏九河，瀹濟漯而注諸海，決汝漢、排淮泗而注之江，亦所以緯地也。仰觀于天，百神得其理矣，五紀就于緒矣；俯察于地，山川安其所矣，九州五服定其制矣，此亦天地之大觀矣。雖然經天緯地固帝王之仁政也，而非其大本也，大本其在君德乎？堯曰：「放勳，欽明文、思安安，允恭克讓，光被四表，格于上下。」又曰：「克明峻德，以親九族。平章百姓，協和萬邦。」又曰：「帝德廣運，乃聖乃神，乃武乃文。」又曰：「稽于衆，捨己從人，不虐無告，不廢困窮。」堯之德何其盛也！舜曰：「克諧，以孝烝烝，（乂）〔乂〕〔一〕不格姦。」又曰：「重華協于帝，濬哲文明，温恭允塞。」又曰：「帝德罔愆，臨下以簡，御衆以寬，罰弗及嗣，賞延于世。宥過無大，刑故無小，罪疑惟輕，功疑惟重。與其殺不辜，寧失不經，好生之德洽于民心。」舜之德又何其盛也！夫天

〔一〕依《尚書》，「乂」當作「乂」。

地之德業大矣，天子所以代天理物，其分尊矣，非甚盛德惡能勝其任而不疚乎。故有堯舜之德，則可以稱聖天子矣。然二帝不獨有聖德也，而且有聖學焉。然其學亦非後世之博文稽古而爲後天之學也，其學以天爲宗，即從欽若昊天中來者也。何以徵之？堯曰：「天之曆數在爾躬，允執其中。」夫天之曆數所貴一中耳，考之天文而然，考之曆數而又然。乃繼之曰：「在爾躬」則示以反身自得，所謂天之中矣。夫吾身原自有中，此中原出于天，則其中也乃自然之中，而其執也爲不思不勉之執矣，此所以爲聖學之宗也。夫謂之曰天，是衆人之所公共，何其大也；謂之曰在爾躬，則一己之所各具，又何其精而一也；合天人爲一，又何神也。雖然，聖人之道與天合爲一體固矣，然而固不廢人事也，則所謂以身立教，而爲人倫之至也。其在家也，必以事親爲本，則克諧以孝，刑于二女，親睦九族矣。且一則曰受終于文祖，一則曰歸格于藝祖，一則曰受命于神宗，其不忘祖宗之思一何篤也。其在朝也，首以敬天爲重，勑天之命，惟時惟幾，欽若昊天，敬授人時。又曰：「兢兢業業，一日二日萬幾。」又曰：「安汝止，惟幾惟康，其弼直，惟動丕應，傒志以昭受上帝。」又曰：「滿招損，謙受益，時乃天道。」又曰：「四海困窮，天禄永終」，是其雖有聖德聖學，已證聖品矣，然且臨朝涖衆而不敢忘天命之畏也。其次莫急于置相。孟子曰：「堯獨憂之，舉舜而敷治焉。」又曰：「堯以不得舜爲己憂。」舜命禹作司空宅百揆，則亦相之任也。君主之相輔之，其體莫大于得人。《論語》曰：「舜有臣五人而天下治。」孟子曰：「舜以不得禹臯陶爲己憂。」舜命禹爲司空之外以播百穀，五穀熟而民人育，則以命稷矣。以敷五教在寬，勞來匡直，輔翼振德，則以命契矣。「蠻夷猾夏，寇賊姦宄」「五刑有服」，則以命臯陶矣。以若百工則以命垂矣，以若上下草木鳥獸則以命益矣，典三禮則以命伯夷矣，治曆授時則以命羲和矣，典樂教胄子則以命夔矣，納言則以命龍矣，「柔遠能邇，惇德允元，而難任人」，則以命十二牧矣。以用人論之，大臣之專其任也，群臣之分其職也，近臣之諭詳其事也，外臣之諭總其綱也。一何有條而不紊也，此一大文章也。以行政論之，上而治曆齊政經天文也，下而封山濬川纬地理也，幽而禮神格廟秩祀典也，明而設官分職飭庶政也。又細分之，則播穀而民生厚矣，敷教而民性復矣，明刑而争奪息矣，典禮而鬼神欽矣，典樂而賢才育矣，有納言而言路通矣，有工有虞而萬物莫不各得其所矣。又何有條而不紊也，此又一大文章也。夫惟天子總攬于上，相臣輔弼于左右，百官分職于内外，庶政畢舉于一時，其成功之盛當何如哉？合而觀之，以君則欽明文思、允恭克讓、克明峻德、文武聖神之君也，又温恭允塞、濬哲文明、重華協帝、好生之德之君也，又任賢不二、捨己從人之君也。以臣則克勤克儉、不矜不伐、謨明弼諧之臣也，又推賢讓能、不自滿假之臣也。以故仰觀于天，則四時成歲、七政咸理矣；俯察于地，則地平天成、六府惟修矣；以觀于人才，則「寬而栗、柔而立、愿而恭、亂而敬、擾而毅、直而温、簡而廉、剛而塞、彊而義，彰厥有常，吉矣」；以觀于胄子則亦直而温、寬而栗、剛而無虐、簡而無傲矣；

以觀于百官，則「日宣三德、夙夜浚明有家。日嚴祇敬六德，亮采有邦。翕受敷施，九德咸事矣」，野無遺賢、嘉言罔攸伏矣；以觀于庶政，則禮備而樂和也，明刑而敷教也，共工而納言也，播百穀而育萬物也，内九官而外十二牧，庶績咸熙也；以觀于百姓，德惟善政，政在養民，水火金木土穀惟修也，正德利用厚生惟和也，九功惟叙，九叙惟歌，戒之用休，董之用威，勸之以九歌，俾勿壞而百姓昭明也；以觀于萬邦，五載一巡守，群后四朝，敷奏以言，明試以功，車服以庸，而萬邦協和也。不寧惟是，烈山澤而焚之，禽獸逃匿，則鳥獸之害消矣；水由地中行，人得平土而居之，則洚水之害息矣；四罪而天下咸服，則臣工之静言庸違，方命圮族者除矣；舞干羽而有苗格，則蠻夷猾夏、寇賊姦宄絶迹于天下矣。不惟是也，擊石拊石，戛擊鳴球，搏拊琴瑟以咏，下管鼗鼓，合止柷敔，笙鏞以間，八音克諧，至于簫韶九成，則有祖考來格、虞賓在位、群后德讓、庶尹允諧、神人協和者矣；則有「鳥獸蹌蹌、百獸率舞、鳳凰來儀」者矣。不惟是也，則有光天之下，至于海隅，蒼生萬邦黎獻共惟帝臣者矣；則有地平天成、六府三事允治、萬世永賴者矣；則有皇天眷命，奄有四海，爲天下君。又曰：「天其申命用休。」又曰：「必得其位，必得其禄，必得其名，必得其壽者矣。」夫以聖德聖學而行聖政，以致聖治，若此黄帝以前載籍無可考者，靡得而鏡矣。三代以后則固未有見能繼唐虞之盛者。孔子稱堯曰「蕩蕩難名」，稱舜曰「巍巍不與」，豈偶然哉？雖然堯舜之心固未嘗自以爲足也，豈惟堯舜，即當時諸臣之心，亦未敢以爲已治已安而遂以爲足也。堯曰「下民其咨」，舜曰「洚水儆予」，禹曰「后克艱厥后，臣克艱厥臣」，何交儆之至也。禹曰：「惠迪吉，從逆凶，惟影響。」益曰：「滿招損，謙受益。時乃天道，抑何交儆之言不一而足也。」益又曰：「吁戒哉！儆戒無虞，罔失法度，罔遊于逸，罔淫于樂，任賢勿貳，去邪勿疑。」又曰：「罔違道以百姓之譽，罔咈百姓以從己之欲，無怠無荒，四夷來王。」皋陶曰：「無教逸，欲有邦，兢兢業業，一日二日萬幾。」禹又曰：「無若丹朱傲，惟慢遊是好，傲虐是作，罔晝夜頟頟，罔水行舟，朋淫于家，用殄厥世。」舜亦曰：「汝無面從，退有後言。」夫禹益之所以戒其君者，中主之所不堪；舜之所以戒其臣者，亦中臣之所無有，而唐虞聖君聖臣乃不嫌以此交儆，非故矯而爲此也。真有見于天命之得失無常，而人心之危微間不容髮耳。嗚呼！盛哉！聖人祖述所不能外，而況于豪傑之士哉？且學一《典謨》而禹遂成其爲堯舜，則善學聖人者正不在務多矣。可弗思乎？可弗思乎？

帝德則天篇

或曰：孔子祖述堯舜，孟子言必稱堯舜，然考之經書，稱舜者甚詳，稱堯者甚略，乃孔子之評堯曰「大哉」，評舜曰「君哉」，似略者反居其大，何也？曰：此有至理存焉，然不知詳者之爲君，亦不知略者之爲大，請先言君者之詳。今夫君道莫大于經天，而《舜典》之璿璣玉衡以齊七政，則經天者備矣。其次莫大于緯地，而《舜典》禹平水土、封山濬川，則緯地者備矣；其次則敬上帝、敬宗廟，而《舜典》之類上帝、格文祖有之；其次則孝親正家，而《舜典》之「夔夔齋栗，克諧以孝，刑于二女」有之；其次則用人聽言，而《舜典》之「翼爲明聽，予違汝弼」有之；其次則修政立事，而《舜典》之「明刑弼教，府修事治」有之；其次則治定制禮，功成作樂，而《舜典》之「典禮典樂」有之；其次則貽謀裕後以仁後世，而《舜典》之「教胄子，辨九德」有之；其次則君臣同心，持盈保泰，而《舜典》之「作歌交儆」有之。蓋君道之要，無一不備而且無一不善矣。不惟是也，有臣五人，恭己南面，則孔子以稱舜矣。舉皋陶，不仁者遠，則子夏以稱舜矣。大德受命，用中于民，則《中庸》以稱舜矣。舉八元八愷，去四凶，大功二十，則《左傳》以稱舜矣。大舜有大，五十而慕，由仁義行，大孝底豫，仁人親愛，若終身，若固有，若决江河，則孟子之稱舜者，又不一而足矣。謂之曰德爲聖人爲法于天下，可傳于後世，豈不信而有徵哉？至稽之《堯典》則置曆置閏而已，若時若采而已，最後則明揚側陋、予聞虞舜而已。一何寥寥無多語也？乃蕩蕩無名，獨歸之堯而不及舜，豈亦有不可易之説與？曰：解在乎孟子之言矣。堯獨憂之舉，舜而敷治焉是也，試思有虞之世，有地平天成、萬世永賴之大功者，非禹乎？非舜用之，則禹之功不可得而見矣。成王之世，有制禮作樂、身致太平之大功者，非周公乎？非成王用之，則周公之功不可得而見矣，雖然此猶以人事言也。天之愛民甚矣，憫一人焉，身自救之；憫千萬人焉，身自救之；憫千萬方焉，身自救之；憫千萬世焉，身自救之。無乃勞而罔功，瑣而失體乎？於是作之君焉以治安天下，而上帝好生之心慰矣。至于君之事，君自治之，而上帝弗侵也。故人第知君之仁而已，乃上帝之生此君者，人則相忘于無言矣，誰其遡而名之也？於是作之師焉以開導天下，而上帝好生之心又慰矣。至于師之事，師自治之，上帝弗侵也。故人第知師之聖而已，上帝之生此師者，人則相忘于無言矣，誰其遡而名之也？蓋天之于人，猶君之于臣，父之于子；人之于天，猶臣之于君，子之于父。君不侵臣，猶父不侵子，然臣子之功實君父之功也。遡本而言，誠不可得而易耳。論天至是，然後知堯之則天而無名也；論堯至是，然後信我太祖專尊孔子、同符帝堯，真有萬世之功也。嗚呼！盛哉！謂之超出漢唐宋之上，豈不信哉？

《典謨》君德篇

或曰：所貴于讀《典謨》者，不徒觀其君臣政事而已。先正之論《易》曰，君有君用、臣有臣用、聖人有聖人用、賢人有賢人用、君子有君子用、衆人有衆人用。讀《書》何獨不然，倘可得而聞其概乎？曰：堯舜之聖，惟其以天爲宗耳。天之曆數在爾躬，允執其中，天禄永終，四海困窮，以天而危其位也。勑天之命惟時幾，兢兢業業、一日二日惟萬幾，以天而凜其心也。曰時亮天工，又曰天工人其代之，則視百官皆天矣。曰天叙有典，五典五惇，天秩有禮，五禮五庸，天命有德，五服五章，天討有罪，五刑五用，則視庶政皆天矣。曰天聰明，自我民聰明；天明畏，自我民明威，則視匹夫匹婦無一而非天矣。然常人之敬天，知天之威命也，有所懾而敬也，與天爲二也。聖人之敬天也，知心性之即天也，不待勉而敬也，與天爲一也，即心即天也。然先天之圖，天地自相依附，則吾身之内固已有天以主乎其中矣。特文字之立，始見于二典耳。非謂天命之義前王有未知也，然吾猶取其君臣一體之誼焉。帝庸作歌曰：「股肱喜哉，元首起哉，百工熙哉。」先股肱而後元首，君之下交者固非瀆也。皋陶乃賡載歌曰：「元首明哉，股肱良哉，庶事康哉。」又歌曰：「元首叢脞哉，股肱惰哉，萬事墮哉。」先元首而后股肱，臣之上交亦非謟也。帝又曰：「臣作股肱耳目，予欲左右有（爲）〔民〕〔一〕，汝翼；予欲宣力四方，汝爲；予欲觀古人之象，日、月、星辰、山、龍、華蟲，作會，宗彝、藻、火、粉米、黼、黻、絺繡，以五采彰施于五色，作服，汝明；予欲聞六律、五聲、八音，在治忽，以出納五言，汝聽。予違，汝弼；汝無面從，退有後言。」夫君臣之分亦甚相懸矣。後世感知己之遇，猶且以國士報之，矧其君親以股肱耳目若一體，然即家人父子之情不篤于此矣。自非少有人心者，其孰不感激而思効也，雖然吾猶取其惓惓爲民一念焉。殷仲春曰厥民析，正仲夏曰厥民因，殷仲秋曰厥民夷，正仲冬曰厥民隩，則授時

〔一〕　依《尚書》，「爲」當作「民」。

者固爲民也。曰下民其咨，曰下民昏墊，則治水者固爲民也。德惟善政，政在養民，則立政者固爲民也。播穀也，以黎民阻饑敷教也，以百姓不親明刑也，以民協于中，后克艱厥后，臣克艱厥臣，政乃（乂）〔乂〕〔一〕，黎民敏德。又曰罔違道以干百姓之譽，罔咈百姓以從己之欲，君臣之交儆亦爲民也。「天聰明自我民聰明，天明畏自我民明威」，則敬天者以爲民也。「予欲左右有民，汝翼；予欲宣力四方，汝爲」，則用人者亦以爲民也。及其治定功成，亦不過曰黎民懷之耳。曰烝民乃粒耳，曰黎民敏德耳，曰民協于中耳，曰萬邦黎獻共惟帝臣耳。五子之歌曰：「民可近不可下，民惟邦本，本固邦寧，予視天下愚夫愚婦一能勝予，予臨兆民，凜乎若朽索之馭六馬，爲人上者，奈何不敬？」其深有以識重民之義矣，然人知聖人之以天爲宗也，而不知聖人之以親爲本也。舜之「克諧，以孝烝烝，（乂）〔乂〕〔二〕不格姦」「日號泣于旻天，負罪引慝，夔夔齋慄，瞽亦允若」，人所知也；堯之親睦九族，非事親之故乎？皋陶曰「惇叙九族」，非事親之故乎？又如〔受〕〔三〕終于文祖，歸格于藝祖，受命于神宗，又曰祖考來格，孰非事親之推乎？況爲天下

〔一〕依《尚書》，「乂」當作「乂」。
〔二〕依《尚書》，「乂」當作「乂」。
〔三〕此處漫漶，依文意當作「受」。

百年計者，莫大乎樹人才；爲祖宗百世計者，莫急于早諭教。夔之典樂教胄子，非直爲人才也，蓋兼諭教之責焉。然堯舜非不教子也，豈其厚于仁民而顧薄于其子，則亦非人情矣。顧無奈丹朱之傲何，觀所云：「無若丹朱傲，慢遊是好，敖虐是作，罔晝夜頟頟；罔水行舟，朋淫于家，用殄厥世」，所謂聖人與居不能化而入也，其亦奈之何哉？以是而推堯舜，舍其子而傳賢，不以一人之故病天下，固其仁也。然不仁之人終亦必亡，授之天下適以速其亡耳。奪而不與，彼無所以逞其志，庶幾有瘳乎，則正所以愛之深而慮之遠也，又堯舜之所以爲智也。舜封象于有痺，使吏治其國，使不得暴其民以逞其志而速其禍，正所以親愛之也。二事正可以互參，故復爲之申其意焉。要之，二帝不傳子而傳賢，不使弟而使吏，非好異也；民莫能自治，故天生君以治之，君不能獨治，故用人以共治之。總之，以安民爲事，正答上天生民之意耳。然尋常之政猶未甚見民之爲重也，至于子之至愛度不能安民，則奪之以與賢；弟之至親度不能安民，則奪之以與吏；然後聖人爲民之重，始昭然白于天下矣。此非聖人意也，天意也，聖人之于天，猶子之于父母。《禮》云：「父母之所愛，亦愛之；父母之所敬，亦敬之。」至于犬馬盡然，而況于人乎？聖人事天地如事父母，民者天之所愛也，賢者天之所敬也，聖王既以代天而爲之子，即欲不敬賢不愛民而亦不可得矣。故嘗謂爲人子者認身爲己之身，將無所顧忌，惟認身爲父母之遺體，則惕然有不敢苟者矣；爲人臣者認官爲己之官，將無所顧忌，惟認官爲朝廷之分爵，則肅然有不敢肆者矣；爲人君者認民爲己之民，將無所顧忌，惟認民爲天地之生民，則凜然有不敢傷者矣。後世天人之義不明，既不知事天地如事父母，又安能推父母之心以爲愛敬哉？賢之不獲行其志，民之不獲遂其生，以致失父母之心，傷天地之和，則有繇矣，奈何不講于《典謨》之義耶！

《洪範》皇極篇

或曰：《洪範》一書，箕子謂天之所錫禹也，自是儒者遂以爲倣《洛書》而作，至比擬配合，有牽強而不顧者，信乎《洪範》必假《洛書》而後重乎？曰：不然，禹之于《典謨》是見知者也，禹之于天下則傳子者也。以見知之道約爲典則以傳子孫，非極其精密則其義弗備。倘後世子孫或未必如啓，將何所持循以趨于聖域，是傳子者適以貽天下之害矣。故思之不得不詳，而引之不得不切，如但倣《洛書》以布置其位數而已，于君道之要曷與焉？愚以爲《洪範》以五福爲鵠，而八疇皆所以自造其福，皇極一疇尤其造福之主，而餘疇皆因皇極起義者，何以徵之？蓋進言之道必因其人之資稟而後易入，其生知安行者乎，則用皇極，是純以天用事，不思不勉，一無所爲而爲者也；其學知利行者乎，則用三德，雖不無修性之功，然而不甚苦也，雖不無務學之力，然而不甚勞也；至困知勉行，則相去遠矣。非歆之以福則慕心不生，非惕之以禍則懼心不動。福極一時，非首懸以法戒之鵠乎？而壽之一言，非特示以自寶之方乎？蓋人君居天位，享天禄，臣妾兆億，參贊兩儀，其尊無尚矣。矧惟辟作威，惟辟作福，惟辟玉食，更何求不可得，何欲不可遑哉？所少者，獨長享其天年，而心始愉快耳。是壽固人主之甚欲也，亦人臣之所以爲其君願者也。其如不可以智索力求，何如不欲壽則已，不能不欲壽則必内求之身心矣，必外求之天地人神矣。惟享有天年而後可以長爲君，必兼備八疇而後可以長有壽，則爲人主者何愛而不爲，又何憚而不爲也。雖然居高必以下爲本，故曰民爲邦本，本固邦寧。又曰民可下不可上，其在人身則五藏是已，不言五藏而言五行，以五藏即五行也。既以居首又列于下，則本固邦寧之義□然示之矣。五藏之發見則爲五事，乃五事之〔與〕〔二〕五行，固相爲損益者。五事協于極，則五行安〔而〕〔三〕休徵應；五事弗協于極，則五行不安而咎徵〔應〕〔三〕。夫五事人道也，五行地道也，庶徵天道也，人事之所係乃上關天文而下係地理，一至于此則所以爲五事計者，其可緩哉？然有二法焉，其一爲三德，高明柔克，沉潛剛克，是調停作聖之本，以協于中者也。然未免有思有爲，故曰思作睿，睿作聖，後天而返先天，是賢人之所以希聖，所謂學知利行之品也。其一爲皇極，無作好，無作惡，無偏無黨，無反無側，一切返之于無，故曰蕩蕩平平，純以先天用事，是聖人之

〔一〕此處漫漶，依文意當作「與」。
〔二〕此處漫漶，依文意當作「而」。
〔三〕此處漫漶，依文意當作「應」。

所以希天者也。生謂生知，安行之品也，雖然不合之以八政，則自用而小矣；不參之稽疑，則人而不神矣；不仰觀五紀，則無以驗庶徵；不俯察五行，則無以配五紀。惟天地人神無一不用以爲吾之參驗，而吾之所謂五事者，始一一由三德而歸于皇極，無不與應徵相應，而五福之祥皆可以爲我所有，而壽且如日升月恒，可長享天下而不惓矣。吾于此見天子之尊焉，夫其尊也，以作威作福玉食，人所易知也。試思五事之得失，上與庶徵之休咎相符，天子而外能有此感應否？無〔謂〕〔二〕凡民，即號爲聖人而在下位，能如天子之事，事與天相感，如桴鼓影響之必應否？則天子之尊可知也。皇極雖精，三德雖正，五事雖切，然人之所同，人猶得而用之。試思五紀之設于天，自天子而外，人能僭此制度否？即神之稽疑、地之五行，人或可以同之。試思八政之設于人，自天子而外，人敢擅此名分否？則天子之尊又可知也。使爲禹之子孫者，能反而自思天子之尊非他人之所可同，則未有不知自重者矣；思天子之制非他人之所可僭，則未有不知自愛者矣。思其尊，思其制，皆非人所可並，則五事之正、三德之調，未有不知先天下以自修者矣。思五事之上有三德，三德之上有皇極，則一切返之于無，未有不與無聲無臭相爲默合而後已矣。君德既至于此，則所謂聖人之德也，大德也。昔大舜以聖人大德而禄位名壽尊饗保，諸福駢臻，

〔二〕此字不清，似作「謂」。

今之默契皇極一至于是，則以舜之德必舜之福，將五福之應皇極，即如庶徵之應五事，又何疑哉！又何疑哉！雖然無徵不信，則人將有不信不從矣。細玩《洪範》，蓋未有一事不本于《典謨》者。二帝之政莫大于經天，而《洪範》之五紀則曆象之遺也；其次莫急于緯地，而《洪範》之五行則六府之法也；其次則君德重矣，而《洪範》之三德五事，君德莫備于此矣；其次則聖學要焉，而《洪範》之皇極，固精一執中之旨也。其臨朝莅衆莫大乎敬天，而奉天以自考；參之于明而可見者莫顯如庶徵，則洚水儆予之惕也；其設官分職莫詳于用人，八政之目固九官十二牧之制也。由人謀而鬼謀，則參之以不可見者；莫神于稽疑，則筮龜協從，鬼神其依之義也。由人事而天命，則爲五福六極，其自天降之，則惠迪吉、從逆凶、滿招損、謙受益之理也。夫《洪範》九疇之目，無非而非唐虞之所已試者，惟禹得于親見，故能約而操之如此。總之，《典謨》紀其事，《洪範》約其理，《典謨》之有《洪範》，猶《論語》之有《中庸》也。夫約之爲《洪範》，既有以明天子獨擅之尊；徵之以《典謨》，又以見前王已行之盛。即困知勉行者果能此道，亦將雖愚必明，雖柔必強矣，況進而上焉者乎？此禹之典則所以爲貽謀之善，而三代相傳皆有所不能廢也，謂之天錫，豈偶然哉？

《中庸》約易篇

或曰：自漢而後精于《易》者莫如邵子，其以天地定位八卦爲先天，以出震齊巽八卦爲後天，確乎無以議矣。然有先天後天而無中天，何也？及觀其占驗，則先天用數，後天用象，用辭雅有奇中，人遂以象數之學稱之。雖有《皇極經世》一書極贊孔子，而于德業之局與《易》未合，豈先生于中天之義猶有所待而未盡與？曰：楊子雲有言，通天地人曰儒，通天地而不通人曰伎，《易》中德業原取中天之義，特引而未發，且未嘗援《易》爲徵，故中天之義猶晦而未明耳。茲請爲《易傳》一發中天之義，蓋中天之大義有四，肇始于《易》而具悉于《中庸》。康節以一元十二會如一日十二時，堯舜當十二會之前半，正如日之至巳，是謂中天；又三皇如春，二帝如夏，亦曰中天。夫合一元而論，則堯舜誠中天矣，然《易》言三皇，《書》言二帝，《詩》言三王，《春秋》言五伯，是亦盡古今之變矣。乃《中庸》前以三皇神道不可及，後以五伯詐力不可訓，所祖述宪章者，惟堯舜文武，是千古之大中先聖已定之矣。君子語大莫能載，遂或侈言六合之外；語小莫能破，遂或瑣究鳶魚之内。博而寡要，勞而罔功，使人徒敝精神于無用，其貽害非一日矣。乃《中庸》小不談鳶魚之内，大不論六合之外，但曰造端夫婦，察乎天地而已，是現在之大中先聖又定之矣。合而言之，天人以爲經，古今以爲緯，宇宙之規模備矣。然第其匡廓耳，使上非君以爲之主，下非臣以爲之輔，則有規模而無綱領，宇宙無所撑持，安所望長治久安與夫撥亂世而反之正哉？夫有君有臣，名分正矣，然君非聖主，臣非聖輔，人之弗存政于何舉。故言武王纘太王王季文王之緒，著聖君也；復言周公成文武之德，著聖臣也。君臣俱聖，則人存而政可舉矣。顧所謂聖者，非徒以聰明睿智勝，乃以德勝也。德又非索隱行怪之事，乃人皆可以與知與能者，舜之大孝、武周之達孝是也。夫不離大孝達孝，而即可爲聖君聖臣，此豈隱怪之事人所不可知不可能者哉？又合而論天人以爲經，古今以爲緯，君以大孝主于上，臣以達孝輔于下，皆可以知能，豈非中天之大觀也哉？然則中天之藴遂盡于此乎？曰：否。中天有顯仁，有藏用，聖言崇廣，賢言可久可大，君子言進修，中天之顯仁也。此見于言教，猶可知也。大成小成，乾元坤元，中天之藏諸用也。此藏于象數，未易知也。雖然知之非艱，行之惟艱，知天知人，可謂知之至矣，得聖之始條理矣。行之一有不至，則朞月半塗不可爲，行而未至之鑑乎。惟聖曰至聖，誠曰至誠，則不徒知之而全，實亦行之而至矣。所謂立天下之大本，其在斯乎，其在斯乎？

或曰：即如子言，不惟知之而全、行之而至，亦《中庸》之理耳，與《易》何與焉？乃謂《易》有中天，得無涉謬悠荒唐之説與？曰：子未讀《易》乎？兹不敢多引其辭，第試略舉其象，天人上下以爲經，非即先天大方圓之圖乎？古今推遷以爲緯，亦非有外于卦也。大圓豎立以爲經，大横横演以爲緯，此《易》之可徵者也。乾元統天，聖君以爲主；坤元承天，聖臣以爲輔，君臣上下，泰交共濟，亦《易》之可徵者也。外則上經爲君臣，内則下經爲父子，不離庸德而成聖人顯仁之中，亦既信而有徵矣。更有進于此，即後天之離爲主而證至聖，即先天之乾爲主而證至誠，至易至簡而實至聖至神，所謂中之又中，不可得而復加矣。先天大圖乾獨居上，而九五一爻即超乎大員之上，之中而爲九五之大人，《中庸》所爲合至聖至誠而爲一人者，豈非默指此大員九五之大人而言哉？大抵《易》以物理爲象，故清活而幽玄，五經四書以人事爲象，故冠冕而精確。知物理爲象，是爲知天，康節之所已言也；知人事爲象，是謂知人，康節之所未言也。夫人第知聖人立象盡意，豈知象固有天人之辨如此哉。故嘗因子雲之言而評之曰：「知中天不知先後二天，不失爲儒；知先後二天不知中天，不免爲術。」則又因其言而正之曰：「以二天鑄中天，是謂聖功；以中天用二天，是謂神道，聖人復起不易吾言矣。」倘不以爲然，則亦俟後世之知《易》者云爾，豈敢自執以爲是哉！

卷七

聖制原伏武備

《春秋》武備篇

或曰：孔子有言，「有文事者必有武備」，乃今之儒者第尚文而已，於武之一事豈惟不言而已，甚至鄙之薄之，且引《論語》「軍旅之事未之學也」，其果儒者固然乎？答曰：否，此腐儒之偏見，非豪傑之大觀也。蓋始於守《論語》爲成説，而不徧考六經之全文，故僅得聖人之顯仁，不測聖人之藏用耳。夫聖人藏用之深，蓋未有過於兵者，何也？兵凶戰危，聖人不得已而用之，不可以爲訓，豈得常常而言之哉？然未有具不素豫而可以責辨於倉卒者也。《論語》之書詳於德禮而略於兵戎，蓋急於正人心，而以武備藏諸用耳。不知所謂「我戰則克」，又曰「凡事豫則立」，又曰「道前定則不窮」，豈止文之一事哉？然所貴考六經之全文，何也？蓋行師之道有數義焉，一曰征伐之權，天下有道，禮樂征伐自天子出，天子討而不伐是也；一曰命將之道，長子帥師，王三錫命，弟子輿尸，小人勿用是也；一曰制兵之要，《周禮》之卒伍師旅，藏于比閭族黨是也；一曰練兵之法，《周禮》之蒐苗狝，閲教以坐作進退是也；一曰聲罪之義，《周禮》之九伐是也；一曰戰陣之法，則左氏載之詳矣。蓋《論語》之不言兵，以正人心也；左氏之不去兵，以爲國計也。心正而後用兵，則爲仁義之師，不然則春秋之兵而已，此聖人立教之微意也。

曰：然則教與政不同乎？答曰：不同。教以正人心，無不可行之於政也；政以備國制，則亦有不必形之教者矣。自兵而外，五刑之輕重也，百工之繁簡也，以至邦交之往來也，王制之損也。彼各有主者，非其位未嘗不明其義，當其職未嘗不盡其心。要之，必屑屑以爲教，如宋末之儒，言之無不詳且悉焉，則亦失立教者之大體矣。故事有大體，非獨君相爲然，即教者亦有之；道有藏用，非獨天道爲然，即學者亦有之，然皆載在六經之中，歷歷甚明。第儒者未之深考，故往往爲二氏所駭，遂茫然自失其主耳。

曰：兵者變化不常，鬼神莫測，儒者確然守正而已，奚所當於兵哉？答曰：確然守正，儒者顯仁之德業也。然兵所貴先知，故能豫備，有如儒者之達天德、知神道、知幽明、知生死、知鬼神、知化育、知來藏往、窮神知化、知天、知人、知險、知阻、知微、知彰、知柔、知剛、察人倫、明庶物，通乎晝夜之道而知，而兵猶有不知乎？俗儒口耳之學，其爲知也顯，故見前有所不知，而何敢言兵？聖人性命之學，其爲知也藏，故未來尚自能知，而何有于兵。故嘗謂學未至知兵，知之淺者也；學不本性命，知之浮者也。然則儒者欲兼文武，則性命之學不可不講矣，豈得謂止于文事而無武備哉？

《周禮》陣法篇

或曰：三皇之治世，靡得而知其全矣，自有載籍之可考，則未有盛于堯舜之世者。故成周之教亦惟始于《書》《詩》，而三皇不及焉。細考周公之制，蓋無一不本于《典謨》，而稍爲之損益耳。蓋夏商之禮原自二帝而來，其不可得而更者，即周公不能革也；其有可與時損益者，周公亦不能盡因也。此于經世之中以趨時之義而寓用古之法，雖孔子亦然，所謂其或繼周者，雖百世可知，即此義也。古之人有已試者，則周公其人矣。今以《典謨》之盛分類具陳于前，而後以周公之制合之，其所因與所損益者瞭然在目前矣。然則《周禮》一書雖謂相業之譜，不亦可乎？曰：《典謨》之義莫大于敬天，《大雅》中稱文武之昭事上帝，敬天之義備矣。其次莫大于尊祖，則《雅》、《頌》中念祖作求，繩武之義備矣。其次莫要于修身正心，則《雅》《頌》中「緝熙敬止」「基命宥密」之義精矣。其次莫要于正家睦族，則《風》《雅》中二《南》之正内、與「棠棣」諸詩之惇睦又具言之矣。其次莫急于體臣，「鹿鳴」「皇華」「四牡」諸詩敬大臣、體群臣者亦至矣。其次莫大于仁民愛物，《豳風》「采薇」「甘棠」「行葦」諸詩所以仁民愛物者又無所不備矣。其最大者至于郊廟止矣，而《頌》中又敬謹之至仁孝，無所不用其極矣。先儒有言，有「關雎」「麟趾」之意，然後可以行《周官》之法度。世人遂執以爲定論，不知《詩》有四始，《國風》僅自宮闈而邦國耳，《小雅》自朝廷而天下，《大雅》自祖父而子孫，《頌》自人鬼而天神地祇。舉宇宙中天地人神、家國天下，無一不盡其道，則所以格君心而成君德者莫備于此矣。然後以之行《周禮》，則舉而措之裕如矣。

或曰：說者謂君德之與王政雖相爲表裏，其實各自爲本末始終者也。非君德則無本不立，非王政則無文不行，此《詩》《禮》之相須以並用而不可缺一也。君德既明，然後王政可得而言矣。請先舉其大者，《典謨》之政莫先于治曆，以經天而授時。《周禮》中僅有馮相保章二官，於經天似略，不知《明堂》《月令》正天子所以欽天而順時者，乃《周禮》之第一義也，不幸爲吕氏所竊久矣，今當復之以合欽天之義。其次莫大于平水土，以緯地而奠居。成康之世雖無洪水之害，然所以緯地者亦不啻詳矣。先以職方氏所掌天下之圖按九州之域，東西曰揚州，正南曰荆州，河南曰豫州，正東曰青州，河東曰兖州，正西曰雍州，東北曰幽州，河内曰冀州，正北曰並州。次以土圭之法測土深，正日景，以求地中而建王國。日南則景短多暑，日北則景長多寒，日東則景夕多風，日西則景朝多陰。日至之景尺有五寸，謂之地中，天地之所合也，四時之所交也，風雨之所會也，陰陽之所和也，然則百物阜安，乃建王國焉。制其畿，方千里而封樹之，王國既建，然後以次而辨九服，職方千里曰王畿，其外方五百里侯服，又其外方五百里曰甸服，又其外方五百里曰男服，又其外方五百里曰采服，又其外方五百里曰衛服，又其外方五百里曰蠻服，又其外方五百里曰夷服，又其外方五百里曰鎮服，又其外方五百里曰藩服，九服之制定，而五等施于天下者亦因而定矣。凡邦國千里，封公以方五百里則四公，方四百里則六侯，方三百里則七伯，方二百里則二十五子，方百里則百男，以周知天下九州。九服之義明，王國侯國之制定，天下大勢已如陳諸掌上矣。此即《禹貢》緯地之遺法也，然此通天下之大勢也。至于王國王畿之中，《周禮》復加詳焉。王國正中爲王宮，王與后之所居也，前朝後市、左祖右社則皆因王宮起義，而皆在王國之中者也。其在王國之中者又分爲六鄉焉：五家爲比，使之相保；五比爲閭，使之相受；四閭爲族，使之相葬；五族爲黨，使之相救；五黨爲州，使之相賙；五州爲鄉，使之相賓。其在王國之外者又分爲六遂焉：五家爲鄰，五鄰爲里，四里爲酇，五酇爲鄙，五鄙爲縣，五縣爲遂，皆有地域溝樹之。又小司徒乃經土地而井牧其田野，九夫爲井，四井爲邑，四邑爲丘，四丘爲甸，四甸爲縣，四縣爲都，以任地事而令貢賦。又遂人以土均平政，辯其土之土：上地、中地、下地，以頒田里。凡治野夫，間有遂，遂上有徑；十夫有溝，溝上有畛；百夫有洫，洫上有涂；千夫有澮，澮上有道；萬夫有川，川上有路，以達之于畿。又大司徒以土會之法，辨五地之物生，一曰山林，二曰川澤，三曰丘陵，四曰墳衍，五曰原隰，緯地之法可謂無大不偏、無細不周矣。

天位于上，地位于下，則有幽而禮鬼神，明而治人物矣。小宗伯掌建國之神位，右社稷而左宗廟。《周禮》饗帝以及百神之制見于大宗伯，以禋祀祀昊天上帝，以實柴祀日月星辰，以槱燎祀司中、司命、飌師、雨師；以血祭祭社稷、五祀、五嶽，以貍(況)〔沈〕〔一〕祭山林川澤，以疈辜祭四方百物。宗廟之祭亦見于大宗伯，以肆獻祼享先王，以饋食享先王，以祠春享先王，以禴夏享先王，以嘗秋享先王，以烝冬享先王。又司服掌王之吉服，祀昊天上帝則服大裘而冕，祀五帝亦如之，享先王則衮冕，饗先公、鄉射則驚冕，祀四望山川則毳冕，祭社稷五祀則希冕，祭群小祀則玄冕。又典瑞四圭有邸，以祀天、旅上帝；兩圭有邸，以祀地、旅四望；祼圭有瓚，以肆先王；圭璧以祀日月星辰；璋邸射，以祀山川。又以玉作六器，以禮天地四方，以蒼璧禮天，以黄琮禮地，以青圭禮東方，以赤璋禮南方，以白琥禮西方，以玄璜禮北方，皆牲幣各放其器之色。此禮之見于冕服圭璧牲幣者也，有未備者宜採《禮記》中補之。天府掌祖廟之守藏，與其禁令，凡國之玉鎮大寶器藏焉。若祭天之司民、司禄而獻民數、穀數，則受而藏之。守祧掌守先王、先公之廟祧，其遺衣服藏焉。若將祭祀，則各以其服授尸，其廟則有司修除之，其祧則守祧黝堊之。既祭，則藏其隋與其服。冢人掌公墓之地，辨其兆域而爲之圖。先王之葬居中，以昭穆爲左右。

〔一〕依《周禮·春官》，「況」當作「沈」。

大司樂以六律、六同、五聲、八音、六舞、大合樂，以致鬼神示；乃奏黄鐘，歌大吕，舞雲門，以祀天神；乃奏太簇，歌應鐘，舞咸池，以祭地示；乃奏姑洗，歌南宫，舞大磬，以祀四望；乃奏蕤賓，歌函鐘，舞大夏，以祭山川；乃奏夷則，歌小吕，舞大獲，以享先妣；乃奏無射，歌夾鐘，舞大武，以享先祖。凡六樂者，文之以五聲，播之以八音。夫君德之全既如彼，王政之大又如此，且各有本末始終而復各爲表裏，此非深知天道易理者無以及此。大聖如孔子，其欲行者且在于是，則後之爲相臣者，其可不加意于斯乎？

或疑子言相臣之業，而先及經天緯地、郊社宗廟，得無涉于迂闊而不切事情乎？曰：譬之弈然，不先定其局之路則何以置子，地理之制猶局也。然地非自爲象，則效法于天者耳，知地而不知天，則失其本矣。既有天地，豈無天地之主，則上帝安可後也？既有郊社，豈無上帝之配，則宗廟安可遺也？蓋天子尊矣，非有更尊于天子者，無以悚其懼心而振其逸志。此聖學君德之先不可不冠以四者，《典謨》之文雖約，四者無一不備，《周禮》特因之而加詳耳。此觀理之要而亦致治之序也，安可少哉！安可少哉！

《月令》天時篇

或曰：子謂後之善倣《洪範》而作，且因之以加密焉者莫如《月令》，豈亦有可據以爲徵者乎？曰：《洪範》之九疇以象《洛書》之九宫也，《月令》之十二舍則按辟卦之十二月，與天文之十二次也；《洪範》之中宫爲皇極八疇之主也，《月令》之中宫爲太室，而黄帝之神在焉，則十二律之主也；《洪範》有五行，《月令》亦有五行；但《洪範》聚于一，《月令》盡其詳耳。日之有甲乙丙丁戊己庚辛壬癸也，帝之有太皞、炎帝、黄帝、少皞、顓頊也，神之有句芒、祝融、后土、蓐收、玄冥也，蟲之有鱗、羽、倮、毛、介也，乘之有鸞路、朱路、大路、戎路、玄路也，音之有角、徵、宫、商、羽也，駕之有蒼龍、赤騮、黄騮、白駱、鐵驪也，數之有八七五九六也，載之有赤旂、青旂、黄旂、白旂、玄旂也，味之有酸、苦、甘、辛、鹹也，衣之有青衣、赤衣、黄衣、白衣、黑衣也，臭之有羶、焦、香、腥、朽也，服之有蒼玉、赤玉、黄玉、白玉、玄玉也，祀之有户、竈、中霤、門、行也，祭之有脾、肺、心、肝、腎也，色之有青蒼、赤朱、黄、白、黑也，穀食之有麥、菽、稷、麻、黍也，肉食之有羊、雞、牛、犬、彘也，器之有疏達、高粗、圜閎、廉深、閎奄也，居之有青陽、明堂、大室、總章、玄室也，以上皆所謂五行也。四時列于四仲，而土居中央，亦五行也。日之所在，始于營室，次奎，次胃，次畢，次東井，次柳，次翼，次角，次房，次尾，次斗，次婺女，而日之一周終矣。孟春昏參中，旦尾中；仲春昏弧中，旦建星中；季春昏七星中，旦牽牛中；孟夏昏翼中，旦婺女中；仲夏昏亢中，旦危中；季夏昏火中，旦奎中；孟秋昏建星中，旦畢中；仲秋昏牽牛中，旦觜觿中；季秋昏虚中，旦柳中；孟冬昏危中，旦七星中；仲冬昏東辟中，旦軫中；季冬昏婁中，旦氐中；而星之一周終矣。十二律始于太簇，次夾鐘，次姑洗，次中吕，次蕤賓，次林鐘，次夷則，次南吕，次無射，次應鐘，次黄鐘，次大吕，而月之十二律一周終矣。合而言之，所謂日窮于次，月窮于紀，星回于天，一歲之終也，此出于五紀者也。又孟春六候，東風解凍，蟄蟲始振，魚上（水）〔冰〕[一]，獺祭魚，鴻雁來，少一候；仲春六候，始雨水，桃始華，倉庚鳴，鷹化爲鳩，少二候；季春六候，桐始華，田鼠化爲鴽，虹始見，萍始生，少二候；孟夏六候，螻蟈鳴，蚯蚓出，王瓜生，苦菜秀，少二候；仲夏六候，小暑至，螳螂生，鵙始鳴，反舌無聲，少二候；季夏六候，温風始至，蟋蟀居壁，鷹乃學習，腐草爲螢，少二候；孟秋六候，涼風至，白露降，寒蟬鳴，鷹乃祭鳥，少二候；仲秋六候，育風至，鴻雁來，玄鳥歸，群鳥養羞，少二候；季秋六候，鴻雁來，賓爵入，大水爲蛤，鞠有黄華，豺乃祭獸，少二候；孟冬六候，水始冰，地始凍，雉入大水爲蜃，虹藏不見，少二候；仲冬六候，冰益壯，地始坼，鶡旦不鳴，虎始交，少二候；季冬六候，鷹北鄉，鵲始巢，雉雊雞乳，少二候；夏小正中六候具全，此亦五紀之類也。地之五行既備，天之五紀既明，則天子之所居可以有定在矣。然十二次有六合焉，寅與亥合，卯與戌合，辰與酉合，巳與申合，午與未合，子與丑合，此日月之交，合朔之次也。天子所居，雖曰順天左旋，然左旋其可見者也；其默與日合，則其不可見

[一] 依《禮記・月令》，「水」當作「冰」。

之妙也。以次叙之，當自明矣。孟春居青陽左个，寅位也，與日在亥之營室合；仲春居青陽太廟，卯位也，與日在戌之奎合；季春居青陽右个，辰位也，與日在酉之胃合。孟夏居明堂左个，巳位也，與日在申之畢合；仲夏居明堂太廟，午位也，與日在未之東井合；季夏居明堂右个，未位也，與日在午之柳合；季夏之後有中央土，天子居太室太廟，以應黄鐘之宫。此必有所指，日周旋于十二舍，乃四面也，故不入中宫。孟秋居總章左个，申位也，與日在巳之軫合；仲秋居總章太廟，酉位也，與日在辰之角合；季秋居總章右个，戌位也，與日在卯之房合。孟（各）〔冬〕〔二〕居玄室左个，亥位也，與日在寅之尾合；仲冬居玄室太廟，子位也，與日在丑之斗合；季冬居玄室右个，丑位也，與日在子之婺女合。夫天子所居隨天左旋，乘四時之生氣也，人所知也；其合之太陽之神氣也，人所未知也。或疑此與《洪範》九疇之目似無所合，不知此正五事合于休徵之大者也。惟所居一一順天，則所行不得不順天矣。不然一或逆天而行，則後之咎徵隨之而變矣。孟春行夏令，則雨水不時，草木蚤落，國時有恐；行秋令則其民大疫，飆風暴雨總至，藜莠蓬蒿並興；行冬令則水潦爲敗，雪霜大摯，首種不入。仲春行秋令，則其國大水，寒氣總至，寇戎來征；行冬令則陽氣不勝，麥乃不熟，民多相掠；行夏令則國乃大旱，煖氣早來，蟲螟爲害。

〔二〕依《禮記·月令》，「各」當作「冬」。

季春行冬令，則寒氣時發，草木皆肅，國有大恐；行夏令則民多疾疫，時雨不降，山陵不收；行秋令則天多沉陰，淫雨早降，兵革並起。孟夏行秋令，則苦雨數來，五穀不滋，四鄙入保；行冬令則草木蚤枯，後乃大水，敗其城廓；行春令則蝗蟲爲災，暴風來格，秀草不實。仲夏行冬令則雹凍傷穀，道路不通，暴兵來至；行春令則五穀晚熟，百螣時起，其國乃饑；行秋令則草木零落，果實早成，民殃于疫。季夏行春令，則穀實鮮落，國多風欬，民乃遷徙；行秋令則丘隰水潦，禾稼不熟，乃多女災；行冬令則風寒不時，鷹隼早鷙，四鄙入保。孟秋行冬令，則陰氣大騰，介蟲敗谷，戎兵乃來；行春令則其國乃旱，陽氣復還，五谷無實；行夏令則國多火災，寒熱不節，民多瘧疾。仲秋行春令，則秋雨不降，草木生榮，國乃有恐；行夏令則其國乃旱，蟄蟲不藏，五谷復生；行冬令則風災數起，收雷先行，草木蚤死。季秋行夏令，則其國大水，冬藏殃敗，民多鼽嚏；行冬令則國多盜賊，邊境不寧，土地分裂；行春令則煖氣來至，民氣解惰，師興不居。孟冬行春令，則凍閉不密，地氣上泄，民多流亡；行夏令則國多暴風，方冬不寒，蟄蟲復出；行秋令則雪霜不時，小兵時起，土地侵削。仲冬行夏令，則其國乃旱，氛霧冥冥，雷乃發聲；行秋令則天時雨汁，瓜瓠不成，國有大兵；行春令則蝗蟲爲敗，水泉咸竭，民多介癘。季冬行秋令，則白露蚤降，介蟲爲妖，四鄙入保；行春令則胎夭多傷，國多固疾，命之曰逆；行夏令則水潦敗國，時雪不降，冰凍消釋。此即所謂咎徵者也，《洪範》之休咎，以王者之五事得失，占天道之庶徵；《月令》之休咎，以天子之舉政行令之得失，占災異之類應。立名不同，其取義非有異也；然休咎之應其小者耳，再進之則爲五福六極矣。得則休徵應之，失則咎徵應之，得失不出一人，而休咎應于天地人事，豈惟身之安危係之，併國之治亂亦因之矣。其爲福極，又何疑哉？故曰造命在君心，可不畏哉！可不畏哉！夫其具藏用之妙一至于此，非聖人誰能作之，奈何疑其非古書也。

《禹貢》地利篇

或曰：唐虞三聖君臣之事，堯之治曆授時所以經天，舜之命官分職所以治人、類禋望祭所以事神，禹之荒度土功、弼成五服所以緯地，上下幽明，蓋無一不得其所矣。天生三聖以奠上下幽明之位，以成萬世永賴之功，以立後世帝王之極，而且聚于一時，成于一代，可謂盛之極矣。洋洋乎，大觀也哉，然莫難于治水，故堯曰下民其咨，舜曰洚水儆予，其汲汲于命禹有不能一刻緩者，其大義可得聞與？曰：嘗讀《禹貢》所紀而思神禹治水之績，人皆曰其大勢惟順水善下之性，隨其故道而分濬之，使皆得以入海，故以海爲壑，此治水之有成功耳。愚意不然，禹所治者水也，而所奉者堯之命也。夫民苦洪水之患，而堯獨憂之君道也。顧冀州者帝都在焉，倘禹急于治水，第隨其水勢以往，不復以帝都爲念，於百姓得矣，其若臣道何？愚意治水必以帝都爲主，然後以次而及其餘，此不獨經綸之序不得不然，而亦臣子之心不忍不然也。請徵其實，記《禹貢》者首曰「禹敷〔土〕〔一〕，隨山刊木，奠高山大川」，總論治水之綱領也。乃即繼之曰冀州，則以帝都爲主，作史者固有以深明君臣之義、緩急之分矣。嘗按九州地域，自冀之東爲兖、爲青、爲徐、爲揚，自冀之西爲荆、爲豫、爲梁、爲雍，然八州皆言疆界，而冀州獨不言者，非獨以餘州所至而見，正所以尊帝都，示王者之無外也。蓋治水之以帝都爲主，此其一徵矣。又冀州主面距河，兖曰河東，以兖在冀之東也；雍曰河西，以雍在冀之西也；豫曰河南，以豫在冀之南也。倘非以帝都爲主，則隨方皆可稱爲東西南北，天下所爲環拱而面内者，其何所向而趨焉？《論語》稱北辰居所而衆星拱之，《春秋》尊王以正天下，其於首重帝都之義蓋有所本矣。九州自帝都以及八州，疆域既定則山之分合亦可以次而論其形勢矣。不然突然舉一水一山而言，安知其爲何方何處之山水哉？蓋凡水之勢皆因于諸山，山之勢皆原于西北。

說者曰：雍當河西，諸山發源之始也；冀當河北，諸山入海之終也。故禹隨山治水，必始于雍而終于冀，故岍、岐、荆三山皆雍州山也，壺口、雷首、大岳、底柱、析城、王屋、太行、恒山皆冀州山也，至碣石、河口則海濱之地止焉，此北條大河北境之山也。西傾、朱圉、鳥鼠、太華，雍

〔一〕依《尚書·禹貢》，「土」字脱。

州山也；熊耳、外方、桐柏、陪尾，豫州山也，此北條大河南境之山也。嶓冢，梁州山也；荆山、内方、大别，荆州山也，此南條江漢北境之山也。岷山，梁州山也；衡山、敷淺源，荆州山也，此南條〔江〕〔二〕漢南境之山也。蓋禹之治水，隨山勢之高下而要其水之歸宿，故山之分合既定，而水之會歸亦可以次而識其脈絡矣。濬川之功自隨山始，故導水次于導山，山既原于西北，則水亦因之矣。故《禹貢》叙導山則先岍岐，叙導水則先弱水，蓋皆始於西北雍州之境也。嘗按其治北條之大河也，以河源發于昆崙、積石乃其見處，故自積石而導之，由積石北行，又東至梁山，乃折而南三千里而至龍門，其自北而南極于華山之北，即爲雍之西河。其南而東流，則由華陰一折而東至底柱，東而又東至于孟津，自孟津而又東過于洛汭，自洛汭至于太伾之山始極焉，即爲豫之南河。其自東而北流，則由太伾而北過於洚水，既過洚水而又北至于太陸，北而又北始播爲九河，是爲兖之東河。先叙三河，亦以其爲徑達帝都故也。其入海之處則曰逆河，蓋九河至此合爲一流，而歸宿于北海，河流于是乎終矣。嘗按其治南條之漢也，以漾水發源于嶓冢，故自其發源之處而疏導之，東流至武都則爲漢水，又東至武當則爲滄浪之水，三澨發源于磨石，漢水過三澨直至大别之山，西南而入江，東滙澤爲彭蠡，又東流爲北江，至静海而入海，而漢水於是

〔二〕依前文，「江」字脱。

乎終矣。又按其治南條之江也，以江水發源于岷山，故自岷山之陽而疏導之，東流而別爲沱，又東流而至于澧，自澧以下則過荆州之洞庭，至岳州之巴陵，又東迤邐北會于彭蠡，自北而旋于東，出彭蠡爲中江，始滔滔而入東海，江水于是乎終矣。又按其治北條之沇也，沇本出於王屋，第其水伏流，其出非一，故因其發見而濬之；既見而伏，東出孟州、濟源，東西之二源合流至温，是爲濟水，沇之一見也。一見之後歷虢公臺西南入於河，又伏流于地下矣，復潛行絶河南溢爲滎，是又一見也。既溢之後又復流，東出于濟陰、定陶，之荷澤，既至于此則常見而不伏矣。由是汶水自萊蕪原山之陽而西南而入于濟，濟水自東北壽張而會于汶，既會之後遂自東北至青州博興入海，則濟水有所歸而伏見之性遂矣。淮亦四瀆之一也，其水出南陽平民氏胎簪山，禹則自桐柏而導之，由是而東則會于泗沂。蓋沂水出艾山西南而入于泗，泗水出陪尾東南而入于淮，三水既會又東自淮浦以入于海矣。又按四瀆之西，大川則渭水，出南谷山，在鳥鼠之西北，禹第自鳥鼠同穴導之，由是自東而會于灃，又東而會于涇，又東過漆沮之水而入北海。又按四瀆之東，大川則洛水，出冢嶺，禹第自熊耳而導之，由是而東北則會澗、瀍，又由是而東則會于伊水，既會之后則伊、洛、瀍、澗四水合一而入河，又自河而入北海也。然又有異焉，禹之治水則亦因水順下之性而導之耳，固不能逆水之性而惟己之從也，何也？萬水皆載，而弱水獨弱且西流，禹亦順以導之，使歸于西海而已；萬水皆清，而黑水獨黑且南流，禹亦順導之，使歸于南海而已。乃知天地之間有常有變，有不可以一律齊者，聖人且奈之何哉，則亦順其性而已。故曰行其所無事，誠有得于善因之道也。合而觀之，其隨山也，則有北條大河、北境之山，有北條大河、南境之山，有南條江漢、北境之山，有南條江漢、南境之山；其濬川也，則有北條之大河，有南條之漢，有北條之沇，有四瀆之西大川，有四瀆之東大川。總之，山之中行有水，水之外衛有山，山起于西北，故水因以發源；水歸于海，故山因以止極。山川之經緯，大地之奇觀，亦既列如指掌矣。然豈山曰山，水自水，而於帝都無所與哉？冀州帝都，三面距河，他州貢賦皆以達河爲至，故叙冀州貢賦而終之以島夷皮服，且曰夾右碣石入于河。夫島夷之貢賦且由河以達帝都，則朝宗之勢固已無遠不届矣。舉遠以見近，其在八州之内又可知也，故知《禹貢》之叙次固惓惓以帝都爲主，示不忘君且使天下歸心于一人，則亦周公不忍去成周之意也。叙兖州之貢道，而曰浮於濟漯達于河。叙徐州之貢道，而曰浮於淮泗達于河。叙豫州之貢道，而曰浮於洛達於河。夫達河則達于帝都矣，其朝宗於帝都易知也。叙青州貢道而曰浮于汶、達于濟，以濟可以達河也。叙揚州貢道而曰沿于江海，達于淮泗，以淮泗可以達河也。叙荆州貢道而曰浮于江、沱、潛、漢，逾于洛，至于南河。蓋漢洛不通，故舍舟而陸以達于洛，自洛而至南河也，以達帝都也。叙梁州貢道而曰西傾因桓是來，浮於潛，逾於沔，入于渭，亂于河。蓋桓與潛通，故用舟；潛與沔不相通，沔與渭不相通，故皆舍舟而陸，至渭則絶河而渡，以達帝都矣。叙雍州貢道而曰浮于積石，至于龍門、西河，會于渭汭，則以雍州貢道有二，其東北境則浮舟于河，自積石東北行至梁南，轉二千里至龍門，然後達西河，至帝都；其西南境或浮于灃，或浮于漆沮，皆會于渭汭，東至空同入河，以達帝都。合而觀之，首冀州者，重帝都也，先言賦而后言田，且不言貢篚，示與八州之田土貢賦不同，亦以重帝都也。八州貢道皆言達于河，不敢斥言帝都，亦以尊帝都也。隨山者非徒以遡水之發源，亦以審帝都之險要也；濬川者非徒以順水之歸宿，亦以除帝都之患害也。八州皆有貢賦，而皆任土作貢，不加賦於其土之所無，匪直以輕民力，亦以布天子之德澤也，使爲帝都之外衛也。及九州攸同，四隩既宅，六府孔修，三壤成賦，錫土立國，錫姓立宗，九州四海已無不平治矣。然且制爲五服，於甸服分爲五等，則量其地之遠近而爲納賦之輕重精麄；於侯服分爲三等，則先小國而後大國，使大可以禦外侮，小得以安内附；於綏服分爲二等，則嚴華夷之辨，文以治内，武以治外；於要服分爲二等，則文法更略特示羈縻之而已；于荒服分爲二等，則經略之者視要服爲尤略矣。五服制而帝都爲益尊矣，近者爲侯服，次之爲綏服，遠之則要服、荒服耳。惟以帝都爲主，而所以封山濬川，經理内外，無事不盡其制，無物不得其所，此所以東漸于海，西被流沙，朔南暨，而聲教訖于四海也。吾讀《禹貢》而悟文章之體焉，叙九州則以帝都爲首，制五服則以甸服爲中，皆所以尊天子也，此文章之大體也。且冀州貢賦不與八州同，似略也，甸服之賦又詳于八州，當略而略，當詳而詳，亦所以尊帝都也，文章之大體也。讀禹之功則宜先隨山濬川，而後任土作貢，此其序也。今乃先叙貢賦之達于帝都者以尊天子，而後叙山川之平治者以告成功，此禹之所以爲不矜不伐也。不惟文章之體於此可見，而臣子之體亦于此可推矣。吾讀《禹貢》而悟陰陽之術焉，九州分列順其天成之形勢也，五服之制則宅中之法在焉，此禹之所以爲神禹也。又有異焉，五服之制倣河圖而爲之者也，最中爲天，五次爲地，十則甸服也；又次爲四生數，則侯服也；又次爲四成數，則綏服也；過此則要荒矣，此正局也。《洪範》之制倣洛書爲之則，則奇局也，變局也。又《禹貢》九州止於山川形勢，然形勢蟠錯而脈絡分明，且中外界限而帝都獨據其尊，已爲天下之奇觀矣。况《洪範》九疇重以天人至道，且三才合爲一體，幽明合爲一心，五福並臻，休徵咸應，而皇極兼擅其全。聖神已試之全局，豈復有加于此哉？人知禹所釋君之憂，而不知其成父之志也。人知禹之以水治水，而不知禹之以道治水而不止于治水，且並國家教養文武之大務，而無不一一之得其理也。以水治水則《禹貢》是矣，以道治水則《禹貢》與《洪範》相表裏也。《洪範》以皇極爲主，合八目以合輔其皇極；《禹貢》以帝都爲主，合八州以朝宗於帝都，此所謂相表裏也。于君爲忠臣，于父爲孝子，于千古帝王有皇極爲傳心之要，于萬世天下有《禹貢》爲安民之功，故曰禹無間，然矣。又曰：巍巍乎，舜禹之有天下而不與焉。竊嘗謂讀《禹貢》者正當如是求之，庶有以得其大義耳，故識之以俟高明正焉。

或曰：子于聖經之理亦既會通之有據矣，然聖經之外豈遂無可以互證者乎？專守一家之學似非宇宙大觀，得無示人以不廣乎？曰：非謂聖經之外遂無可採，特不使之雜而混耳。多學而識誠不如一貫之爲約也，然亦有可證者，試略舉其一二。今夫與天爲配者莫如地，而與天文相感應者亦莫如地理。嘗聞堪輿家之説矣，天之一局有一元大運，是幽明古今無不統括者，而地亦有全體華夷一統與之爲對；天之二局有中宮、四面、三垣、九野、十二舍，而地亦有中國、九州、五服、四海界限分野與之爲對；天之三局有二氣、四時、五運、六氣、八節、十二次、二十四氣、七十二侯爲一歲之紀，而地亦有王宮、王朝、王國、王畿千里與之爲對；天之四局有紫微、太微、天市，而地亦有王國之内王宮爲中，前後朝市，左祖右社；天之五局有河圖、五行，地亦有太室戊巳，春居青陽，夏居明堂，秋居總章，冬居玄室；天之六局一室之中具有八卦，而地亦一室之中具有上下前後左右。合而觀之，地之大者爲天下華夷一統之局，而天之中宮四面猶是也；次爲中國九州之局，而天之中宮四面猶是也；次爲王畿千里之局，而天之中宮四面猶是也；次爲王宮王朝王國之局，而天之中宮四面猶是也；次爲王宮太室明堂之局，而天之中宮四面猶是也；最後爲后宮之一室，而天之中宮四面猶是也。夫地之形勢大小不同，然止于此之六局矣。

舍此陽基則陰宅矣，然嘗試合而參之，則有千里之形局，有百里之形局，有數十里之形局，有十里之形局，有數里之形局，有一山一水之形局，亦六變而止矣。要之，中宮四面，其與天文相應者猶是也。夫中宮四面者何物？無大無小、無遠無近，而無乎不包，無物不貫。若是意者，其天之神物也耶。雖然在天爲象，在地爲形，總之爲形下耳。且天地相去不知幾千萬里，彼其形下之物，安能自相感應而致生成變化之妙哉？是必有相得而不可紊，有合而不可缺者耶？又必有相推而變化，妙物而不測者耶？以爲生于陰陽而一執陰陽，未必能盡其理也；以爲布于五行而一執五行，未必能盡其變也。且所謂陰陽五行者，其以形言耶，其以象言耶，其以氣言耶，其以星言耶，其以理言耶，其以數言耶，其以神言耶，其以道言耶，其分言耶，其合言耶，其順言耶，其倒言耶，其實言耶，其寓言耶？夫最可驗天者，宜莫如地，以地爲天之配也。然天之所以爲道，僅爲地之配而設耶？抑有不止于地者在也。曰天之道無所不通，地理其一事耳。且其陰陽雖各有六局，總之一定不移之物耳。非天之道行乎其間，則大塊之毀也久矣、甚矣。天之所以爲神也，嘗因是而有感于人之貴焉。夫天成象而在上耳，夫地成形而在下耳，而人首以象天，腹以象地，則天地分而爲二，而人反合而爲一矣。夫合天地爲一者，而顧不自貴耶。又天下交于地不知幾千萬里，地交于天不知幾千萬里，而人一身七尺之軀既備天地之象，豈無天地之交？然視天地之交不知近幾萬倍，則天地兩儀之交甚遠，而人一體之交反近矣。夫一體而且至近，而猶不自貴耶。又因是而思之，天地有是象形，人身亦有是象形，則大者既與天地同矣。不知所謂中宫四(而)〔面〕〔二〕者，天地有之而人還有之否？所謂陰陽五行者，天地有之而人還有之否？或專言性而不及命，或專言命而不及性，還可合天地之全局否？專言性命而不及德業倫政，還可合天地之全局否？此皆現前易見之理，而亦人所共知之事，人顧以其近而反忽之，是博學而反約者。且不可得而見矣，又安望夫深造而自得者哉？姑舉一端以略備聖經之證焉。

兵家寄易篇

或曰：邵子以皇帝王伯之流行于一元，如春夏秋冬之流行于一歲，且引《易》《書》《詩》《春秋》以爲證，確乎不可易矣。而子謂孔子折衷皇帝王伯之中，以立中庸之教，故止言二帝三王，不及三皇五伯，似亦可補邵子之所不足。然文事有之，武備何獨不然，豈亦有四時具全之理，而又有于中擇用其中之要者乎？曰：有之，謂孔子不用五伯，則可謂並削五伯之事，則《左傳》何載之詳也。不用所以正人心，具載所以存世變，二者蓋並行而不悖耳。至于三皇之道則尤有可異者，人知孔子不言三皇，不知《易》之所傳蓋得三皇之精且全者，與天下後世公之所以稱生民

〔二〕依前後文意，此處「而」當作「面」。

未有之盛，而爲萬世之師者正在乎此。其所以寄之方外，散之百家，則聖人存《易》之深意，非可以《論語》謂「子不語神」，遂疑聖人不知神道也。嘗謂易理之寄于方外者，有四時之序，是先天性命之宗也。其寄于百家者，陰陽家與兵家亦有四時之序，則後天神化之妙也。性命愚別有論，著神化尤非可易言，然試言其略以附于康節先天之後。蓋兵家有三式，一太乙司天，二奇門司地，三六壬司人，所以象三才也，合演禽則爲四矣。以四時之序推之，則太乙象冬，奇門象春，六壬象夏，演禽象秋。以擇中之義推之，則太乙博大，未易深言；演禽截用，局非全備；奇門步氣，本之曆法，數之正也；六壬推星，本之天文，象之中也。二者相爲經緯，倘亦武備家之《孝經》《大學》乎？北方之之言曰：「不奇不宅，不壬不葬，擇中而用」，古人已有記之者矣。雖然知其全而後折衷，則有徵可信；不知其全而驟入用，即知其爲折衷，而用者之心終有歉而未安者矣。請先言其全之異同：一曰太乙奇門，數學之異同。太乙以紀年爲主，從上古上元甲子始，曆推年之三元以至今年，皆以年論而求其月日時；奇門以冬至甲子日正受爲上元之始，歷推遁日之三元以至今日，却以日論而求其時。一云奇門亦有年奇，如太乙三元年數，但不自上古始耳，起法不同者一也。太乙用盤局，係十六宫，間而無三層，然如太乙九星、文昌九星等件加盤甚多；奇門係八卦九星、八門八神，分天地人神四層，不用十六宫。一云太乙亦有八門以年論，與奇門不同，盤式不同者二也。太乙有統運卦，有流年卦，有大遊、小遊卦，有八宫、納甲卦；奇門却不用前四種。一云八門加八方亦自成卦，與陽宅之法同，然奇門所用不在此。一云不奇不宅則奇門正與陽宅通用，卦例不同者三也。太乙有十六神，居常以五福三基爲主，觀變以太乙五將爲主。奇門有三奇六儀，以八門爲直使，緩則從門即此，以九星爲直符，急則從神即此，神將不同者四也。太乙有太乙之格，如關囚掩迫、提挾擊格之類是也。奇門有奇門之格，如龍返首、雀投江之類，又有刑冲墓尅等義，格局不同者五也。太乙所占國家治亂安危之事，水旱兵疫饑饉之事，所關者大。奇門所占出門、謁貴、謀望等事，又造宅、葬埋等事，占驗不同者六也。二曰奇門六壬象數之異同。奇門始于冬至之甲子，一歲之中分陰陽二遁，本于日道，冬至日南極陽進而陰退，故用陽遁，以一至九，順行九宮；夏至日北極陰進而陽退，故用陰遁，以九至一，逆行九宮。此二遁陰陽順逆，以符天道者，日也。六壬始于日躔玄枵，爲一歲之首，不拘甲子日時，然日躔始子、次亥、次戌、次酉、次申、次未、次午巳卯辰寅而歸于丑，爲一歲之終。逆而右轉也，以日加時求天罡所在，却系順數，是亦有順有逆矣。又陰陽貴人，亦分順逆而數，起法不同者一也。奇門有四盤，分天地人神而有中宮；六壬亦有四盤，一方位，二神將，三日躔，四貴神，小六壬亦有干神將位四盤却不用中宮，盤式不同者二也。奇門吉凶視符使門奇，六壬吉凶視神將方位。一云六壬以日爲主，視日之所在以爲禍福；一云六壬以天罡爲主，其云神將蓋秘之耳。天罡者，天之生氣也。二法俱不言卦例，而實通于卦例，神將不同者三也。奇門有格前已言之，六壬亦有格，如元首重審之類，格局不同者四也。奇門多重中宫，與陽宅穿宫之法同，與八陣握奇之法同。六壬似重四面，與陰宅到山到向之法同，故北方云不奇不宅、不壬不葬，藏用不同者五也。奇門以節候爲主，惟恐氣之有差，故有超接折補等法，且兼置閏候閏奇，此步氣之法本于曆律者也。六壬以躔度爲主，惟恐度之有差，故有過宫未過宫之辨，又有入宫深淺之辨，此推星之法本于象緯者也，根本不同者六也。三曰六壬演禽專全之異同。蓋太乙法從年起全局也，奇門法從冬至陽遁起，六壬法從玄枵日躔起，而演禽皆不用，直從甲子虚宿起，而亦分年月日時，一異也。太乙有數盤，奇門六壬亦各有四盤，演禽不用盤式但言將頭，略似奇門之符頭而實不同，二異也。太乙壬奇各有神將，演禽不用，第專用二十八宿，三異也。太乙壬奇各有格局，演禽不用，第以山水、田園、井峯、刀砧、湯火、草岸十二字以辨得所失所，四異也。太乙壬奇有生尅比和而無變化，演禽以所至之宫照禽星，以觀其變化，五異也。然太乙所司者國家大事，壬奇即不及國事而所占之事猶多，演禽雖亦兼人事，然番禽倒將之法似專爲臨敵而設者，故曰演禽司敵，六異也。嘗謂天下之事有大有小、有常有變、有緩有急，陰陽之術亦有全有半、有正有奇、有專有兼。太乙專主國之兵事，大者已先位矣，而所用者不能外干支、時日、陰陽、五行也。驗其氣之衰旺，安得不兼奇門；察其神之吉凶，安得不兼六壬，三者既審則演禽可以專用矣，故臨敵决勝惟演禽之番倒。所以然者，三式局多則推步難，非事前先箋則不暇及，演禽惟一番倒而已，此固臨機之捷要也。合而觀之，根本不同，起法不同，盤式不同，神將不同，格局不同，宜不相爲用矣。乃太乙司天，奇門司地，六壬司人，演禽司敵，若缺一不可者，何也？演禽超然三才之外，立見于用意，演禽反居其捷耶。然四者總之爲兵而設，局有異同，用有緩急。要之，用干支時日同也，用陰陽五行同也，神將之有生尅比和同也，而演禽獨以變化鳴，則同中之不同也，斟酌而用則存乎主將矣。

或疑太乙奇門皆無卦例，壬禽不用得無有遺法與？曰：子以卦例爲有神乎哉，聖人借《易》卦以用天文曆象，有善藏之妙存焉，安得太乙奇門之是而演禽之非乎？此未可以深言也，請問之知《易》者可焉。

卷八

聖品原集大成

天縱至聖篇

或曰：天地定位，天子統天，故曰：「普天之下，莫非王土；率土之濱，莫非王臣。」然則天下之政一出于君，道德自一，風俗自同矣，而必欲以君師並稱，且謂聖人道在天子之上，無乃分君之權，使天下人心無所適從乎？曰：此天意也，書曰：「天（降）〔佑〕〔一〕下民，作之君，作之師，惟（曰）〔其〕〔二〕克（助）〔相〕〔三〕上帝」，君師並重所從來矣。然非謂師之立教遂與君分權，而移天下之人心也。《學記》曰：「天子所不臣于其臣者二，當其爲師則弗臣也。」《丹書》曰：「先王

〔一〕依《尚書》，「降」當作「佑」。
〔二〕依《尚書》，「曰」當作「其」。
〔三〕依《尚書》，「助」當作「相」。

之道不北面。」《孟子》曰：「湯之于伊尹學焉，而後臣之。」然則雖名曰師，猶然臣耳。所以然者，君之與師交相重者也。以天子之尊而不能不下有道德之師，人將曰以尊如天子而猶若此，吾儕可無重道德乎？是師以君而重也。以聖人之聖而不能不事有天下之君，人將曰以聖如聖人而猶若此，吾儕可無重名分乎？是君亦以師重也。蓋天之生人一也，豈不欲使之皆貴而無賤，然而勢不能也，則不得不生一至貴者以爲之君矣。是君固以統天下之衆者也，又豈不欲使之皆智而無愚，然而勢亦不能也，則不得不生一至聖者以爲之師矣，是師固覺天下之衆者也。三皇二帝身自聖神，彼且以身爲天下師，而安所有師之名。他書所紀雖云亦有所師，然不見于經固未可信也。三王而後則不能不言師矣，湯之于伊尹，桓公之于管仲，皆學焉而後臣者，乃孔子所以稱萬世帝王之師，則有數義焉。一元之數自開闢以來，從寅入巳幾至午矣，中天之運，此其正盛之時。天將縱一人焉，以爲宇宙斯文之主，孔子應期而生，一也。群聖迭興，有以君道顯者，有以相道顯者，有以底豫稱大孝，有以服事稱大忠者，獨師道未有著焉，亦宇宙一缺典也，孔子承前而起，二也。千聖之品格備矣，百王之制度詳矣。春秋之世乃復有百家紛出，師各異教，士各異學，幾不知有先王之道矣。人知孔子奉王以正諸侯，其功爲大；不知孔子奉天以正百家，其功爲尤大也。故曰：天不生仲尼，萬古如長夜，三也。然使孔子得位爲天子，則天子師之耳，天下臣民不與焉，其師之者亦狹矣，其終以下位老殆天意，爲後世帝王設也。蓋以臣民上師天子，不無嫌于僭分；以天子下師孔子，反益著其謙光，四也。又使不得位而處順境，則安常明道亦師弟之常，不足以盡其變矣。乃孔子之遇屢屈而不獲伸，然義命自安，終無變志，此又天意借之爲後世豪傑設也。無論少知道者，益堅居易之心，即屬大有力者，並消行險之念矣，五也。雖然聖經之中有一理之弗備，則亦不足以待後世帝王之用，而學者易生他慕矣。惟自天地、父母、聖君、賢相、明師、良士、身心、德業、文事、武備無一不具，無一不詳，使萬世而下從儒教者，睹天人之大全，識古今之通變，可用以出世，亦可用以經世。孔子之與天地同功，始于是信而有徵矣，六也。嘗試擬之于天而徵與邵子，小異三皇，淡漠初啓，百制未備，正如時之冬耳。二帝君臣交泰，宇宙太和，適與春合；三王制作大備，與夏之百昌俱遂正同，然亦盛極而將衰之際矣。秋不可以肅殺言，則不當以五霸配，不曰萬寶告成，正秋之時乎。大觀在上，亦秋卦也，然則正當以孔子配秋，以見大觀在上而萬寶告成耳。嘗又擬之于人，羲皇則道統中之后稷，有周開基之祖也。中間群聖迭興，正如公劉、太王、王季、文王，世濟其美爲百世不遷之宗耳。至于孔子刪述以垂萬世之業，則武王之一戎衣而有天下之世乎！顔曾子思尊孔子而不失家法，成康之守成也；孟子辟異端以獨閑聖道，宣王之中興也。嘗又擬之于地，三皇繼天立極，其太祖；山三台之鼎列乎堯舜禹三聖一時，則三台之中祖也；文武周公三聖一家，則三台之近祖也。湯之後，賢聖之君六七作則，行龍傳變，尊星之迭出者也。至孔子而結正局矣，顔曾諸賢其前後左右，侍衛之盛乎，子思則近朝之貼身得力者也，孟子則遠朝之正應特奇者也。大抵天蓋以道之全局授孔子，故孔子亦以天之全局教萬世，學孔子即學天地矣。以孔子爲不足，而別求之二氏百家，豈以天地爲不足耶？夫天地非果不足學者，求之弗深、考之弗詳耳。倘天地終不可勝，而勝天地卒流爲隱怪，其得爲智耶，其不得爲智耶？有學聖之志者可以深思而自解矣。

聖道大觀篇

或曰：子嘗有言學者入道之初，當明揭直指所謂宇宙大觀，以開其心胸，鼓其意氣，庶欣然勇于嚮往，而天機自有所不容已是固然矣。第嘗求其所謂宇宙大觀者，如子貢曰「夫子之不可及也」，猶天之不可階而升也。又曰：「仲尼日月也，無得而踰焉。」如孟子曰：「孔子登東山而小魯，登泰山而小天下。」故觀于海者難爲水，遊于聖人之門者難爲言，二子所言豈不高華宏朗，庶幾所謂大觀哉？第徐而按之，空虛而無事實，倘亦如道家之《秋水篇》托之寓言，如佛家之法界觀等之權教耶。彼學聖人之道不得不過爲尊崇耳，是惡能使人欣然而欲往哉？曰：《中庸》固言之矣，「上焉者，雖善無徵，無徵不信，不信民弗從」。賈生亦曰：「聽言之道，必以其事觀之，則言者不敢妄言。」聖人立教以爲萬事法，必有確然而不可易者，乃能使人之信從，此固具載于經，一一可證，豈得以他書寓言權教爲比乎？請徵之以實。天尊地卑，乾父坤母，在天成象，在地成形，明有人物，幽有鬼神，此宇宙之規模也。上帝不敢斥言，故以聖人南面嚮明，擬之出震、齊巽、見離，以至藏坎、成艮，無非上帝之所司也，此宇宙之主宰也。雷霆之鼓，風雨之潤，日月之運行，寒暑之相推，此宇宙之變化也。乾始坤成，乾男坤女，資始流形，各正保合，此宇宙之生成也。試合而默識之，規模之中有上帝爲之主宰，有變化之用以遂其生成，現在如是，千古亦然，確然而不可易，還可謂宇宙大觀否？然此宇宙之實理，亦宇宙之公理也。百姓皆可以與知，二氏百家將亦因而竊附矣。至于《孝經》所言「以后稷配天，以文王配上帝」，此屬天者也。代上帝而出治，則有天子矣，次諸侯、次卿、次大夫、次士、次庶人，此屬人者也。天子之所統轄，則自宮闈始，次而王朝，次而王國，次而王畿，次而中國，次而四夷，此屬地者也。其明有人物，幽有鬼神，此屬天地之間者也。試合而默識之，有天子之尊以代上帝，其于人也，則列之爲五等六等；其于地也，則界之爲九州五服；其于神也，則分之爲天神地祇人鬼。先王如此，後王亦然，確然而不可易，還可謂宇宙大觀否？然此宇宙之實理，實帝王之王制也，百家始不能同，二氏始不能混矣。夫二氏百家雖迥然各異，若夫桀紂之與堯舜猶均之爲天子也，于是《大學》作焉。天子之代上帝，與前無異也；自天子至于庶人屬之人者，與前無異也；自家以達于天下屬之地者，與前無異也。惟至于天子以一人定國，則諄諄于堯舜，與桀紂之必不能同矣。堯舜之所以爲仁帥，則自明德以極于至善，自格物以返于修身，又條分縷析無一之不明矣。試合而默識之，天子之尊，其代上帝者猶堯舜也，其人之所等列、地之所界限、修齊之所倡帥猶堯舜也，則時雍風動之治，千古如在目前矣。此惟聖主可以當之，而昏庸無與焉，確然而不可易，還可謂宇宙之大觀否？然此猶天子之獨尊也。使有聖君而無聖臣，則亦不能自治矣；又使天子尚幼而國無聖臣，則代天子以致治者又屬之何人耶？《周禮》一書，周公所以代天子以致治者也，六官皆冠以惟王，奉天子者何其尊也！事王如父，事后如母，奉天子者何其親也！三公佐天子以論道，所以開發聰明者至矣；六卿佐天子以掌治，所以贊助設施者備矣。內宰、宮正是爲天子之家計者也，六鄉六遂之長是爲天子之國計者也；同姓異姓設爲巡狩述職之典，是爲天子之天下計者也；郊社宗廟，是爲天子之大禮計者也。然且已不自專，而皆分職以詔王焉，其小心謹慎，即子之事父母不過如此。以此忠誠謹慎之心而爲博大精密之制，真可爲大臣事幼主之法矣。夫幼主可事，則長君又可知矣。試合而默識之，王爲父，后爲母，三公六卿如兄弟，百官多士如子孫，內以治王之國，外以治王之天下，一如長子之代其父母，所謂以天下爲一家者，儼然如指諸掌矣。相譜既具，臣鵠甚明，確然而不可易，還可謂宇宙大觀否？然此猶宇宙之分局也。天道還之天，王制還之王，皇極還之堯舜，相業還之周公，則不能合而爲一，史遷所謂博而寡要、勞而罔功，將于是乎譏之矣。非《中庸》一書孰能統會而歸于一乎？其合天地萬物以爲天統易知也，其合天下國家以爲王制易知也，其以堯舜文武示君道之極易知也，其以周公示相業之準易知也。祖述憲章，人存政舉，則王制以至君相，皆合而歸于一矣。上律下襲，大德小德，則天人全局亦合而歸于一矣。始于天命，終于天載，中間堯舜、文武、周公之爲君爲相，各以時而成其德業，則天地古今聖君聖臣又皆統會而歸于一矣。以參天地，以質鬼神，前兼帝王，後俟百世，首出庶物，生民未有，確然而不可易，還可謂宇宙大觀否？以是知所謂大觀者，局于一身一家則小，合于天下則大矣；合于天下猶小，合于古今之天下，而謂之宇宙則大無以加矣。又以是知宇宙之大觀，雖大猶虛境也，非主之以聖君之統治，則大而不實；非兼之以聖相之輔治，則實而不全；非集之以至聖之大成，則天人君相不能總會而歸于一。然則宇宙大觀之極致，非孔子其誰屬哉？夫初學之士真有志于求道，偶窺一斑即竊竊然喜矣。矧此之所謂宇宙大觀者，愈出而愈妙也。且無一而非實也，有不欣然嚮往則非情矣。

或疑子之所謂大觀，則誠確然不可易矣，然皆可得而言、可得而見，則亦大觀之顯仁耳。彼無聲無臭之妙，亦何自而庸其大觀哉？曰：此未易言也，然已具于前矣，倘有未悟，請以俟之別篇。

《春秋》證聖篇[一]

或曰：天地之運，至周而極盛，則亦至周而始衰。夫盛則不可不定于一也，始衰又不可不聚其盛者，以爲返衰而盛之地也。顧創者乘其盛，其勢順，聚而定者，欲即衰以返盛，其勢逆，其力難，非有精神力量百倍于前，不能勝其任而巍乎立古今之極也。然則天之篤生孔子，豈偶然哉？世之讀《春秋》者，乃欲執《春秋》以盡孔子，夫謂《春秋》非孔子所注心，不可遂以此爲足以盡孔子，得無未窺聖道之大全矣乎？曰：論孔子與論群聖人不同，群聖一人自爲一聖，故其事自爲一局，其書自成一家。若孔子則不然，天生群聖以爲孔子之先，又生孔子以折衷群聖而立萬世之極，則其規模事業豈僅僅與一聖人較大小久近哉！然則當如之何？曰：知天地則知孔子矣，天固以其全局而盡畀之孔子者也。天有二義焉，一曰先天，一曰後天。先天一而已矣，所謂莫載莫破，體物不遺而爲物不貳者是也。後天則有數義矣，極其至大而言之，則爲一元，次爲一會，次爲一運，次爲一世；即其見在而言之，則爲一歲，次爲一月，次爲一日，次爲一時；上下内外前後左右往來升降，無一不備。故曰全局大者如是，小者亦然。故又曰：活局當因是而

[一] 總目作「春秋實證篇」。

推之，吾身立乎天下國家之外，故觀天下國家之理甚明也，所謂旁觀者清也；吾心又立乎吾身之外可知也，天地又立乎吾身與天下國家之外可知也，聖人又立乎天地之外又可知也。又因是而推之，與天地相似，故不違智、周道濟、旁行不流、樂天知命、安土敦仁，亦可謂盛德大業矣。然後天之聖人也，位乎天地之中者也，範圍天地之化而不過曲成通知。然後無方無體而稱至神者，此則先天之聖人也，超乎天地之外者也。夫天地且範圍矣，又何有于群聖哉？故孔子之道不可不分二天以盡其義矣。孔子之先天，肫肫皜皜，淵淵浩浩，一而已矣；磨而不磷、涅而不淄，獨立不懼、遯世無悶，即此物也。後天有數義焉，亦無往而非全局，以其萬世之業以象一元之全局者言之，始于天地開闢而合古今以爲規模，次三皇，次二帝，次三王，至春秋而古今之變備矣。三皇神道也，而其時如冬之方始；二帝德化也，而其時如春之正盛；三王禮法也，而其時如夏之大備；孔子素王經教也，而其時如秋之萬寶告成矣；是天運之一終也，後天宇宙之一全局也。以其一世之業以象一歲之全局者言之，亦以天地爲宗而合幽明以爲道德，一《易傳》，天人神道也，以當三皇；一《孝經》，父子德化也，以當二帝；一《春秋》，君臣禮法也，以當三王；一《論語》，師弟身教也，以立經教之本而兼前三之用，是後天見在之一全局也。然亦略分其爲宇宙全局與見在正局耳，其實二局又只一局也。天地爲宗不可易矣。孔子立于天地古今之外，以斟酌而立萬世之法，非具大眼其孰能圓滿而無所遺，精確而不可易乎？天地之道備于

《易》矣。三皇者以天地之神道而闢道統之源，天人之盛也；天地之次則君臣矣，二帝者以德化而致盛治，君臣之盛也；君臣之次則父子矣，文武周公以繼述而立家法，父子之盛也。天地、君臣、父子之合，則師弟矣。孔子以聖神而定經教，則師弟之盛也。孔子以前所有《詩》《書》《禮》《樂》也，君臣父子之道備矣。《易》隱于卜筮，則天人之盛未顯，故贊《易》以冠于《書》《詩》之前，以遡道統之源。《春秋》列于魯史，則撥亂之略未彰，故修《春秋》以繼于《禮》《樂》之後，以補經濟之缺。雖然六經至矣、神矣，而《孝經》不立，則教僅及于賢智，而夫婦之愚與孩提之童無乃有未貫徹乎，故補之以《孝經》，六經博矣、大矣。而《大學》不立，則人或鶩于徒博，而反約之機、自得之實無乃有未精確乎，故補之以《大學》，八者備矣，不可以復加矣。非身自有之，非所以明身教也，故《中庸》則身教之實矣。身教立矣，而非隨材成就則道不尊，爲教不普，其傳不遠，非所以奉天道也，故《論語》則身教、經教兼之矣。故分而言之，《易》以道天地，《春秋》以正君臣，《孝經》以篤父子，《論語》以明師弟，亦足以成一家之言，立一世之業。然天之所以縱孔子以立萬世之極者，則不止于如是也。非合古今二天爲全局，不足以見天道之大；非合古今經教、身教爲一貫，不足以見孔子之全，亦不足以見天縱孔子以立萬世之極之意。故論孔子者非可以一家之言、一世之業比也，大開眼目，大著胸襟，然後孔子所以合其道爲萬世之公，與天所以縱孔子立萬世之極者，皆可得而見矣。

或曰：一元者，歲月日時之積也；三皇、二帝、三王之盛，天人、父子、君臣之積也。子合六經、四書以觀天與孔子之全局，則信有徵而可信矣。世之儒者，有合三教爲一而自成一家者，其言曰：以道之虛無象三皇神道，以佛之慈悲象二帝德化，以儒之倫紀象三王禮法，以儒之忠孝立世教，以二氏之性命治心身，集其大成以象孔子，則亦可乎？曰：不可。三皇至于孔子，皆以天地爲宗，君臣爲主，父子爲本，故内如其外，外如其内，教即道也，道即教也，故曰合外内之道，又曰一以貫之。豈待借資于二氏而後有性命哉？又豈治外之道别有所謂治内哉？二氏之教既已不同，是安得混而爲一也。故不即外之教以合于内，則孔子所以爲天地之全局，猶有可得而混矣，故又爲之極論若此。

聖教全局篇

或曰：天地開闢，而後聖人之生于世者多矣。湯武身之，猶可諉曰其次；若夫大哉堯、君哉舜，其德不可加，其業不可尚矣。謂之賢于堯舜，學者已自不能無疑。至于伏羲、神農、黄帝，則又皆以神道設教，不可得而名焉者，孔子又何以過之哉？先儒謂語德則不異，語事功則有異，乃其所謂事功，則又語焉而未詳，則學者欲知生民未有之盛，其何繇焉？愚以爲孔子之不可及者有四，而事功處其一焉，此非可以口舌争也。請勿求之孔子而先求之天地，勿求之已往未來之天地而先求之見在之天地。總其必不可缺者叙而計之，以天道言，天地可少乎，在天成象，在地成形，如日月星辰四時五行之屬，其可少乎，上帝可少乎，百神可少乎，而上帝之于天地一體乎、二體乎，有盡乎、無盡乎？以人道言，祖宗可少乎，父母可少乎，夫婦男女可少乎，君臣可少乎，百官萬民可少乎，諸侯四夷可少乎？惟一時不可少，故萬世不可易，此二者相承易知也。然孔子之教不以天地爲主，而以天子爲主，惟以天子爲主，故雖兼天地、兼父母、兼身心，以一人而兼萬理之全。故天子之制定而天下之制定矣，人所知也；天子之學定而天下之學皆定矣，人所未易知也。二氏百家有以天子爲主者乎？有以天子而兼天人之全局，以爲臣民之效法者乎？惟其不可兼，故百家不可混，則孔子之教已如日中天，不可得而掩其明矣。然使其所以發明此道者，有一之不備則猶未見其盛也。以天子爲主，則《春秋》是矣。天子不可以無父母，則補之以《孝經》；天子不可以無祖宗，則存之以《詩》；天子不可以無師法，則存之以《書》；天子不可以無本原，則補之以《易》；此四者居天子之先者也。天子不可以無王制，則存之以《周禮》；天子不可以無學術，則補之以《大學》；天子不可以無輔治，則總之以《周官》；天子不可以無分治，則聯之以《儀禮》；天子不可以無教化，則詳之以《曲禮》；此四者居天子之後者也。試思上有天地、帝王、祖宗、父母，而天子承之于下；下有輔佐、有王制、有侯禮、有士禮，而天子臨之于上；且以《孝經》一書爲盛德而握之于中，以《春秋》一書爲大業而操之于外。凡見在之不可缺、與萬世之不可易者，有不皆聚于此諸經之内乎？夫其無不備也。使英明仁孝之主得其要而設誠致行之，已不失爲太平之治；乃聖人之所以以爲身教，則又有豫于經教之先者，而非徒以空言設教不本諸身，或一節自見不能全體，如後世儒者好爲人師之類也。乃孔子身教之盛，蓋有不可得而及者矣，上律下襲兼天地矣，祖述堯舜學夏殷之禮兼帝王矣，憲章文武法祖宗矣，《孝經》有述尊父母矣，此居孔子之前而爲孔子之德者也。《大學》《論語》之教育英才也，《周禮》之從存王制也，《春秋》以代《儀禮》尊天王也，《大學》《孝經》以佐《曲禮》提綱領也。且以《中庸》一書爲身教之實，而以《大學》一書爲經教之綱，是以尊王爲主，而爲格君計者既如此其詳。以正己爲本，而爲待用具者又如此其豫，則孔子之所以爲盛豈以空文自見，如遷固文士之所爲？又豈以一節自矜，如揚雄、王通小儒之所得哉？孔子之盛既已詳列于前，然後取群聖而評之，《書》之所紀帝王之盛耳，《詩》之所録成周祖宗之德耳，《三禮》所載天子諸侯大夫士之制度耳。天地之全局未有也，則失其祖矣；父母之專經未有也，則忘其本矣。天子之名分未尊，華夷之界未辨，則臣得以僭君，夷得而亂華。欲行道于天下而共事無人，善後無策，大業終未盡善矣。故經至孔子而後全，道至孔子而後備，品至孔子而後神，教至孔(乎)〔子〕〔二〕而後定。殆若天實

〔二〕依文意，「乎」當作「子」。

有意于其間，非人之所能爲也，嗚呼盛哉！

聖智兼學篇

或曰：天之縱聖人如此，聖人將遂不學而能乎？曰：非也。君之聖者莫如堯舜，未聞坐而天下自治；相之聖者莫如周公，未聞坐而天下自正。從古以來未有聖人而不學者，謂其學之精祕而異乎人則可，謂其得之神速而超乎人則可，謂冥坐沉空而一無所學焉則未盡矣。且世之論不學者，以爲言語道斷、心思路絶云耳。夫言語道斷、心思路絶，非即所謂空寂之隱語乎？如其爲空寂者，爲瓦礫土石也，則聖人原無此頑空。如其空寂而有深義存焉，則空寂即是學矣，安得不謂學乎？故知天之所縱于聖人者，其聰明睿智也。若夫學問之妙，則聖人固有善體乎天者矣。譬之人有善記者，以己之一當人之十，則至神矣；而後以己之一盡物之理，則至圓矣。要之，圓神由記而見，非不記而即可謂圓神也。雖聖人之圓神，所謂君子不多者固自有在。要之，非由不學而得，則固可以理推，且可以身驗也。

或曰：聖人之道，固有視聽不用耳目者矣。子以爲聖必待學，不亦淺而未神乎？曰：《論語》言學，或以爲謙己也。《中庸》固言之矣，祖述憲章，非學帝王而何？上律下襲，非學天地而何？合天地、帝王而一以貫之，非集大成之學而何？第人欲舍事而言理，舍外而言内，聖人之學則不必掃事而已得理，不必拒外而已得内，更爲渾人之方安在？曰：在六經。

或曰：信斯言也，將六經未出，遂無聖人乎？即有聖人，將遂無作聖之方乎？曰：此孔子之所以至神，而聖經之所以爲大備也。六經既出作聖之方，固聚而載之六經，以見後天學知之聖；六經未出作聖之方，亦藏而寓之六經，以見先天生知兼學之聖。合而觀之，是無論生知學知而皆可以爲聖，無論先天後天聖人作聖之方，而皆載之六經。非孔子至神何以全而識之，非六經大備亦何以全而載之哉？《孟子》所謂生民未有之盛，此非其一大證耶？世之儒者，奈何不專尊孔子而自立門户爲也。然此孔子之所立教者耳，乃其自爲作聖之方，又安在耶？曰：前固言之矣，在六經是也，聖人豈有二道哉？

聖學務實篇

或曰：聖人之教先博後約，其定序也，故作八卦者仰觀俯察、遠稽近取，自古而已然矣。《文言》曰「學聚問辨」，《大象》曰「多識前言往行」，《大學》「格物致知」，《中庸》「學問思辨」，大抵由博而約耳。子獨專治十三經，于二氏百家皆無取焉，得無學一先生之言示人以不廣與？曰：非謂是也。《中庸》不云乎，君子之道費而隱，及其至也，雖聖人有所不知不能焉。《孟子》不云乎，先立乎其大者，則小者不能奪也。嘗因是以按，自古聖賢之所知所能，總之第先立乎其大耳。其有不知不能，非不可知不可能也，蓋亦不必知不必能者也。後儒不知立大之旨，必欲以無不知無不能然後爲聖人，故求之愈博，而失其大也愈甚。正以不知大者原具于聖經，求之弗深，考之弗詳，故當面錯過耳。然人非不知其大，顧知而未聚于一也。試思莫大于天地，而《易》備之矣；莫大于父母，而《孝經》備之矣；莫大于帝王，而《詩》《書》備之矣；莫大于禮樂征伐，而《禮》《樂》《春秋》備之矣。凡所謂大者，以其有關于天下國家，得之則治，失之則亂也。有如天地以爲祖，父母以爲本，帝王以爲宗，禮樂征伐以爲用，天下猶有不治乎？天下已治已安，而大者猶有不立乎？雖然合聖經而論，大者誠備矣。然雖知其大而未嘗實有諸己，則亦書肆説鈴耳，于己奚益焉？《論語》曰：「文，莫吾猶人也，躬行君子，則吾未之有得。」《孟子》曰：「君子深造之以道，欲其自得之也。自得之，則居之安，資之深，取之左右逢其原，故欲其自得之也。」然聖賢之所自得于經，亦有徵而可信矣。《中庸》之至誠至聖，是深造于《易》而自得之者也；《大學》明新至善，是深造于《書》而自得之者也；《孝經》揚名顯親，是深造于《詩》而自得之者也；《春秋》奉天正王、奉王以正天下，是深造于《禮》而自得之者也。《論語》顯用六經以立經教，隱用三書以立身教，是自得之完局也。《孟子》以文章寓道德，以倫政藏神化，又自得之活局也。夫合大者而聚于一，又聚大者而體諸身，故曰萬物皆備于我矣。要之，萬物皆備猶爲散殊之大，知性知天更爲統體之大。先立其大者若此，又孰得而奪之哉？故用行舍藏而無不自得，獨善兼善而無不囂囂，所貴聖賢莫大之業，以其有此物此志也。惟大者先立，故可以範圍而曲成；惟大者先立，故可以裁成而輔相；惟大者先立，故可以窮神而知化；惟大者先立，故可以觸類而引申；惟大者先立，故可以配道義而塞天地之間；惟大者先立，故可以正人心而閑先聖之道。然則立大一語，其聖門之的傳乎？自得一語又立大之實證乎？夫其大之立也，而且實之證也。即學一先生之言，無乃反爲易而易知、簡而易從哉？又况規矩誠設則人不可欺以方圓，權衡誠設則人不可欺以輕重，尚有無窮之用在也。然此可與深造自得者道，未可與道聽塗説者言也。有志于尊經者，慎無爲人言所惑哉！

聖用至裕篇

或曰：子謂門户之不可私立，空悟之與事無干則信然矣。然世儒亦知講聖經之學，乃聽其言則美，施于用則疎，若言自言而人自人者然。甚至文事猶或可觀，武備絶爲不足，豈聖經原自有缺故如是耶？曰：否。孔子云：「我戰則克。」又曰：「有文事者必有武備。」又曰：「我則異于是，無可無不可。」《中庸》曰：「道前定則不窮。」孟子曰：自得之則資深居安，取之左右逢其原。聖賢之用豈有不足者哉？用之而不足，與取辨于臨時，無爲貴聖賢矣。後儒用有不足，則不善讀經之過也。夫經有天道、地道、人道，而又有神道；有君之事、相之事、士之事，而又有將之事；有顯仁之局，又有藏用之局；有正言之局，又有寓言之局；有正局，有變局；有順局，有逆局；有整局，有分局；有無爲之局，有有爲之局；有綏平之局，有撥亂之局。若是乎各正而不相混，又若是乎變化而不可拘也，總之則天地人神四字盡之矣。人道即君子之道，上人之道也，與小人異，與凡民異。知之而未〔行〕〔一〕，行之而未極，然真心實行有必不可得而變易者矣。所謂得其門而入，《孝經》一書是也。地道則賢人之道，人臣之道也，進于君子矣。知之而全矣，特行尚未至，識尚未融耳。然已升堂矣，《大學》一書是也。天道則聖人之道，帝王之道也，又進于賢矣。知之而全，行之而至，第以正不以變，言人不言神，率天下以與知與能，約天下以人倫王政，性宗之全也。《中庸》《論語》是也，又《詩》《書》《禮》《春秋》之用也。神人之道則有異焉，是用三才而超三才者也。然神之中亦自有異矣，有得其性而不得其命者，有得其小成而不得其大成者，有得其形下而不得其形上者，有得其後天而不得其先天者。及其得也，所謂與天地合德，與日月合明，與四時合序，與鬼神合吉凶。先天而天弗違，後天而奉天時，皆在吾之一身矣。所謂大明終始，通知晝夜，神以知來，智以藏往，象事知器，占事知來，範圍天地，曲成萬物，窮神知化，極深研幾，裁成輔相，制禮作樂，無所往而不利，無所用而不宜矣。彼且不難于武

〔一〕底本此處漫漶，「行」字據文意補。

備，不難于撥亂，又何有綏平之文事哉？雖然綏平之文事亦未易言也，如但提一二事爲宗旨，拈一二章爲辨難，口頭争勝，何益于國家治亂成敗之數哉？合人譏其講學不能退虜，固無怪其然也。以天子爲主，以天下爲局，以萬世爲量，其效法者天地，其祖述憲章者帝王，聿念者祖宗，顯揚者父母，大禮與天地同節，大樂與天地同和。此周公已試之相業，孔子所欲行之于春秋者也。雖然大臣之道惟道與時而已，知道而不知時，不可爲大臣；知時而不知道，亦不可以爲大臣。周公之時，天下已定，是守成而兼制作之時也，故用綏平之正。孔子之時，則春秋之世矣，是撥亂而反正之時矣。其力難，故其功倍，故周公四術之外以《春秋》收天子之大權，以《易傳》藏聖人之神道，生民未有之盛始全集于孔子之大成矣。孟子之時則戰國之世也，又與春秋不同矣。人知其願學者，孔子經世之全局；而不知其願學者，孔子存周之隱衷也。夫道則六經具矣，時亦六經有不同矣，或用聖人之道，或用神人之道，則聖賢豪傑亦有已試之成案矣。然讀經之後而猶苦于用之不足也，豈道有超于神人之上而業有出于天下治亂之外耶？願與同志之士深求而詳考之也。孔子删述之意，庶幾萬古一日乎！

聖學精一篇

或曰：聖人之道以天地爲師，則既一而能貫矣。先儒有言，聖人之學即以學夫道也，則學與道不得不岐而二矣。夫道之浩浩何處用力，即一之能貫，豈忠恕即所謂一耶？曰：否。前固言四者之名，皆自兩化之後而有，則聖人之學固當求之兩化之先矣。蓋有盡性之聖人，有盡性至命之聖人。論頓漸則單言性者爲頓，論全半則兼言性命者爲全。然人知單言之爲超，不知兼言之更深更神也。何也？人惟自了一心，則身且爲幻，而況于天下國家。聖人之道與天地同其全局，其不忍遺天下國家明矣，則命之一宗有萬萬不可偏廢者，人特未之細察耳。有如言性而不言命，是言天而不言地。無論民物之生成，無所承載以安其身，即作君作師以助帝之大權者，亦無地設施以盡其蘊矣。是不可不兼者，一證也。言性而不言命，是言君而不言臣民。無論王政之教養，無所經論以成其治，即大孝達孝以顯其親于後世者，亦無人沾被以弘其德矣。是不可不兼者，又一證也。然言性不言命者，彼實未知命之妙耳。即知有命一宗，必且臆之爲神奇高遠而不可幾及，故不復深求耳。寧知一身之内，居室之間，匹夫匹婦皆可與知與能，而天地化育，聖人經綸已無一不備其中乎。此聖學之所爲至易至簡者也，故古之聖人必先盡性至命，以成其身而爲聖人。然後出而應世，或爲君，或爲相，或爲師，或爲豪傑之士，隨分以自盡其道耳。蓋性命既全，不惟涉世無入而不自得，即禮樂之大與天地同節同和者，出其胸中全局以制作，亦無不盡其妙矣。

或曰：佛之言性以出家爲了俗，仙之兼言性命以入山爲脱塵。聖人之修性命，豈亦將如二氏之出家入山而後得竟其功耶？曰：否。一言以蔽，則修性固爲主矣。其修性也，洗心退藏至于磨不磷、涅不淄，皜皜而不可尚，空空而無所有，則在朝在市皆可以用功。不然而憧憧往來，朋從爾思，即逖之深山茂林之中，其紛擾而不定者自在耳。性定而命自附，所謂一正君而國定矣，又所謂北辰居所而衆星共也，又所謂天何言而時行物生也，又所謂修己以敬而安人安百姓也。此合内外之道，斷斷乎無俟他術而遠求者也。蓋語道之一貫則天在天，語學之一貫則天在心，無道無學、無天無人，一天字貫之矣。

或曰：天之在人甚明如此，聖人不輕以授人，何也？爲人之難于信受奉行也。方其不知心之即天，或自欺，或自慊，變遷無定，猶之小民之犯法，無知而不得已，猶可原情而赦之耳。惟知心之即天，則及爾出往，及爾遊衍，無須臾而不與天俱。乃又從而自欺，無所忌憚，是猶職官之犯法，明知而故犯，其罪有不可逭者矣。故聖人不輕言天，尊天之至而不敢褻之也；不與識未定者言天，憫民之至又惟恐傷之也。要之，聖人之學其實天之一字盡之，千聖復起變名易字則或有之，乃至理終不能更易矣，姑以俟高明者正焉。

天縱實證篇

或曰：子謂孔子有聖人之道，且有神人之道，故賢於堯舜，爲生民未有之盛。然如夷、惠、伊尹皆可謂聖人，禹、文、周公皆可謂神人，是神聖之道，亦生民所常有耳。奈何盡屏群聖，專以歸之孔子，得無推尊太過，非所以俟後聖而不惑乎？曰：此正天之所命，然未易以一言盡也。嘗亦反復疑之，因畫爲數圖以求其説，然後深信其確乎不可易焉，請略言之。一爲帝王致治之圖，則《典謨》之紀堯舜者是已。仰而經天，俯而緯地，君明于上，臣良于下。其用人也，則九官十二牧之各正。其行政也，則禮樂刑政之咸宜。以觀于明，則府修事治而萬物咸若；以觀乎幽，則祖考來格而神人協和。是帝王致治之太和，固儼然如在目前矣。試思後世天子有能法此以建極于上，還可謂當代之聖君否？一爲相臣輔治之圖，則周公之相成王者是已。經天聚于《月令》，緯地列于《職方》。《書》陳聖謨，《詩》稱祖德，其爲明君計者更完也。群之庠序，教之師儒，其爲良臣計者更殷也。用人之法，則公孤卿貳、公侯子男，較昔而加詳矣。行政之要，則五禮六樂、五刑六軍，較昔而加密矣。明有人物，則宫闈邦國、朝廷天下之各得其和也；幽有鬼神，則郊社宗廟、喪服祀典之各因其分也。是相臣輔治之太和，儼然如在目前矣。試思後世相臣有能法此以輔治于下，還可謂當代之聖相否？一爲聖人立教之圖。蓋聖人之道，先誠其身而後分任天下。其分任也，舉而措之則爲君爲相，豫而修之則儲君儲相。後世儒者但知談心談性，不復知有君相之大業與儲君儲相之大用，故師道卑微區區與方外争勝，而宇宙之大觀、用行之宏抱反忽而不察、晦而弗明矣。所謂聖教之圖，則《孝》《學》《庸》《論》《春秋》之記孔子者是已。然論聖人立教與君之致治、相之輔治微有不同：君有經天，師有知天，爲先天之學；君有緯地，師有知人，爲後天之學。夫經緯以天地之象形言也，二天之學則合天地、古今、幽明、人物、鬼神之理言矣。君有君明臣良爲世道之綱維，師有至德至道爲人心之根本，則二天之分見者合而體之一身矣。雖未及有用人之責，然以人品爲等而以學術爲序，是即九德六德三德之用也。雖未及有行政之施，然以天下爲局，而以經術爲藴，是即惇睦平章協和之實也。故當其藏修證品，則孔子身教在上，而德行言語文學大臣群臣無一非可用之才；如其見用，則孔子輔治于下，而奉天正王、奉王以正天下，諸侯大夫中國夷狄無一非有成之績。是聖人立教之太和，儼然如在目前矣。試思後世爲師保者，以此端身教而敷經教，則教太子可以修儲聖君，教士人可以儲聖相，還可謂當代之聖師否？雖然吾固曰，孔子有聖人之道，且有神人之道矣。假令聖君如堯舜，聖相如周公，亦但爲聖人之道耳。即孔子兼用聖君聖相以立教，猶之乎聖人之道耳。何也？謂其人倫王政，皆德業之顯諸仁故也。然君已明矣，相已良矣，天下已治已安矣，是亦可以無過求矣。顧神人之道，則又有進于此者焉，于是一爲聖人神道之圖。蓋天地之道有統天，有承天，而亦有先天，有後天，統天承天即所謂中天也。以天地之德業言，所謂顯諸仁者，是聖人之道之所本也。先天以性命言，爲天地之自生；後天以神化言，爲天地之妙物。所謂藏諸用者，是神人之道之所本也。以聖人之道顯諸仁，以神人之道藏諸用，則生民以來惟孔子一人而已。謂之賢于堯舜，此其確然不可易者，又何疑哉？又何疑哉？

或曰：即如子言，則先天後天亦羲皇文周之所已言者，孔子安得而專之？曰：二天雖已前具，然皆隱于卜筮，且但以象數示意，而未嘗直指爲天地之實理也。孔子之《易傳》作，而二天之義始揭，日月而中天矣。夫以象數言，即賢智尚未易知；以實理言，且分辨德業爲中天，性命爲先天，神化爲後天。又總之大象、小象爲知天，則天地之道始大公于天下，智愚賢不肖皆可與知與能，而人皆可以爲聖人，其仁天下、澤萬世直與天地相爲始終矣。然不獨三天賴孔子而發明也，即先王崇四術以教士，則《詩》《書》《禮》《樂》亦先孔子而具。顧春秋之世，百家紛出，四術無過而問焉者，况以之立教以傳之無窮哉。夫其存四術也，是存聖人之道也；其表章三天也，是表神人之道也。合天地古今，則盡乎宇宙之局矣；合聖人神人之道，則盡乎宇宙之理矣。體神人聖人之道，以立天地古今之極，此又一圖也。生民未有之盛，又何疑哉？然以之立極而爲身教，猶止于一人也。惟以其理其局體之身，又以其理其局敷之教，則傳之天下，傳之後世，無人不可以爲聖，無世不可以聖君而主治、聖相而輔治也。其至公之念，至大至遠之功，此又一圖也。生民未有之盛，又何疑哉？然以之立身教，以之垂世教，其德神矣、聖矣，其功大矣、遠矣，猶可指而名也。一則曰何有于我，二曰何有于我，以至無能、無知、無言、無思、無爲、無聲、無臭，皜皜如也，空空如也，淵淵浩浩如也，並名亦無有也，此又一圖也。視彼後儒之争高下大小，争淺深安勉，豈不天淵懸絶哉？大哉！孔子所謂生民未有之盛，至是而無以復加矣，嗚呼至哉！

或曰：信斯言也，亦孔子之深造而自得者耳，于天曷與焉，而謂有所以命之者耶？曰：有當代天下之局，則生一當代之聖爲主。如君之爲堯舜，相之爲周公，皆所謂當代之聖而主乎當代之局者，此又⑵〔一〕〔二〕圖也。有天地古今之局，則生一天地古今之聖爲主，則孔子是也。此又一圖也，圖止矣。蓋自天地開闢以迄春秋，皇帝王伯之變備矣，君相德業之局詳矣。後世之爲君相者，可以因世變、酌人情折衷而用矣。天固欲孔子定百王之準也。且百家紛出，二氏將萌，非六經教定于先，天下萬世之君相其何所適從？天又欲孔子定百家之亂也。百王之準立，是爲萬世之大宗；百家之亂定，亦備一長之採用。天又欲孔子示萬世之公也。夫孔子立教不以自居，正欲歸之天耳。歸之于天，而孔子之至神至聖益因以見，嗚呼盛哉！

聖品難名篇

或曰：孟子有言，自生民以來未有盛于孔子者也。夫天地開闢，而後群聖之迭生衆矣，他

〔二〕　依文意，此處「二」當作「一」。

不暇具論，即如三皇之神道、二帝之德化、三王之功業。據子所述經文以證孔子之盛者，聖德也，聖行也，聖志也，聖心也，聖用也，聖教也，聖功也，聖神也，聖傳也，聖澤也。既以十事括其大概，且合聖經之全局，遡天意之獨鍾，復以二事究其根本，然則生民未有之盛其果盡于此乎？孔子之品地，抑將何以名之乎？曰：愚正爲欲名孔子之品，殆有不可得而名者也。聖門諸子或名果，或名達，或名藝，此賢人之品有實之可指者。古今逸民或名清，或名和，或名任，此聖人之品有實之可指者。即如三皇以道，二帝以德，三王以功，周公以制作。雖曰超于群賢，兼乎三聖，然有實可指，則亦有品可名耳。惟孔子之品未嘗無實，而終不可名，殊令人爽，然自失不足以形容其萬一也。

或曰：前之十二事亦既悉孔子之生平矣，合之以名其品，不已信而有徵乎？曰：十二事之悉陳，特以張大孔子之盛耳。夫盛則品定矣，似有實之可名也。及觀孔子自謂「若聖與仁，則吾豈敢」「我非生而知之者」，又曰「君子之道四，〔丘〕〔二〕未能一焉」，君子道者三，我無能焉；吾有知乎哉，無知也；躬行君子則吾未之有得；修德講學，改過從義，則以爲吾憂；默識不厭不倦，則以爲何有；甚至事父兄、事公卿、勉喪事，不爲酒困，人世尋常之事，亦以爲于我何有。」然則

〔二〕 依《禮記·中庸》，「丘」字脱。

前之張大其盛，特後學之見若此耳，無乃非孔子之品乎？嘗考《論語》有不可名者三，泰伯至德，民無得而稱焉，其身隱，其事晦，民不能名，宜也。有聖人表章，則千古知己矣。乃帝堯則天，亦曰蕩蕩乎，民無能名焉，何耶？夫堯帝天下顯矣，成功文章，巍然焕然，顯而顯矣，其所以民無能名，何也？天子至尊也，堯不以自用，其自謂曰：「朕德忝帝位，而分任之諸臣。」天下至大也，堯不以自私，且謂子曰：「吁，嚚訟可乎，授之大舜。」此其大者已先立矣，如天之量闢，千古之所未有矣。彼民所能名，不離成功文章之可見者耳。誠與此絜長較盛，不過則天中之餘事矣，宜堯之不可得而名也至于大哉。孔子博學而無所成名，雖出於黨人之口，是亦民無能名之類耳。因是合而參之前之十二事，以張大孔子之盛，正成功文章之跡有可見者也。孔子之自謂無知無能于我何有，正孔子之品民無能名者也。又因是進而求之，天一而已矣。日月星辰、風雲雷雨、五氣順布、四時運行、鬼神變化、人物生成，此天之後天有跡可見，則亦天之成功文章也。至于天何言哉，即時行物生而何言者自若；無思無爲、寂然不動，即感而遂通天下之故，而寂然不動者自若，此天之先天無形可求、無名可指，以此言天斯其至矣。夫世人之知人者鮮矣，而况知天乎？即偶而知天，亦知其爲後天之顯諸仁者耳，而能知先天乎？不合二天不足以盡天之道，不由後天以遡先天不足以證孔子之品。《中庸》一書所謂爲孔子傳神者也，始曰「天命而達之天地萬物」，終曰「天載而返之無聲無臭」，其有旨哉！其有旨哉！

聖神配天篇

或曰：孔子雖聖，然亦人耳，稱之爲神得無推尊之過乎？曰：蓋所貴于神者，以其能合天地幽明之大、古今萬世之久，立之爲教，雖尊如天地，幽如鬼神，貴爲天子，智如聖人，所必不能易，故曰神也。然孔子之教謂何，乃使千萬世不能易哉？以天子爲主，乃其大綱也；奉天以正天子，奉天子以正天下，乃其大用也。然奉天以正天子者，非出一己之私學也。在《詩》則有文武之家學，在《書》則有堯舜之皇極，在《易》則有天道之貞觀，所以正天子者無不備矣，所以奉天子以正天下者亦非一己之私制也。在《禮》則有天子、諸侯、卿大夫、士、庶人之異，在《樂》則宮闈、邦國、朝廷、郊廟之殊，在《春秋》則有天子、諸侯、大夫、中國、夷狄、亂賊之辨，所以正天下者亦無不備矣。合而論之，以天子爲主，上則有天地，在《易》之可爲祖也；遠則有帝王，在《書》之可宗也；近則有祖宗，在《詩》之可念也；綏平則有禮樂之可損益也，撥亂則有《春秋》之可變通也。奉天地帝王合爲一人之天子而用帝王，已試綏平撥亂之法，以治一時之天下，則身豈猶有不修，天下豈猶有不平者乎？夫孔子不惟有仁天下萬世之心，而且有仁天下萬世之具，已爲百家所不能同，千聖所不能易矣。然僅有經教而弗實體諸身，猶未見其爲至神也。孔子有通知之學焉，仰觀俯察已收兩間之文理，多識大畜，兼備千古之經綸，此其天人一貫已屬宇宙之大觀矣。然且合之爲中天德業之全以立其大本，分之爲八道倫政之局以酌其妙用。然且試之及門師弟之聚以釀其太和，是聖人之道可與公天下而顯仁，爲萬世所不可易者，孔子固已實體之矣而猶未也。《易》之中有四妙焉，一爲普天物理之學，即前仰觀俯察者是；一爲中天德業之學，即前一體二用，試之《論語》者是；一爲先天性命之學，則神明默成惟《易傳》有之矣；一爲後天神化之學，則知來藏往，亦惟《易傳》有之矣。夫性命之學豈謂群聖盡無，然本德業以體性命，使不涉于方外，則惟《易》所獨也。神化之學豈謂百家盡無，然本德業以用神智，使不墮于技術，則惟《易》所獨也。合而論之，物理之大而公尚矣。聖人乃以中天之道合爲一體，分爲二用，以試之君臣、父子、師弟之間。其顯仁者已屬聖人全局，乃性命神化相爲表裏以藏諸用，此其天人一貫之藴，又何其精而妙也。以此得君行道則道之前定不窮，又何功不可成，何制不可定哉！又總合而論之，乃知經教未足以盡聖人也，必合之于身教；然聖人之道未足以盡聖人也，必合之于神人之道。夫惟合聖人神人之道，以立身教而行經教，以澤當時，以仁萬世，直與天地同其高厚悠久，百家所不能同，千聖所不能易也。此孔子配天之大業，所以爲生民未有之盛者，稱之曰神豈不信哉！

卷九

聖傳原依中教

師道大宗篇

或曰：聖人之教見于《論語》，以仁爲宗，遂爲後世師道之祖，信乎？曰：若是，則聖人之教亦甚狹矣！以仁爲宗，不過如後儒單提以立宗旨，自標門户，而執《論語》爲足盡聖人之教。是又所謂學一先生之言者也，其于聖人之教皆有所未悉矣。

或曰：然則聖人之教何居？曰：具在十三經，人自未深求而細繹之耳。撮其大旨，一曰身教，二曰經教。夫身教未易窺也，而經教所有大而能博，即門弟子未能偏觀而盡識，况後儒乎？請略舉其概言之。《易》之「十翼」是以天地萬物教也，《書》之「四代」是以帝王教也，《詩》之「四始」是以周之祖德教也，《禮》之「三制」是以周之王制教也，《孝經》之作又專以父子之親教矣，《春秋》之作又專以君臣之義教矣。此六者以一經闡一義，是教之大者也。《論語》之教有一不根本于此者乎？特自叙其所學，是以學教也；自叙其所行，是以行教也；自紀其所遇，是以命教也；自傳其所操，是以道教也。大賢可以語上，中人可以語下，是因才以教也。對君必盡其詳，對臣或舉其略，是因分以教也。語景公以君臣父子，語葉公以近悦遠來，是因國以教也。或言志而皆取，或未信而滋悦，是因志而教也。取瑟而歌，執杖以叩，則教因異端而見矣。爲胙而行，瞯亡而往，則教因權臣而見矣。有常言之教，則詩書執禮；有罕言之教，則利命與仁；有不語之教，則怪力亂神；有無言之教，則何言行生。如以言爲詳，遂謂以仁爲宗，則言義者徙義尚義，義之與比義以爲質不一而足，亦可謂以義爲宗乎？學禮盡禮，禮讓禮行，寧儉寧固，恭慎勇直必約于禮，亦可謂以禮爲宗乎？是知，無知，生知，學知，困知，百世可知，亦謂以智爲宗乎？甚至一歌之善亦在所取，一物之微亦以示戒。雖山川之流峙、禽獸草木之散殊，亦隨所觸而發其趣焉，豈亦可執之以爲宗耶？蓋聖人之所以爲宗者，原自有在而不專以仁也。以一二字爲宗，是佛氏之教，而後儒竊取之，去聖人所宗天淵懸矣。所以然者，道無所不在而又無形可窺，古今幽明、人情物理正其發見之端耳。顧無物不可見道，而又不可執以爲一定而不移，故常者聖人既以常明之，其變者聖人又隨其變而以變明之。于是在道固員神莫測，在教亦屢遷靡定，聖人之才所以爲通變無方，而聖人之用所以爲時出不窮也。彼仁雖至理，不過四德之一耳，謂之統天好生則可，若遂以爲盡聖人之宗，則空空浩浩無一物可染，亦無一理可名者，僅屬之仁耶，抑有超于仁者耶？

或曰：即如子言，後儒之所以誦法孔子者何也？曰：正謂孔子有身教，又有經教，其人之可師，其教之可師，故後世從而師之耳。蓋以古之帝王爲師，以今之天下爲局，以推事親以事天爲德，以奉天以正天下爲業，此天子之道也，而六經有焉。以帝王之佐爲師，以輔世之責自任，推事親以事君，移治家以治國，此人臣之道也，而六經有焉。以正君之道正一心，以治天下之道治一身，此士人之道也，而六經有焉。以三者之道體諸身，爲聖人之藏用；以三者之道公諸人，爲聖人之顯仁，此爲師之道也，而六經有焉。夫萬世而下爲天子者，不欲爲聖帝明王則已，如欲爲聖帝明王，必不能舍六經而他求矣。夫天子不能外，是萬世帝王之師在六經也。爲人臣者不欲爲帝臣王佐則已，如欲爲帝臣王佐，（不必）〔必不〕[一]能外六經而他求矣。夫人臣不能外，是萬世臣子之師在六經也。爲士人者無志于聖人神人則已，如有志于聖人神人，必不能外六經而他求矣。夫士人不能外，是萬世士人之師在六經也。爲人師者不以天下萬世爲己任則已，如以天下萬世斯道斯民爲己任，必不能外六經而他求矣。夫人師不能外，是萬世人師之師在六經也。合而論之，天下萬世之人盡之于君臣士師矣，而君臣士師之道又盡之于六經矣。非孔子存其所

[一] 依文意，「不必」當作「必不」。

已試，補其所不足，則百家之説得以亂之久矣，豈待二氏之出然後能相混哉？此正經之功所以獨歸之孔子與！向使孔子輕君親而重後學，緩當時而急後世，先自擬爲師以待後人之師，則亦楊子雲、王仲淹之流耳。人師、經師皆有所不足，後世將議之不暇，又何誦法之有哉？

聖經合論篇

或曰：子以天地爲至道，固百家所不能加也；以父母爲至德，又二氏所不能混也。所謂聖人以至德凝至道，先成其爲聖人之身，然後出而爲君爲相爲師爲士，以分任天下，是誠先後有定序矣。然有疑焉，理既一矣，即分任天下者時異分殊，皆可尚友以爲法，乃必以孔子爲萬世儒教之師，何也？曰：此有數義，蓋以大臣爲師，則嫌于位之太逼；以方外爲師，又嫌于局之弗全。惟孔子身在下位，以天子大臣師之，固益見其爲盛德之事。惟孔子道備全局，合天子至于庶人無不共師之，即各滿其至道之量，此必不能外孔子以爲師者一也。天地至道，父母至德，惟自開闢而後無日不流行于宇宙之間。然以三皇二帝三王之盛，二天四術之詳，而二者未有專經，自孔子補之。于是人始知天地之爲尊，父母之爲親，雖天子大臣所不能加，二天四術所不能先，二氏百家所不能混，天下萬世所不能易矣，此必不能外孔子爲師者二也。惟二書既備于前，然後知君相師士，分任天下者固不能外此以言理一。即其分因時異，如三皇神道人不易及，五伯假之不可爲訓，則合而定之以爲萬世帝王中正之局，無如二帝之德化、三王之禮教矣。至于合二天四術以參，又知二帝以當身致太平，周公合世德定周制，而春秋之撥亂又與周公之相業時各不同焉。是君相師士之全局與其活機無不由孔子而存，此必不能外孔子以爲師者三也。然使孔子僅存二天四術而已，則後世史遷之流優爲之矣。又使二天四術率之爲教，僅存《論語》一編而已，則後世王通之流優爲之矣。惟孔子合上律下襲，祖述憲章，則天地帝王爲立身之本矣。合天地、父母、三綱、八目，又脱出其道德之精者以爲《孝經》《大學》，以備格君之用。然後相時而動、因位以行，得君行道則行《春秋》尊王之道于當時，隱居明道則集諸經大成之局于萬世。向使有師模而無相業，有經教而無身教，其局亦弗全矣。惟其身教全經教亦全，師模備而相業亦備，此必不能外孔子以爲師者四也。然四義之外又有四義焉，既自成爲聖人之身，然後出而分任天下，此君相師士之正局也。然君之局可通于命相，相之局可通于格君，師士亦莫不然。故君爲主則相與師士皆可引喻，相爲主則君與師士皆可引喻。分任者爲主局則引喻者爲活局，是正活二局非合孔子之諸經不能全矣，一也。儒者之全局大抵由修身以達之天下，所謂順局也；然順局倒而用之可以修身，則所謂逆局也。順逆二局非合孔子之諸經不能全矣，二也。六經未出以前則爲先天天道之局，六經既出以後則爲後天人事之局，天人二局非合孔子諸經不能全矣，三也。君相師士分之爲全局者，非本之以天地父母，則亦不能貫于一。君相師士之因時著述分之以成諸經者，非終而合之以天地父母，則亦不能貫于一。分合二局非合孔子之諸經不能全矣，四也。然此前後各四義，皆仍諸經之本文，不移易一字而可得其全局者，此諸經本文不可以破析其體也。是在學之者求之貴深，考之貴詳，自有不期通而自通、不期合而自合者，安在必破析經文以合己未定之私見哉？蓋聖人所以自成性命固實體于己，即德業亦素藴于心，舉而措之，各盡其分，殆非取辦于臨時者矣。夫以天地爲師，是爲六經未出以前，學問以性命自成，以德業待用，又爲聖人前定豫立藴藉。故以行道者言，則曰天子之學定而天下之學皆定，然天子有堯舜桀紂之不同，則斯言未可據以爲準也。以立教者言，則曰天地之道定，千聖之統皆定矣。蓋天地止于至善，而千萬世無混雜，聖人亦惟止至善，與天地合德者可以入統，而餘者不得與焉。此孔子獨稱至善，而爲萬世帝王之師也。謂之生民未有之盛，豈不信哉！豈不信哉！

《論語》大用篇

或曰：趙韓王有言，其于《論語》以半部佐太祖定天下，以半部佐太宗致太平。夫世人以多爲勝，十七史之外復及二氏百家，猶以爲不足，遂至稗官小説亦採用之。《論語》特十三經之一經耳，何韓王之言尊信一至于是？曰：嘗反復深思，而後乃知《論語》之果無不備也。《中庸》曰：「及其至也，雖聖人亦有所不知不能焉。」《孟子》曰：「先立乎其大者，則小者不能奪也。」

《論語》曰：「文，莫吾猶人也。躬行君子，則吾未之有得。」後世初學穎敏之士，亦能日誦萬言，聖人聰明天縱，豈真有不可知不可能者哉？蓋所謂不知不能，特不必知能者耳。如語樊遲，以「不如農圃」是也。然即有不必知能，倘大者不立，無爲貴聖矣。即真知其爲大者，第索之文藝而弗踐之躬行，則亦無爲貴大矣。由是推之，趙韓王所謂可以定天下而致太平，必皆其大者可知也；天下之定、太平之致，必皆實見之行事而不止空文又可知也。然則欲因《論語》以求韓王之意，亦觀其大者而躬行之可矣。元之輯《論語》也，雖有數義，然無一不本于經。其一曰聖人知天之學，原于天地，謂之先天，即《中庸》之上律下襲，是本之于《易》者也。其二曰聖人知人之學，萃于帝王，謂之中天，即《中庸》之祖述憲章，是本之《詩》《書》《禮》《樂》者也。其三曰聖人尊周，奉天正王，收天下之權以歸之天子，所以尊天下共主也。其四曰聖人正魯，奉王自正，挈一國之柄以還之魯君，所以親父母之邦也。二者總謂之後天，撥亂反正，即《中庸》以周公成文武之德望，哀公行文武之政者，是本之《春秋》者也。合四者而言，學術之有知天知人也，事業之有尊周正魯也，六經已滿用矣。可不謂大者先立乎，而猶未已也。有學術而不踐其實，有事業而不豫其本，則豪傑之士猶可以意見揣摩矣。其五曰聖人豫立天下之大本，即《中庸》大德小德大本達道，先自成其爲聖人者也。其六曰聖人經綸天下之大經，即《中庸》達道達德九經三重，欲大行之于天下者也。合二者而言，學術之實際既已溥博如天，而事業之實用又且淵泉如淵，六經悉備于我矣。可不謂大者先立而且躬行有得乎，而猶未已也。自古成天下之事者，用人則裕，自用則小，故雖以周公之才之美，而不能廢吐哺握髪者，誠賢才之爲急也。其七曰聖人育才共濟救時之業，聖教之施于群賢者，無非以人治人，即《中庸》天之生物，因材以爲栽培傾覆者也。其八曰諸賢證品各成效用之才，諸賢之蒙聖教者無不幾于三近，即《中庸》知所以修身治人治天下國家者也。蓋文武之政待人而舉，聖人之道亦待人而行，于成己既身有其德，于成物又使之各成其德。是師弟咸有一德，而唐虞成周之太和已先聚于杏壇洙泗間矣。可不謂大者先立乎，而猶未已也。其九曰聖人居《易》俟命，常有不忘天下之志，而終不敢比于匪人，進不以道，即《中庸》之正己無求有道不變者也。其十曰聖人正經啓後，遠垂澤被萬世之仁，而原不能外此六經別有他道，即《中庸》之世法世則俟聖不惑者也。夫用之而行則爲天下之大業，固此六經也；舍之而藏則爲萬世之長計，亦此六經也。六經之至大而至久若此，可不謂大者先立乎，而猶未已也。其十一曰聖人已盡性命，復返先天天地之心，即《中庸》之無聲無臭也。其十二曰賢者與聞性天，極贊大成，聖人同天之品，即《中庸》之至聖至誠也。嘗謂《中庸》聚而大以理言也，《論語》散而詳以事言也，非《中庸》無以先立大本而藏用，非《論語》無以實見施行而顯仁。二書相爲表裏，而亦相爲終始者也。故操《中庸》以讀《論語》，有不待旁引煩證，而其大義已瞭然如指諸掌矣。以是正君心，則大舜格天之聖德也；以是致太平，則周公繼述之達孝也，豈不參贊位育，綽乎其有餘裕哉？抑因是而有感焉，待用者不厭于多，用人者不嫌于少，主臣契合豈必在多哉？第不知韓王當日之遇其主，以《論語》之多者乎，以《論語》之不多者乎？抑僅隨其意見之所取乎，將亦如《中庸》之前定不窮乎，其事皆不可知，姑並識之以俟高明者正焉。

《論語》證聖篇一

或曰：子以《中庸》爲孔子身教，以餘經爲孔子經教，然則《論語》一書紀孔子之行事甚詳，獨不可爲身教乎？曰：聖人之道必先自成其身，然後出而分任天下。夫自成其身必尊而且大始爲全局，《中庸》以天地爲祖、帝王爲宗、父母爲本、身心爲實、人倫爲綱、王政爲紀、天子爲主、賢才爲輔、天下爲局、萬世爲量，以此十義求之《中庸》，無不有焉。規模之大，綱領之尊，次第之詳，條理之密，蓋未過于《中庸》者，故斷以爲孔子先成其身之身教也。若曰以至德凝至道，必如《中庸》全局，而後可爲萬世帝王之師矣。至於《論語》一書，細而按之，較《中庸》更詳且悉。第爲門人而發者甚多，則係出而以師道分任天下無可疑矣。然謂《論語》爲孔子以師道分任天下者，蓋有數義。蓋既自教而入，則教有定序矣；既自學而成，則學有定品矣。今以《論語》觀之，《學而》一第多言子臣弟友言行，忠信學《詩》、學《禮》、敬信節愛之事，其在《易》則後天之小成，在《中庸》則思誠之人道也。《爲政》一第北辰居所，則人道進之于天道矣；《書》云：「孝乎！

德禮刑政」，則國政進之于王道矣。百世可知，則現在通之于古今矣；孔顔之學在焉，則初學進之于全學矣。在《易》則先天大成，在《中庸》則至誠之天道也。《八佾》一篇，由《詩》《書》而文之以禮樂，此易知也。《里仁》一第合四德而統之以一天，則難知矣。仁者，安仁元也；禮讓，爲國亨也；義之，與比利也；智者，利仁貞也。一以貫之，其乾元之統天乎？由小學而大學皆未離人事也，由《詩》《書》而禮樂皆有資經教，則事理雙圓、心經兩得矣。由四德而統天，則離事言理、離經自得矣。倘謂教無定序，則何不叙一貫于前，論韶樂于始，乃必以序漸進然後及之哉？然此教之四序，及門者無人不聞，至于所見之偏全，所造之深淺，則又存乎人之自力矣。《公冶》一第多言君子之品，子賤則君子也。《雍也》一篇，由君子而賢矣，「賢哉！回也」是也。《述而》一第則由賢而聖矣，孔子不止于聖，而《述而》一第多言孔子學古之事。若曰聖人有先天離經而言也，有後天即經而言也。好古敏求則亦分聖人之兼後天者，以示學知之等耳。《泰伯》一第則由聖而天矣，惟堯則之是也。聖人之先天也，離學問而言之者也。夫由君子而賢而聖而天，學之品至矣。若謂學無定品，則何不許三子以仁，而許子貢以君子不器哉？因是而思，教本于道，而道則見于經者也。《學而》《曲禮》之事而兼以《詩》之知來，《爲政》《周禮》王者之全而兼以《書》之爲政，《八佾》成人之後而文以禮樂，故兼論韶武則四術已盡用矣。《里仁》四德爲後天，一貫爲先天，則《易》之二天亦全用矣。然《詩》《書》《禮》《樂》皆以形用，未離乎經，終屬後天顯仁;乾與四德已離乎經,全以神用,乃爲先天藏用。由四德而合于一貫,由後天而返先天,此聖教所以爲易知易從,賢智可以俯就,愚不肖可以企及,正《中庸》之實見于師道者,與至于學,成于行,而行又統于德者也。公冶、南容其爲行易知耳,子賤斯焉取斯,雍也不佞,亦行也。子路惟恐有聞行也,子産君子之道,晏平仲善與人交,亦行也。所謂成德者,成此德也。子貢瑚璉,其爲才易知耳;子路之千乘治兵,冉有之百乘治賦,子華之與賓客言,亦才也。季文子再斯可矣,才也;孔文子之勤學好問,亦才也。所謂達財者,達此財也。然以諸臣與諸賢並叙者,若曰才行如諸子,亦可以優爲大夫矣。若夫聞一知十,則顔子之才有超于諸子者矣;三月不違,則顔子之德有超于諸子者矣,此諸子中所以獨稱其賢也。《述而》述孔子之教與學,不離四術二天,詩書執禮,不圖爲樂之至于斯,五十學《易》是也。以此自成則爲身教,以此教人、分任師道則爲經教,故曰顯仁即其藏用,于兹信矣。然豈惟師道爲然,即分任相道亦然,故曰用之則行,舍之則藏。蓋以藏用顯仁無不前定豫立,自然取之不盡、用之不窮耳。此處富貴者也,樂在其中,則處貧賤亦然矣。然豈惟入而爲相,即出而爲將亦然。蓋溥博淵泉,時措咸宜,自然發皆中節,故曰臨事而懼,好謀而成。然豈惟明而治人,即幽而事神亦然。蓋二天四術之理,原質之鬼神而無疑者,故曰:「丘之禱久矣。」所謂我戰則克,祭則受福,爲有此也。然豈惟處常,即患難亦然,故曰天生德于予,然且曰子之所慎齊戰疾,則聖人相傳兢業交儆之心法也。合而觀之,出將入相，治人事神，無一不周于用聖人之至道也，不可以才名矣。富貴貧賤夷狄患難，無人而不自得聖人之至德也，不可以行名矣。至于《泰伯》，至德文王，至德周公，美才而不驕吝，皆以臣節言，何也？蓋坤之德止于至哉，則人臣之義有天子在焉，亦止于至德而不可復加，恐擬尊于天子也。大哉則天，惟堯可稱耳。至有天下而不與并其心，亦空空如矣。夫兩言巍巍，見天子之與天同也，外則蕩蕩難名，内則空空不與，則二天之局全矣。聖而不可知之之神矣，見二帝之心與天同也，此又坤之所以統于乾者也。然此一第惟顔子曾子得與其中，則二子之品可知已。或疑臣不得疑天子，何況士乎？不知以分任天下者言，則分之至殊者耳。以先成其身者言，則人皆有天地，即人皆有君臣，其理之至一自有不可得而强分者矣。文王諸侯而以服事殷，周公冢宰而無驕與吝，試以顔子之若虚若無、曾子之大節不可奪方之，總之出于全局，豈有異道哉？

《論語》證聖篇二

或曰：《泰伯》一第君稱大哉，臣稱至德，士惟顔曾得與其中，而于孔子之事缺焉，豈孔子之聖更有超于大哉至哉之上者乎？曰：是未易言也。《子罕》首稱「大哉孔子」，則孔子之品固與堯之則天同矣。文王既没，文不在兹乎，則孔子之至德又潛心于文王矣。蓋以先成其身者言，則理之一者不妨與天同大；以分任天下者言，則分之殊者止合與地同至。蓋以統天之品俯而就承天之任，此孔子之所以爲至德，民無得而名焉者也。乃孔子先成其身者，以天道言，則有頓圓而無迂曲；以人道言，則有時措而無拘攣，《子罕》《鄉黨》備矣。大哉！無所成名，無意、必、固、我，空空如也。甚至入事出事喪事不爲酒困，亦曰何有于我。此與外則蕩蕩難名，内則巍巍不與，心體毫無不同，非大德之敦化，孔子成身之先天乎？《鄉黨》大之事君，便便朝廷，君命使擯，君在升堂降階，君賜先嘗，侍食先飯，君來視疾，朝服拖紳。次之事親事神，宗廟便便，太廟每事問，齋必有明衣，祭必齋如也。小之鄉人飲酒，杖者出，斯出。鄉人儺，朝服而立。朋友之賜，朋友之殯，祭于公，不宿肉。又細之衣服，飲食起居各以其時，各如其度，席不正不坐。升車必正立，尊之極；迅雷風烈必變，微之極。山梁時哉，從容中道；動容周旋，中禮；發皆中節，動即爲禮。是謂天則非小德之川流，孔子成身之後天乎？然以心對身，則《子罕》先天大德，《鄉黨》後天小德。以先成其身對分任天下言，則此二第又爲先天，而《先進》以後又爲後天矣，此二天之義所爲變動而不拘也。故以師弟言，則孔子爲先天，諸賢爲後天；而諸賢之品原自有高下，則諸賢之用自然有大小。四科既分而高下可見，大臣具，臣又分，而大小可見，此與《公冶》二第相照應者也。大臣之品，王佐之才，固隱有所屬矣。然天下歸仁，統天之量也；敬恕交修，承天之局也。雖不能合轍，大臣抑亦其次乎？用人既有等，則行政亦有序。然行政之人即學道之人，又二者之所不得而異也。以天下爲局，以天子爲主，而其次序則由君心而身而家而國而天下而萬世，其行政則由格君心之邪，開君心之蔽。其次則家之父子兄弟夫婦，次則國之民生由庶而富而教，次則天下之禮樂征伐，次則百年必世以如此之政行如此之局中，而相道之全局固已瞭然在目矣。以其局言之，内則父子，外則君臣，政之大綱也。而又以君心爲主，故曰知爲君之難，則「一言而興邦」矣。又曰「其身正，不令而行」，而身之正則莫大于君父之倫先自盡也。庶富而教，則近悦而遠來矣，由家而國也。修己以安百姓，舉直錯枉而天下化，則由朝廷而天下矣。必後世仁，則由當時而後世矣。總之，君心君身爲主，禮樂刑政征伐爲用，而以賢才爲輔：公子荆善居室，則一家之臣範也；同升諸公，則一國之臣範也；一匡天下，則幾于天下之才矣；而未盡出于正，故終以修己之敬，而天子之心法始卓乎不可及矣。有此以格君心，則大臣之品也。第未文之以禮樂，則四代禮樂非王佐不能全，故君如舜，相如顔子，禮樂征伐如有道之世，則相道之全局無一不與唐虞成周比隆矣。其視管仲何如哉？此正孔子用行之具，欲撥亂反正，挽春秋于唐虞，與顔子同者。故恭己之後，繼之以爲邦也。

或曰：《子路》以至《季氏》四第，不過魯衛齊晉之政，于周無與焉，乃以爲孔子有志于經世，以天下爲局，萬世爲量，何也？曰：此《春秋》之義也。借列國之得失，以明天子之賞罰，此則并借唐虞三代之君臣言之耳。正進言于君之法，當如是也。且此有二義，孔子而周人也，則徑以王制周禮之局言之，自内而外，自上而下，自本而末，自始而終，即周公相業之全局矣。惟孔子而魯人也，則輔魯君以入相天子，必先正魯而後可尊王以及天下，則亦有由内而外之義。但自上而下，必輔天子而後可行耳。再合前《學而》《爲政》，至此《季氏》凡十六第參之，《學而》四第其道備，《公治》四第其德至，師道也；《子罕》四第其人存，《子路》四第其政舉，相道也。以師道而兼相道，孔子之實事而儒者之正宗也。且《爲政》紀孔子之全學，即繼以顔子之如愚；《公治》記孔子之言志，即記顔子之無施無伐；《述而》記孔子之用行，即以顔子以「惟我與爾有是」；《子罕》記孔子之空空，即記顔子之卓爾；《衛靈》記舜之恭己，即記顔子之爲邦。顔子所學第未達一間如此，此四科所爲叙之第一，而萬世稱王佐之才不虚耳。有是君必有是臣，故在唐虞曰堯舜；有是師必有是弟子，故在洙泗曰孔顔。此記者尊聖之中而兼尚德之義也，讀《論語》者其可不細心哉！

《論語》證聖篇三

或曰：子謂孔子以師道兼相道，則既信而有徵矣；《陽貨》之後復有四第，則其義何居？曰：《陽貨》一第記孔子之遇，雖小邑亦不辭，固見其綏來動和之妙用；而曰「吾爲東周」，則尊王一念于此情見乎辭矣，此相道之徵也。且并記孔子之教，至「天何言哉」，則一部《中庸》盡于三轉之中矣。首句天命之性，先天也，時行物生。二句君子中庸，至人存政舉，中天顯仁也；自誠明謂之性，天地所以爲大，中天藏用也。末句無聲無臭，則後天復返于先天矣。此又本天一脉至此始發，則師道之徵也。《微子》一第其有念祖之思乎？孔子殷人而微子之後也，三仁以闡其幽，其孔子之大孝乎？孔子又周臣也，屢見譏于人而終不忘君臣之義，其孔子之大忠乎？此二者孔子一生心事，故作《孝經》以示同微子不忘親，作《春秋》以示同箕比不忘君也；而其本實自《易》中來，則何忍不作《易傳》，以示同千聖不忘天也。《子張》一第贊孔子不一而足，一則曰「夫子之牆數仞」，以地位之高言也。又曰：「仲尼，日月也，無得而踰焉。」其品又超于前矣，然猶可名也。至曰「如天之不可階而升」，則蕩蕩難名，與天同化矣；綏來動和，則又與天同神矣。雖然此天之脉，非始于孔子也。《堯曰》一第首言天之曆數，則自二帝以來，天地之心已屬之聖人之心久矣。此删書之所以始唐虞，而《論語》之所以終堯舜也。

或曰：《詩》《書》之中惟君可擬以天耳，孔子爲下不倍者也；而亦擬之于天，無乃失之于僭而聖心反有不安乎？曰：前固言之矣，分之殊者固不可得而同理之一者，亦固不可得而異也。且天之四義原屬理一，况相與師士固皆欲行之于天下矣。非其道原與君同而豫立前定，則何以與君同心一德而行之于天下乎？此理之一可知也，然亦惟孔子可以當此耳。贊聖皆出于門人，若孔子自處，則庸常之事，且謙讓以爲未能，而况敢自居于天乎？雖然知我其天與斯文未喪，謂以天自任，非乎！此非深于理之一者，固不足以知其解也。嘗合《論語》一書而通論之，然後知

《易傳》所謂唯深故能通天下之志，與《中庸》所謂溥博淵泉而時出之，《論語》一書皆具焉。《論
語》以孔子爲主，諸賢爲輔，相與講道論德以爲用，行舍藏之具，人所知也。至于《學而》四第論
道之序，《公治》四第論人之等，人所未知，其深一也。孔子事君而用人，見于《子罕》至《顏淵》
四第；正君而行政，見于《子路》至《季氏》四第，人所未知，其深二也。《陽貨》尊君，《微子》尊
親，《子張》尊師，《堯曰》尊天，在統于一尊，是爲一貫，人所未知，其深三也。《泰伯》以前八第，
師所以造士；《子罕》以後八第，相所以輔君；以輔君者抗法于造士，人所未知，其深四也。入
道者自孝弟而一貫，成德者自士子而則天，皆自下學而上達，即《中庸》自卑而高，用逆局。用人
者自大賢而小賢，行政者自一國而天下，自當時而後世，即《中庸》自邇而遠，自高而下，用順局，
人所未知，其深五也。至于道本于天而得二天之神，道見于「天何言哉」一章；德合乎天而得二
帝之德化，見于「天不可升」一章。在君則爲堯之則天，在師則爲文王之至德，人所未知，其深六
也。以先誠其身四義按之，天何言哉，性也；時行物生，命也；天何言哉，命復歸性也。温良恭
儉讓，德也；綏來動和，業也；空空何有，返于性之初也。合四義而貫之于一，則人也，而亦天
矣，人所未知，其深七也。《學而》八第，師道也，所以造士，亦士道也。《子罕》八第，相道也，所
以輔君，亦君道也。合分任天下者四人，而亦貫之爲一，則分雖殊也，而理固一矣，人所未知，其
深八也。有此八深，而二天四術皆在其中矣。然人但知其爲立教，而其立教即所以誠身，人所

未知，其深九也。然人知前六經，繼往者皆約于此，而後六經所以開來亦本于此，人所未知，其深十也。又約而論之，則「天何言哉」一章足以盡《論語》一書之義，乃其中始終惟教人以爲君子，而于躬行君子則自歉以爲未得。至于仁聖之品，不惟不敢自居，而亦不敢輕以語人，故子貢之言性與天道不可得而聞也。其尊天而卑己至矣，人所未知，其深十一也。然此數者，人知其爲孔子之深耳。聖人之門，聰明穎悟，不勞而成功者莫如顏子。《爲政》記孔子全學而繼以顏子如愚，《子罕》記孔子全德而繼以顏子卓爾，《先進》記孔子用行而繼以顏子德行，《衛靈》記孔子稱舜恭己而繼以顏子爲邦，則顏子之品可知。篤實剛健，有志而竟成者莫如曾子，《學而》即紀其省身，又記其歸厚。顏子以愚，高明柔克；曾子以魯，沉潛剛克也。《里仁》道之極而一貫語曾子，《泰伯》德之至而大節見曾子。至于用人，但推本于曾晳之高行，政僅見思不出位一語。蓋道全德備，大本已立，則餘者皆可與顏子從同同也。此亦記者之深意，其深十二也。顏子之次，聰明穎悟莫如子貢；曾子之前，篤實剛健莫如子路。故與子貢論仁，稱堯舜猶病；與子路論敬，亦稱堯舜猶病。然子貢不與行道，子路不與傳道，或者其品未定與。然以《易》準之，孔子其太極乎，顏曾其兩儀乎，合二子則四象乎。顏曾雖經表章而未證以《論語》，所記則二子，將因宋儒之言人遂忽之矣。豈知一貫之傳何言之秘，實因子貢而發，而君子之強、先子之畏，在子路之品固原自不可及哉，故并表章之如此。

子不語神篇

或曰：神之說有二，有鬼神之神，所謂洋洋在上、在左右者是也。此世人所共知者，不可不敬而又不可褻近，故曰「敬鬼神而遠之」一言盡其義矣。有神道之神，所謂神以知來、神道設教、至誠如神是也。此則雖聖人亦由修至，有單言煉性之陰神，有兼言性命之陽神，道至於此無復可加矣。夫鬼神之道出於已定不言可也，神道之神既可修至，而亦不言何哉？曰：此有大緣焉，不度德量力而妄求之，雖遇之必不能有成，一也。此又有當務焉，人倫王政有無限當盡心盡力之事，舍之而從事於神道，非盡屏人事，遲以歲月不可，二也。嘗亦挈神人二者反復思之矣，蓋聖人立教不過欲身修家齊國治天下平而已。子止於孝，身無有不修者；父止於慈，家無有不齊者；臣止於敬，國無有不治者；君止于仁，天下無有不平者。果其仁敬慈孝之兼盡也，亦可謂聖人之盛德矣。果其修齊治平之各當也，亦可謂聖人之大業矣。以盛德而致盛治，一國如此則一國太和，一家如此則一家太和，天下如此則天下太和，世世如此則太和流衍於無窮矣。又安用言神道爲哉？且仁敬慈孝又人人具足、人人可爲，不待遠求亦非難事，所謂親親長長而天下平是也。既易知又易行，與屏絶人事以獨修者異矣，與曠日遲久而後成或有得不得者又異矣。聖人不知幾經斟酌，而後定此中庸之教以示天下，萬世不可易也。且人之妄異神道者，不過望飛昇天堂耳。然假如仁敬慈孝之人即不聞性命，寧有不昇天堂者乎？況不仁不敬不慈不孝，人事未盡而亦豈能即得大道乎？然則修德者固非爲求性命之地，即使性命可得，亦必非外有德之人而可儌幸得也。故以正理言，修德即是神道，修德而證神道更爲直捷；以感應言，至道必歸有德，一生妄想即爲德累。然則一于修德而無幸心，尤爲本體頓證之至神矣。

或疑純心修德固爲篤行之君子矣，然於世務有所不通，大體有所不識，得無與聖人之道相遠乎？曰：此問亦不可少，然聖經已有之矣。孝者所以事君三句，所惡於上十二句是也。以身觀家，以家觀國，以國觀天下，皆同此心耳。「己所不欲，勿施於人」、「行有不得反求諸己」，此是推心之方，即是格物之法。此就人心人事上貫通爲一，與在物理上悟入者更覺真切的確。

或又疑即如此説，安常處順則可耳。萬一卒有變，故不得已而至于用兵，則此等之論不亦迂闊而無當於用乎？是又不然。聖人立教欲其人人可行，家家可行，世世可行，使其教果行則太和充積，萬萬必不至于用兵矣。即或變出不虞，則親親長長之衆固可執挺以撻堅甲利兵也。又況天時地利古來皆不足恃，故得道多助之至天下順之，則人和爲勝，固是實事亦是實理，又何疑焉？

或又疑信如此説，則神道可遂廢乎，聖人又安用贊《易》爲？曰：前固言之矣，學者果能仁敬慈孝以崇德，齊治均平以廣業，則以聖德而成聖治，已可與天地相配而無異矣。此所謂中庸之教，人人可行、世世可行者也，此中天顯仁之德業也。若夫大《易》之神道有三，一爲先天性象之學，輕清無爲；一爲中天藏用之學，謂之性命，由修而至有爲，返于無爲；一爲後天神智之學，變化莫測。此又出於常教之外者，與德業爲四易，神明默成則亦存乎德行耳。所謂大哉聖人之道，待其人而後行，苟不至德，至道不凝焉。既明且哲以保其身，其斯神道之謂與？是安可易言哉！是安可易言哉！

卷十

聖派原合宗法

聖言條理篇

或曰：聖人之教人也，雖有意示象示行事之示之不同，然言亦所不廢也。説者謂聖人言教有序，而子謂不惟有序而且有等，其果然與？曰：聖人之教有經有緯，人以爲經，事以爲緯，經則其竪言之如《易》之有六爻，（經）〔緯〕〔二〕則其横衍之如《易》之有《序卦》。然等固因序而成，序亦因等而辨，分之則二名，合之實一事也。雖然此聖人教人之法，有必不可易者，若聖人之自爲，則有不拘于此。三進之則君子矣，子賤之君子，子産之君子，蘧伯玉之君子，南宫适之君子，此與瑚璉之器均之所謂美矣。四進之賢哉之回，可與用行舍藏，可行四代禮樂，在聖門則賢人，

〔二〕依文意，「經」當作「緯」。

在孟子則具體而微之大人也。五進之禹湯文武，則可謂聖人矣。極進之，民莫能名之堯，大莫能名之孔子，則可謂神人矣、天人矣。又總論之，入孝出弟，人倫之天合也。民可使由，亦即以此事君信友，人倫之人合也。士人之行，則人倫爲全矣。許君子者凡四，皆臣道也；許四代禮樂者惟一顏子，則相道也。堯之則天，舜之恭己，其聖人所以致君乎？天何言哉，無可無不可，其聖人所以立身乎？道極于神而得中則在聖，聖人致君以聖，不敢過爲責備也。聖人兼證乎神，亦以兼備顧問也。不然君已聖矣，天下已治已安矣，而更欲求聖人之上可以不知爲對，使吾君必求之方外乎？此聖人凡事之豫，故能前定之不窮也。雖然，聖人所以爲君者則然，倘言之有序者，不以其等域之，則四代禮樂僅可傳之顏子之賢。矧則天難名之妙，而欲於童蒙之弟子以責其皆可與能，則失人失言，豈不兩蹈其弊哉？顧中人以上可以語上，中人以下不可以語上，其以人爲經，以道爲緯，人所易知也。老者安之，朋友信之，少者懷之，其亦以人爲經，以道爲緯，則人所未察也。因是而思，對君之言不可不擇其最上以待顧問，亦不可不重其最上而輕以語人矣。此言之有序，必以辨等爲先也與！

聖傳顏子篇

或曰：孔子之品信至聖而不可及矣。語云不知其父視其子，不知其君視其臣，然則及門之士、私淑之徒即不暇多引，大賢如四配者豈亦可得而列言乎？曰：顔子有聖人之學而得其頓，曾子有聖人之行而得其真，子思有聖人之道而得其圓，孟子有聖人之才而得其偉，具載諸經之內，可按籍而證也。請先言顔子。夫顔子爲孔〔一〕門第一人，先儒稱其有王佐之才，嘗即四書中會集參之，則聞一知十是其才之高也，有爲若是是其志之大也。假令止於才高志大而無深養，則亦狂者之進取耳。惟不言如愚，退藏收斂，是有才有志而又有養，狂者進而爲中行矣。然徒有養而無學，則不過一深沉渾厚之士，後世如漢宋大臣亦多有之，其去聖人終遠矣。惟顔子之初發志在舜，故所學亦在舜。然論舜之聖有四轉，論顔子學舜亦有四轉，不遷不貳，有不善未嘗不知，知之未嘗復行，即舜之惟精惟一也，所謂心體也。以能問於不能，以多問於寡，即舜之好問好察，舍己從人也，所謂心量也。夫有心體之精一者以爲體，又有心量之廣大者以爲用，未協于於中猶非至善，擇乎《中庸》得一善則服膺弗失，即舜之允執厥中、兩端用中也。即合乎中然不可執而不化，無伐無施，若虚若無，即舜之有天下而不與、無爲而正南面也。合而觀之，希舜而舜固已自證一聖人矣。昌黎有言，春秋無孔子，則顔子不當在弟子之列，可謂知顔子之深矣。雖然顔子既已證聖矣，而説者又謂孔子于顔子更有時雨之化。夫以時雨之化而施之證聖之後，

〔一〕「孔」字下原衍「孔」字，今删。

非更有超于顏子者不能。然於何而證之？蓋顏子雖不染其心體，然第認自心爲心耳。自夫子以克復歸仁語之，則心體不止於在心，而通身内外，自視聽言動以及天下，皆此心一體之流貫矣。乃知心體宏廓，其發露於現前者如此，豈不快哉？此時雨之化一也。顏子雖不隘其心量，然第即現在爲問耳。自夫子以四代禮樂語之，則心量又不止於現在，而通宇宙去來以及現在，皆此心一體之包括矣。乃知心量之無窮，即現前而已圓滿者如此，豈不更快哉？此時雨之化二也。擇乎《中庸》，服膺弗失，能守中矣，倘非時措之宜，猶未見其活潑。夫子以君子時中、用行舍藏、無可無不可語之，則中不爲可與立之中，而爲可與權之中矣，此時雨之化三也。無伐無施，若虚若無，亦可謂屢空矣。然以爲一空即了，則猶未與天載合也。故夫子以「無思無爲」、「寂然不動」、「無知無言」、「空空如也」語之，則空非一節偶合之空，而爲全體究竟之空矣，此時雨之化四也。夫以顏子希舜之四轉合于孔子點化之四轉，則顏已爲大而能化矣。然四配皆然，而顏子獨爲之首又何也？蓋韶樂之盛，至於神人協和、祖考來格、百獸率舞、鳳凰來儀，此聖人之神道也。以孔子聞之而猶嘆其至盛，且三月忘味焉，其不易學可知也。而諸賢中獨以傳顏子，曰樂則韶舞，先正有言顏子没而聖學亡。夫聖人他學雖極天人之全局，曾思孟子猶能言之，獨韶則與顏子俱往矣。然則聖學之亡其指韶之一事言乎？韶樂一事諸賢不得與，獨以授顏子，則其爲四配之冠正以得聞神道，固非偶然矣。以此見孔子時雨之化不一而足，神之上更有神焉，超之上更有超焉。雖證聖之後猶未可遽止，此顔子有彌高彌堅之嘆，而自謂從之末由也。嘗試總顔子之所造而評之，簞瓢陋巷不改其樂，富貴貧賤化而一矣；用行舍藏，出處進退化而一矣；問寡問不能，若無若虚，人已化而一矣；克復歸仁，内外化而一矣；心不違仁，心性化而一矣；四代禮樂，古今化而一矣；子畏于匡而知子在，則生死化而一矣。無不化也，無不一也，此其品格何如哉？四科之賢列之第一，猶曰同門之私愛也，至於孟子眼空千古，雖功如管晏，辨如儀衍，終不足掛其齒頰，乃於顔子獨推讓之曰：「禹、稷、顔子易地則皆然」。夫禹、稷則帝臣也，孟子直以之與顔子並稱，則先正謂顔子爲王佐之才，觀於《孟子》而益信矣。乃其所以正此，則才高也，志大也，養深也，學密也，操心之約也，煉心之勤也。以其全力專一用之，於心遂頓超頓證如此耳。故曰顔子有聖人之學而得其頓，固王佐之所由以成與。夫及門之賢而有王佐之才，則施時雨之化以成其才者又當何如哉？則孔子爲生民未有之盛，顔子其一徵乎？

聖傳曾子篇

或曰：子謂曾子有聖人之行，而得其真者何居？曰：孔子少孤，欲迨其親而報之不可復得，終天之恨無以自舒，故因曾子而作《孝經》，以發其生平之至情耳。

或曰：顔子之學，則於四書可證矣；《孝經》一書，其爲曾子而發甚明；至于《大學》一書，或以爲曾子之書，或以爲子思所作。《大學》以經之，《中庸》以緯之，則亦千古未決之案矣。以《孝經》爲孔子發其生平之至情則可，然于一貫之旨似有未盡焉，願聞其説。曰：《孝經》《大學》二者，皆孔子所傳曾子之書也。人未嘗合二書而觀之，又未嘗以《中庸》《論》《孟》及他經合而證之，故疑而未能決耳。請先即二書證之。《孝經》曰：「夫孝，德之本也，教之所由生也。」是《孝經》者，言德之書也。既謂之德矣，則凡所謂德者，皆由此一德以推之矣。《大學》曰：「知所先後，則近道矣。」是《大學》，言道之書也。既謂之道矣，則凡所謂道，皆由此一道以推之矣。以二書而自爲合證，則《孝經》曰：「自天子至于庶人，孝無終始而患不及者，未之有也。」《大學》曰：「自天子至于庶人，壹是皆以修身爲本。其本亂而末治者否矣，其所厚者薄，而其所薄者厚，未之有也。」「自天子至於庶人」，兩見於二書，若合符節，此一證也。曾子一傳而得子思，《中庸》其最近者也。《中庸》曰：「苟不至德，至道不凝焉。」按《中庸》至德無出於大孝達孝，按《中庸》至道無出于天道人道，則二書之當合爲一，此其一證也。子思一傳而爲孟子，去曾子非甚遠也。《孟子》曰：「事孰爲大，事親爲大；守孰爲大，守身爲大。不失其身而能事其親者，吾聞之矣。失其身而能事其親者，吾未之聞也。」末復引曾子養志爲證。夫事親之詳莫過于《孝經》，守身之詳莫過于《大學》，必守身而後可以事親，則二書之當合爲一，此又其一證也。請復以人事證之。九族惇睦而後萬邦於變，瞽瞍厎豫而後天下爲父子者化，追王上祀而後達于諸侯大夫及士庶人，儀刑文王而後萬邦作孚，則二帝三王之盛孰非由孝以達之天下國家哉？嘗思《詩》以法祖爲永言孝思，《孝經》一書蓋以準《詩》也。《周禮》以自王公達之天下爲治序先後，《大學》一書蓋以準《周禮》也。此合周制言也，二帝以德化，則亦孝之至德耳。三王以禮教，是亦《大學》之至道耳。此又合千古帝王以立大中之極而言也，二書之皆屬于曾子，又何疑焉？蓋《大學》雖爲道之全局，然設施之匡廓耳。惟以《孝經》至德貫徹乎其中，而其義始完。曷試思人子之愛親也，寧有所爲而愛乎，不言誠而誠莫踰于此矣。人子之敬親也，寧有所爲而敬乎，不言正而正莫踰于此矣。故子而能孝，則身無不修矣；父而能孝，則家無不齊矣；臣而能孝，則國無不治矣；天子而能孝，則天下無不平矣。孝之能貫，不亦信而有徵哉？此之謂千古不容泯之心，此之謂百折不可磨之念。蓋以二帝之德化，運用于三王禮教之中，則洋洋宇宙皆太和之充溢矣。此二書之所爲並傳于一人者也，又何必分《大學》以附《中庸》，而失《孝經》並傳之義哉？嘗考合二書而滿用之者莫如孟子，其曰良知良能、愛親敬長，達之天下爲仁義，是孝之貫一也；其曰人人親親長長而天下平，是孝之貫二也；其曰堯舜之道，孝悌而已矣，是孝之貫三也；其曰出孝入悌，守先王之道以待後學，是孝之貫四也；其曰事親從兄，兼盡仁義智禮樂之道，是孝之貫五也；至論舜之解憂與樂而忘天下處，真令人神魂俱暢，非深于孝者不至此，是孝之貫六也。夫論道理則由仁義至禮樂，論人品則自孩提至大人，論行事則由守身至平天下，論功業則由守先王之道以至後學。無一而非以孝貫之，猶謂其與孔子異乎，又安得謂孝爲一節之行乎？

或曰：信如子言，性命之學皆可不講，第惟從事于孝足矣。曰：命者守身一法耳，此易知也。惟先儒以孝爲性中一事，請復明之。蓋所謂性者，非不學不慮之天德乎，又非能愛能敬之天則乎。夫不學不慮，本體同也，而或愛或敬，妙應異焉。天德中而具天則，如此性善有加于此乎。故曰曾子有聖人之行而得其真，則合二書其徵矣。夫一傳而可以盡至德至道之要，僅二書耳。矧合諸經以盡天人之全局，其爲生民未有之盛，豈不益信哉？

《大學》證聖篇〔一〕

或曰：《大學》有四知，一知止，二知至，三知本，四知所先後，聖經之中已具，四義同耶？異耶？其于人心之中，聖功之道盡于此耶？抑猶有未盡者耶？曰：知止者統天虛體知來之逆，在一物未生之境，在《易》則太極中空是也。知至者後天大圖數往之順，在《易》則先天大圖是也。知本者合二天于一身，又一太極之逆也。知所先後者衍二天于天下，又一大圖之順也。又知先

〔一〕 原標題有序號「二」，今删。

一節逆而返之一心也，知後一節順而達之天下也，皆《大學》之本于《易》義，以發《周禮》之未盡者。愚讀《大學》而知聖人之貴德也，四知之知曲盡能知所知之變矣，而格物致知其義尤大而詳。即以《大學》證之，蓋格以通爲義，曰天之明命，曰拂人之性，天人通爲一矣；引帝王之事、《詩》《書》之言，以及没世不忘，古今通爲一矣；一心之自欺自慊，以達于十目十手，隱顯通爲一矣；上所好者下必興焉，上下通爲一矣；切磋琢磨可以證學，物我、道器通爲一矣；桀紂可以反觀，晉楚可以旁引，善惡邪正皆可通爲一矣。夫天人也、古今也、上下也、隱顯也、物我、道器、善惡、邪正也，無不可通爲一，與守一己之見、學一先生之言者異矣。四通六闢孰有過于此者乎，而況又兼其三知乎，合三綱五傳而格致之局始完，此格致之不爲特傳也。然聖學從此而入，故曰始條理也。雖然有知而不以德爲大本，以業爲正用，則知之愈多適足以滋其機械之巧耳。自欺之首戒，正爲知多不用之正者設耳。十目十手，人以爲鬼神之嚴，不知天之明命更有嚴于鬼神者。鬼神之福善禍淫，皆不過奉天而行耳。嚴之一言，其即顧諟之提醒乎，故嘗謂自知即是天知，自欺即是欺天。故天之一義，聖人不輕語人，恐人無擔當者必將褻天，又恐人明知故犯，重得罪于天也。然舍天之一義，不惟無以超百家而立教，而所以警惕君心者，亦無所藉以爲尊且嚴者矣。此《大學》三綱之所以首言天之明命，而五傳復首戒人之自欺也。一以貫之，其貫以天乎？不自欺則誠矣，無心術之害矣；不之其所而辟則正矣，無習氣之偏矣。蓋天之明命，人之明德，即日之象也。去自欺則無薄蝕其内者，去有所則無障蔽其外者，如日之大明中天，而聖人之本體現矣。其用之于家，而父子、兄弟、夫婦無不足法也，固用之以誠以正也。用之于國與天下，而君臣士民無不得所也，亦用之以誠以正也。其用之家國天下者，大業也；其以誠正用之，則盛德也。對格致而言，則此又爲終條理也。以天而用人，以知而用行，以理而處事，以德而運業，二天全局、聖學始終，無一不具于此。謂儒者入門即有大觀有至樂，其謂此歟！

或曰：《周禮》即王、即帝、即地、即天，亦既爲頓宗之全局矣，《大學》無乃贅乎？曰：《周禮》所取者象也，象則涉虚，故始于王躬而不及王心。《大學》所言者義也，義乃歸實，則本于王心，又本于天之明命。假令徒以象而已，堯舜可以帥天下而民從，桀紂亦可以帥天下而民從。惟以象而兼乎義也，則仁君之與暴主必有分矣。且《周禮》取象始于王躬、王宫耳，《大學》身家國天下既與《周禮》之全局同，而自身以内復推本于心于意于知，以上遡於天之明命以明理一，兼著乎天之峻命以别分殊，則乾坤之象、王制之等、建皇之極、四詩之序、《典謨》之烈、尊王之義，無一不具其中矣。使入《大學》者必爲堯舜而不爲桀紂，此《大學》之取義取象所爲兩得也。雖然，又不可以《大學》之約而廢《周禮》之詳也。以《周禮》爲王制，以四《詩》爲聖德者，周公之所定也。以《大學》約《周禮》，以《孝經》約四《詩》者，孔子之所以欲行周公之道也。又一家仁讓而一國興起，父子、兄弟、夫婦足法而民法之，王宫之達于王國，二《南》之化也。上奉峻命，下體民心，以用人爲輔，以理財爲徵，王朝之達于天下，用人理財之掌于天官，《小雅》之義也。至于民聚得衆，有土有人，以財發身，其命維新，則仰得乎天命矣。民不能忘，没世不忘，則下得乎人心矣。又自人而天，自今而後，《大雅》之德，《周頌》之神也。以一書而兼諸經之義，以一學而備天地古今之理，可以自成以頓躋聖域，亦可以公物以遠垂萬世矣。謂之《大學》，與「大哉之乾」、「大哉之堯」並稱三大，不亦宜乎？

聖傳子思篇

或曰：人或有言孔子之傳曾子，準傳賢也；其傳子思，準傳子也。帝王盛事，孔子蓋兩用之，信乎？曰：其事跡相似，然正不必以此拘也。

或曰：古書又言，子思在宋憂聖道之失傳，故作《大學》以經之，作《中庸》以緯之，今以《大學》爲曾子之書，得無與古書之言戾乎？曰：逸書不見於經典，然以理推之，《孝經》必兼《大學》而其義始完，《中庸》則自兼二書之義，正不必拘經緯之説以爲出於一人也。請就《中庸》與二書詳辨其義。《中庸》以天地爲局，《大學》以天下國家爲局，其局量之不同一也。《大學》以天子爲主，故所引皆帝王治平之事；《中庸》以孔子爲主，故所引皆孔子對君之言，其援引之不同二也。《大學》止至善，内極於心體之定静安慮，外極於人倫之仁敬孝慈，然皆尚可指名，未及知於無形也。《中庸》惟極於上天之載、無聲無臭，則又深入於無形矣，此其究竟之不同三也。則所以修身，則知所以治人、治天下國家矣，此與《大學》同者也。盡其性以盡人物而贊化育，素位而《大學》所未及矣，此功業之不同四也。《中庸》言子臣弟友，以及富貴貧賤、夷狄患難、行、居易俟命，則人臣之孝比之《孝經》爲詳矣。言大孝而必其禄位名壽之咸備，言達孝而推其享帝享親之兼隆，則人君之孝比之《孝經》益大矣。是《中庸》已兼二書，而無藉於二書以附益之者也。若夫《中庸》一書目有精藴，所謂子思有聖人之道而得其圓，則又有可就《中庸》而悉其旨者矣。蓋所謂聖道之圓者有數義：言天地而不言萬物，弗圓也；天地位，萬物育，其爲圓局者一。言天地萬物而不言人，弗圓也；「道不遠人，人之爲道而遠人，不可以爲道」，其爲圓局者二。言天地人物而不言鬼神，弗圓也；鬼神之德其盛矣乎，郊社宗廟皆鬼神也，其爲圓局者三。言天地人物鬼神而不分中國外夷，弗圓也；洋溢中國，施及蠻貊，其爲圓局者四。有此四者，宇宙大觀備矣。不提天子以爲之主，弗圓也；祖述堯舜，憲章文武，大孝（大）〔達〕〔一〕孝，皆天子事也，其爲圓局者五。有君無臣執與輔之，乃諸侯入相欲正天子，并先自正，弗圓也。先言周公成文武之德，及對魯君人存政舉，推而至於明善誠身，在下位之先自正莫詳於此矣，其爲圓局者

〔一〕依文意，「大」當作「達」。

六。然欲正魯君以正天子，非孔子之先自正，又非修身爲本之義也，弗圓也。據其外修而言，則子臣友弟無不各盡其道，富貴貧賤、夷狄患難無不各安於命，道德九經無不各備其用，智愚賢不肖無不各與其能，以此得君行道，已足爲人臣之師表矣，然外之圓局也。探其内蘊而言，則上律下襲、大德小德，胸中自具一天地；祖述憲章，胸中自具一帝王；人物鬼神、中國蠻貊，胸中自具一宇宙；大孝達孝、九經三重，胸中自具一經綸。又其内之圓局也，而未已也。人道之品極於至聖，有臨尊親配天；天道之品極于於至誠焉，倚浩浩其天，是合外内而通爲一圓局矣，而猶未已也。天命之初逆而反之，以極於不睹不聞天載之終，究而竟之以極於無聲無臭，是又超至誠至聖而别有一圓局矣。故圓局莫妙于《中庸》，正不藉他書而自成一義者。孔子有言，躬自厚而薄責于人。又曰：有諸己而後求諸人。《中庸》一書，則孔子之有諸己者也。然徧以此責人，無論愚不肖聰明有所不及，即賢智之士亦恐知之而未必行，或行之而止於次，而未必極其至矣。故嘗謂《大學》《孝經》，是孔子公天下求諸人之教也。《中庸》一書，則孔子先天下有諸己之本也。又諸經皆所謂經教也，惟《中庸》《論語》則所謂身教也。然《論語》猶身教之顯仁者也，獨《中庸》則身教之藏諸用者也。蓋責躬者不敢不厚，求人者不敢過苛，此聖人之道所以爲忠恕也。要之，聖人之道至《中庸》而圓，聖人之學至《中庸》而備，有《中庸》則諸經可以收拾於一身，有《中庸》則諸經可復自我而作祖。先正謂此書係子思爲孔子傳神，信非虚語矣。夫傳神者其盛如此，則孔子之自得其得又當何如哉？生民未有之盛，此又其一證矣。雖然《中庸》之圓局固以孔子爲主也，至於局之所以爲圓，豈遂無所本乎？此又俟人之神明默成，而未可以言求者也。

《中庸》證聖篇一

或曰：子思有言，「道也者，不可須臾離也，可離非道也」。蓋童而習之矣，不知其所謂不可離者何物，及反復其書則如此言者不一而足。如曰君子之道費而隱，夫婦之愚不肖，可以與知與能，而天地聖人有所不能盡，故語大，天下莫能載焉，語小，天下莫能破焉，而指其莫載莫破之機，即鳶魚飛躍以至察乎天地，無之而非是也。又曰：「鬼神之爲德，其盛矣乎。視之而弗見，聽之而弗聞，體物而不可遺。洋洋乎如在其上，如在其左右。不可度思，矧可射思。」又曰：「天地之道，可一言而盡也。其爲物不貳，故其生物不測。」又曰：「維天之命，於穆不已」，蓋曰天之所以爲天也。又曰：「大哉！聖人之道。洋洋乎發育萬物，峻極于天。優優大哉，禮儀三百，威儀三千。」又曰：「上天之載，無聲無臭，至矣！」又曰：生知、學知、困知，及其知之一也。夫其言天地，必及人也，則天人一矣。言鬼神必及人也，則幽明一矣。言天地鬼神必及萬物也，則大小一矣。言聖人必及夫婦之愚不肖也，則聖凡一矣。言堯舜文武必及今天下也，則古今一矣。

言天與聖人必言所以爲天、所以爲聖也，則顯仁藏用一矣。言峻極發育必及無聲無臭也，則有形無形一矣。天地也，鬼神也，人物也，幽明也，古今也，聖凡也，顯仁藏用也，有形無形也，中國蠻貊也，天下後世也。合之以盡其莫載而不可遺之大，分之以著其各正而不相悖之精。其大而不貳也，即所謂無方無體同歸一致者也；其分而各正也，即所謂有本末、有始終、殊塗百慮者也。理之規模匡廓亦大略備於此矣，即有未備以待人之引申觸類者，亦不多矣。不特此也，其言人也，言聖人必及至誠至聖。自聖人而下則有賢、智、愚、不肖，又有君子小人，則盡乎人品之等矣。言學則有生知、學知、困知，安行、利行、勉行，則盡乎學者之等矣。言事則事天、事神、事君、事先王、事祖宗、事親，且言子臣弟友夫婦民物也，則盡乎天地幽明古今之界矣。言天必及人，言性必及命，言知必及行，言中必及和，言誠必及明，言德必及業，言上位必及下位，言順境必及逆境，言有道必及無道，言生存必及死亡，則盡乎人道一身之遇與人心一生之事矣。其言此必及彼也，正以其不可離也；其不可離也，正以其爲物不貳也。合而觀之，前之匡廓是歷萬古而不易者也，所謂道也；後之爲道則隨人所得，有偏全至次之不同矣，所謂人也。故曰：「大哉！聖人之道，待其人而後行。」又曰：「苟不至德，至道不凝焉。」又曰：「修身以道，修道以人。仁者，人也。」又曰：「文武之政，布在方策。其人存則其政舉，其人亡則其政息。」人存政舉，以王道言也；待人行道，以聖學言也。論其先後，則先聖學而後王道，有體而後有用也。論其同異，則王道即是聖學，用即在體中也。嘗試畫爲一宇宙全圖，以天地爲主，蓋言天地則古今幽明、華夷人物皆在其中矣，此萬古不可易者也。又嘗畫爲一王制全圖，則以天子爲主，蓋言天子則天下之中有國，國中有家，家中有身，身中有心，心中有性，皆在其中矣，此亦萬古不易者也。又嘗畫爲一聖德全圖，則以天命爲主，蓋言天德則一心之中誠必兼明也，一身之內中必兼和也，一家之內孝必兼弟也，一國之內仁必兼讓也，天下之內禮備必兼樂和也，此亦萬古不可易者也。又嘗畫爲一聖學全圖，則以天則爲主，蓋言天則則天地之大此上下、前後、左右、內外、本末、始終、先後也；王制之全亦此上下、前後、左右、內外、本末、始終、先後也。一國亦然，一家亦然，一身亦然，人所易知也。即一心之中爲物不貳，無所謂上下、前後、左右、內外、本末、始終、先後矣。然所以能分别天地、古今、天下、國家之上下、前後、左右、內外，而正其爲孰本孰末、孰始孰終、孰先孰後，則心之明德所爲也。故曰至誠能盡其性，則能盡人物之性，而贊天地之化育，心一故也。又曰：知所以修身，則知所以治人治天下國家矣，理一故也。惟理之一也，知之全而時措之宜則爲至聖，爲成物之智。惟心之一也，養之粹而從容之中則爲至誠，爲成己之仁。然至誠至聖又非判然二人也，以至誠立本以經綸，以至聖有臨而時出，則合外內與天爲一，而《中庸》之道德備矣。嘗試譬之理之匡廓，所謂規模也，而先後次第存於其中矣；如世之弈然，界限不明，將卒車馬有一不備不爲全局。然着有先後，算有勝負，則存乎人矣。蓋不動則觀其局，所謂觀象也；既動則觀其着，所謂觀變也。惟《易》亦然，因是而推，先天大圖蓋弈之全局，當其不動之象也，觀象者觀此，而全局在目中矣。後天二經則當其對局，而動之變也，有變而之善，有變而之不善，觀變者觀此，而勝算在胸中矣。總之，局本大全也，子本各正也，而動静在於合時，進退在於得位，先後在于合機，奇正在於合法。偏者當之不能見其全也，智、愚、賢、不肖之所以異也。執者當之不能妙其用也，固執擇善之所以居其次也。其惟至誠至聖者乎，彼其聰明睿智，足以有臨溥博淵泉爲能時出。何善之不可先知，何不善之不可預識？所謂見末知本、覩指識歸者此也，所謂神以知來、智以藏往者此也。由是言之，豪傑之所以異於凡民者，一知而已矣；聖人之所以異於豪傑者，一誠而已矣。以誠爲主，以明濟之，此之謂豪傑之才、聖賢之學，聖聖之所以相傳而不同於二氏百家者，其在於此乎！其在於此乎！

《中庸》證聖篇二

或曰：人亦有言，《大學》《中庸》立局不同，取證亦異，其果然耶？曰：然。《大學》以天子爲主，以天下國家爲局；《中庸》以孔子爲主，以天地萬世爲局，其不同一也。以天子爲主，故所引者帝王之事，而所言者多齊治均平之理；以孔子爲主，故每一論次則引孔子爲徵，而所言者多係孔子論學論政之語，其不同二也。作君作師，皆所以克相上帝，故《大學》先論作君，《中庸》

專論作師，惟專則精，惟專則詳，其不同三也。《大學》所重在知，後天以離爲主，自明而誠也，故論知爲詳；《中庸》所重在誠，先天以乾爲主，自誠而明也，故論誠爲詳，其不同四也。《大學》至善止于人心，故仁敬孝慈信即爲至善，定静安慮即爲知止；《中庸》至誠極于天命，故淵淵浩浩究于無窮，無聲無臭返於無極，其不同五也。格君心者，取其可以治平天下如古帝王而止。踰此而再過求，不惟有所不堪，或反生其疑惑，未可執吾君不能之說，而苛責于堯舜之上也，聖人之忠而恕也。學聖道者一息尚存，此志不容少懈，不至返于先天而天弗違；其道未極，即君過，信欲學聖道，則吾身已備嘗而先試，不至懸揣而臆决矣，聖人之誠而豫也，其不同六也。然《大學》有四圖，《中庸》亦有二圖。一曰後天次序圖，蓋《中庸》前半循教入道，如《易》之由下經以返上經。故「天命之性」一章，天人具備如先天小員圖，性命合一之始而性已爲主矣。自「君子中庸」至「君子依乎中庸」則專言性，「君子之道費隱」以下則言道；「道不遠人」，子臣弟友素位而行，父母其順矣乎，皆小成之局，以象人道，故曰俟命，下經之局也。鬼神之德誠不可□，由人而神，則由下經既未而轉入上經之乾坤矣。舜之大孝，以人格天，然猶一身之事。武周達孝，自天子達于庶人，其下達者也；自宗廟以達于郊社，其上達者也。以其皆用先天，故舜武皆言受命，不言俟命。道德九經貫以行之者一，正太極之貫于六十四卦者，此上經之局也。蓋《易》之取義以乾坤天人分上下先後，《中庸》取義以君臣人神分上下先後。《易》爲即象以盡意，《中庸》爲即事以明理，其道之合天人則未始有異也。一曰先天等級圖，蓋《中庸》後半以性立命，如《易》之本先天以用後天。故自誠明謂之性，直至純亦不已言性甚詳，而其局則與前半依《中庸》者異矣。蓋依中庸者，必如舜智回仁由勇，以中庸爲本體，以三德爲工夫，有階級，有漸次，思誠之人道也。至誠無息者，則不見而章，不動而變，無爲而成，不思而得，不勉而中。中道既極，其從容於穆，又純于不已，不由階級漸次，一超直入，言下立證，即人即天，即凡即聖，至誠之天道也。故曰天之所以爲天也，前半以人爲主，以天下國家爲局。故所引者子臣弟友君相之事，而工夫次第即寓于人事之中；後半以天爲主，以天地萬物爲局，故掃去人事而單言天地山水萬物之景，以示人物未生單有天地，而本體發生即寓于法象之内。前半但言君子之道，爲其以漸至爲學利困勉者設也。至此始言聖人之道，爲其以頓證也，爲生安者贊也。高明廣大，中庸精微，無一有碍，是先天之局；温故知新，敦厚崇禮，無一有遺，是後天之局。所謂本先天以用後天也，又即《易》爲之幽而藏用，《禮》爲之明而顯仁也，此理一也。居上爲下，足興足容，則時位不同，無不時措之宜，分殊亦在其中矣。不自用而用人，舜之大智也；不自用而從周，大智也亦至德也。前言知人，不可不知天，而後行之者一自明而誠也。此言純亦不已，而後知天知人，自誠而明也。祖述憲章，亦後天也；上律下襲，則先天也。大德敦化而後小德川流，自誠而明，本先天以用後天，以至德行至道也，此聖人之身教也。前半本于《易》序，則聖人之經教也。然經教衆人所同，身教聖人所獨，則學聖人者亦先學其身教而已。有不貳不患，無不測也。自闇然以合于無聲無臭，此洗心退藏之密，所謂大德敦化與天同其於穆者也。言天必及人，言古必及今，言知必及行，言性必及命，言倫必及政，《學》《庸》之所同也。《大學》以明爲主，而以新民爲事，以順推之天下爲局，故論知甚詳。《中庸》以誠爲主，而以立教爲事，以逆而返之一身爲本，故論誠甚悉，二書之所異也。格君心者，非引古則無徵而不信；從證聖道者，非其天則有尚而非究竟，二書之所異也。然新民者未始不可返而立教，而立教者又未始不可措而新民，故曰及其知之成功一也，是又二書之所同也。大抵二書皆有順逆二局，《大學》知先逆局也，知後順局也；《中庸》知修身，即知治人治天下國家，順局也，返而約之則亦逆局也，特《中庸》多先天一着耳。至誠盡性，超天下國家而直言天地化育，至誠焉。倚又超定静安慮，而直言無聲無臭，此則孔子身體之實所以立經教之本，而稱生民未有之盛，以爲萬世帝王之師者乎！因是而復思《中庸》以《易》爲宗，而二天之義因以益明，二經之序前已言之詳矣。惟是先天四圖，始于太極，性也；終於太極，當亦是性也。二經《咸》《恒》，性之始也；《無妄》《大畜》，性之終也。其中《艮》《震》所見，則性之貫乎命也。而先天止于大圖，遂少終于太極，一着終于無聲無臭者，補先天之未足，一也。二經象教雖明，而知象爲難，《中庸》悉以人事代象，而以臣子爲人道之小者，君相爲人道之大者，而其理愈顯，二也。全局頓證在《易》爲先天大圖，在《禮》惟《周禮》一經，在《書》

則唐虞宇宙之太和也，而《中庸》以至誠一局配之，三也。諸經皆經教也，即《論語》紀孔子之實而非專局，且大而能博，人未易窺測。《中庸》則專爲孔子傳神以明身教，第專以孔子對《中庸》，望而知其爲至誠至聖之品矣，四也。以其獨闡孔子之身教，則爲有功聖人；以其本身教以明經教之本，更爲有功于後學。神孫哉！神孫哉！非大聖人明德之後，其孰有達人若此者乎？

《中庸》證聖篇三

或曰：《中庸》以性爲宗，以道爲輔，一依《序卦》二經之序，兹欲先明性之所在，而後以道合之，可得聞其義乎？曰：「天命之謂性」一言已盡其義矣，自後即有所言，不過此一言之注釋耳。然性道混而不明，人無所適從久矣。試略剖而言之，蓋謂之曰天命，即是須臾不可離者，可離即非天命矣。在《詩》「昊天曰明，及爾出（往）〔王〕[一]。昊天曰旦，及爾遊衍」，不可離之一證也。在《中庸》「視之而弗見，聽之而弗聞，體物而不可遺」，雖爲鬼神而發其實，借鬼神以形容天命之不可離耳，又不可離之一證也。「君子戒慎乎其所不睹，恐懼乎其所不聞，莫見乎隱，莫顯乎

[一] 依《詩經・板》，「往」當作「王」，「王」音「往」。

微，故君子必慎其獨也。」又《詩》云：「潛雖伏矣，亦孔之昭。」故君子内省不疚，無惡於志，君子之所不可及者，其唯人之所不見乎？《詩》曰：「相在爾室，尚不愧于屋漏。」故君子不動而敬，不言而信。倘不睹不聞之頃，而非天命之所流行貫徹，則君子不動之敬、不言之信，無乃過爲之矜持乎？所以然者，大莫載而小莫破，天命渾淪之全體也；無聲無臭不可睹聞，又天命之本體也。所謂隱也，微也，藏諸用者也。雖然天命第止于隱、微、無聲無臭而已，則墮于虚無，不足以妙萬物而爲不測之神矣。故曰莫見莫顯，又曰潛伏孔昭，則雖似無形而實有覺矣。惟有覺，故不徒曰「維天之命，於穆不已」，蓋曰「天之所以爲天也，又名之曰天之明命」，加一明字而天命之在人心始昭昭乎，毫髮不可得而自欺矣。此《大學》始于「在明明德」，《中庸》終于「予懷明德」，皆有深義存焉。然此就天命本體言之耳，有本體形容不能盡者，又當以聖人所爲效法相似不違者推之，所謂不知其父，視其子也。何也？「誠者，天之道也。」何以復曰「誠者，物之終始，不誠無物，是故君子誠之爲貴」，則誠即性之本體可知矣。至誠盡性，何以即能盡人物而贊化育以參天地？人性與天地原無二體，在天謂之命，貫天之内外上下總一命也；在人謂之性，貫人身内外上下總一性也。其實性命止一物而異名耳，故曰天地之道可一言而盡，其爲物不貳。夫莫載莫破，渾淪一體，非不貳而何？若有一命，又有一性，是非不貳也，莫載之中有得而破之者矣。惟不貳而莫載莫破，是之謂一。天下之達道五，所以行之者三，繼之曰所以行之者一也。凡爲天下國家有九經，亦繼之曰所以行之者一也。一者何也？即前所謂「誠者，天之道也」，所謂不貳而莫載莫破者也。然此一也，即《論語》一貫之一也，其體與莫載莫破者同其大。至誠盡性而參天地，如心之于身，然相爲表裏，曰參，可謂大矣。又須與無聲無臭者同其虛，不睹不聞，不言不動，退藏于密，可謂虛矣。又須與不見而章者同其明，莫見莫顯，潛〔伏〕〔二〕孔昭，闇然日章，可謂明矣。又須與「誠者，物之終始，不誠無物」同其貫，至誠無息，道德九經行之者一，至死不變，可謂貫矣。又須與爲物不貳者同其真，大孝格天，大德敦化，純亦不已，可謂真矣。又須與不動而變者同其變，達道達德，庸言庸行，九經三重三千三百，上位下位，有道無道，可謂變矣。又須與無爲而成者同其安，不思不勉，從容中道，經綸立本，知化焉有所倚，可謂安矣。又須與於穆不已者同其深，肫肫淵淵浩浩，可謂深矣。又須與生物不測者同其神，高明覆物，博厚載物，悠久成物，溥博源泉而時出之，可謂神矣。又須與郊社以祀上帝者同其尊，至聖有臨中國蠻貊，尊親配天，可謂尊矣。又合而參之，尊者其分也，真者其德也，深者其蘊也，虛也、大也、貫也，其體也，明也、變也、神也、其用也，安者又體用之，出于自然而妙焉者也。

〔二〕依《禮記・中庸》，「伏」字脱。

或曰：此于論性則得矣，于道之義何居？曰：《中庸》以兩言盡之矣，「君子之道，造端乎夫婦」，即下經之人道也。「及其至也，察乎天地」，即上經之神道也。「道不遠人」至「父母其順」，人道之全局也。「鬼神之德」至「郊社之禮」，神道之全局也。「君子中庸」至「依乎中庸」，性之始也。人存政舉，道德九經，行之者一，性之中也。無聲無臭，復見天地之心，性之終也。此學利困勉成功則一，蓋以此耳。故曰果能此道也，雖愚必明，雖柔必強。若夫道之全局所以合于《易》者，則詳見後篇。

卷十一

聖澤原及私淑

聖澤孟子篇

或曰：《孟子》七篇子以歸之聖澤，豈與顔曾子思之爲聖傳者亦有同焉者乎？曰：不同。顔曾二子親承孔子之教，子思迨見孔子之存。戰國之世去孔子百年，諸賢謝世，聖統幾絶，孟子不得不自任者一也。五霸復降爲七強，異端突出乎楊墨，如許行之邪説、仲子之詖行又紛然摇惑于世，非豪傑之士無待而興者，孰反經而正之，孟子不得不自任者二也。第孟子才高力大，眼空千古，觀其羞稱管晏，妾婦儀衍，禽獸楊墨，戎狄許行，盜蹠仲子，此何等氣魄！甚至顔閔諸子亦曰姑舍，是夷尹聖人亦曰不同道，此何等志向！則觀孟子者宜高着眼界，大着胸襟，庶可窺其高明廣大之度。然孟子識精養厚，專學孔子，觀其江漢秋陽，深摹其心體；金聲玉振，全揭其學術；仕止久速，取爲立身之大節；辭受取與，收爲涉世之緒餘。既以登太山觀日月狀其品地，復以非爲禮肉而爲微罪闡其心事，則觀孟子者宜主以虚心，加以細心，庶可窺其願學孔子之實耳。嘗試以十二義合其道德文章爲一，既已優入聖域，又孔子立教垂憲萬世，故一經專言一義，不得不詳。《孟子》願學專宗一人，故一篇足當一經，不得不約。然則孔子其聖神之極，而孟子其豪傑之宗與。然孟子文章未易言，故論文章者别見。兹且叙其道德，一曰閲世之徹。孟子之書先將天地幽明、古今世變會通爲一全局，且分天地萬物者屬先天物理之學，分古今世變者屬後天人事之學。二天既合，天人道備，博學反約，左右逢原，其善學孔子者一也。二曰籌世之裕。既已明于天地古今，却將當世時務一一籌畫爛熟：大國五年，小國七年，農桑庠序，賢能商旅，小用之于救時；班爵班禄，井田世禄，大用之于立國。大小分明，先後有序，舉而措之，易如運掌，此善學孔子者二也。三曰超世之道。密用之身心者無如性命存養，事天、修身、立命、根心、生色、持志、養氣，人知爲性命之實，不知深造自得、左右逢原、存神過化、天地同流亦性命通徹之象也。已精益精，已密益密，不止于大，且妙于化，深藏密守，堯舜與同，此善學孔子者三也。四曰表世之正。表世之道與世共知共能，無如仁義忠孝，仁不遺親，義不後君，「墨氏兼愛，是無父也」「楊氏爲我，是無君也」「孔子成《春秋》而亂臣賊子懼」「君子不以天下儉其親」「惟順于父母可以解憂」「君子引君當道」，志仁大人格君心之非。然細行不矜終累大德，故仕止久速一安于時命，辭受取與一準諸道義，大節細行無一不完，屋漏大還，俯仰無愧，此善學孔子者四也。五曰任世之偉。五百年必有王者興，當今之世，舍我其誰。中天下而定四海，所性不存，非堯舜之道不敢陳于前。論道德必稱堯舜，論征伐必稱湯武，論任重必稱禹周伊尹，論天命必稱堯舜大禹。上以格君，下以治民，內以自任，外以諷臣，無非高視闊步，盛稱大人之事與大丈夫之所爲，其善學孔子者五也。六曰救世之切。救世之道有二，一爲扶世道，二爲正人心。一怒以安天下，救天下者也。既不得之于齊，古之人與民偕樂，救大國者也。復不得之於梁，井田庠序姑以試于滕之小國，而復爲許行所壞，於扶世道不可得矣。守先王，閑聖道，叙道統，正經術，此爲萬世計也。辟桓文，辟管晏，辟儀衍，辟善戰，辟聚斂，辟許行，此爲先王計也。辟楊氏，辟夷之，辟陳相，辟陳仲子，此爲聖道計也。尤幸而得盡心於此乎，扶世道爲一時天下計者，公而普；正人心爲萬世天下計者，正而長，此善學孔子者六也。七曰涉世之平。以孟子之才識與其道德文章，自負甚高，自任甚重，即列國之君猶分庭抗禮。故曰：大有爲之君必有所不召之臣。又曰：湯之于伊尹，學焉而後臣之，自君而下其誰敢迫視。然觀其言曰：「行有不得反求諸己」，又君子存心，不仁無禮，恒三自反。且願學孔子，則宗一人可矣，而夷、惠、伊尹亦以並稱，何也？立身欲如伯夷之清，任世欲如伊尹之重，設有所遇，親之不可，絶之不能，則亦不得已，以惠之，和容之而已。如王驩之與使滕，亦其一也。矜而不争，群而不黨，既不失身，亦不忤物，此善學孔子者七也。八曰淑世之嚴。先王之法、聖人之道既已明示于平時，表世之正、任世之偉、救世之切、涉世之平又以身體之爲教。且善信美大聖神既列入道之等，時雨成德達材答問私淑復叙立教之方，如是而猶欲少貶以幾及，是不知有道也。又以餔啜而妄從，是不知有身也。其于立教之旨，兩失之矣。然夷之之請教之未嘗不恕，上館之譏答之未嘗不婉，楊墨之歸受之未嘗不寬，則嚴濟以寬正，立教之中道也，此善學孔子者八也。九曰覺世之雅。孔子惡煩文，故及門者皆以文爲戒。雖然戰國之世則不同矣，識時務爲俊傑，非文無以投時，非文之工無以超衆。孟子以二天之學、身所自有之道本之爲文之蘊，而復以引經引事之法，闔闢變化自成一家之言。前不悖道，後不忤時，君得之而易開，如齊王之戚戚；士得之而易醒，如徐子之憮然，至後世之人遂尊之以爲詞宗之祖。夫文之根本原自孔子相傳，而文之法度則從孟子首創，聖人之蘊且因之而益明，不泥古亦不悖古，此善學孔子者九也。十曰應世之圓。涉世之平以行事言也，人于言語之際率以爲無傷而不知檢矣。不知聳動人心全以言爲醒機，而在戰國之世爲尤甚，但儀衍以富強智術雜用之，孟子以道德文章正用之耳。觀其對君也，齊宣足用爲善，故望之者大；梁惠好行小惠，故充之者切；梁襄則卑，卑不及格矣。故略對而即行，鄒滕之君無不因其氣質，量其國勢以忠告而善道焉，此見于對君者也。對陳賈論周公，對沈同論天吏，對周霄論儀衍，對公孫丑論王驩，則正論侃侃不少假借矣，此見于對臣者也。與告子公都子論性，與萬章論聖人，與公孫丑論學術，與浩生不害論人品，與充虞論天命，與景丑論賓師，生平所蘊大略因言以見，則謂孟子之道因與弟子語以傳于後世可也，此其善學孔子者十也。十一曰論世之奇。世儒即號能古文詞者，大抵非秦漢則左國，非採其全調則摹其全句耳。孟子獨自立一法，自成一家，其用先天之學，所言者天地萬物之理，疑出於《易》與《詩》；其用後天之學，所引者群聖諸賢之事，疑出于《書》《詩》《禮》《春秋》《孝經》《論語》《學》《庸》，而無一句蹈襲，而却無一理滯碍。惟理極其融，故文妙于化，此其善學孔子者十一也。十二曰垂世之全。得君行道則有制作功業，隱居衛道則有著述文章，立言所關非細事也，所言者文義訓詁，此不足道矣。即細論心身情性，亦局于一曲，而非宇宙之大觀也。《孟子》七篇，尊王賤霸，遵先王之法以扶世道者既極其詳；崇正辟邪，閑先聖之道以正人心者又極其透，凡天地顯仁藏用之全局。孔子所以垂憲於萬世者，七篇中已精收而約取之，無復遺蘊矣，此善學孔子者十二也。愚因是而有感于後之諸儒，而還返諸心有所悟入也。後世二天之學，有如七篇之通徹者乎經世之畫，有如七篇之詳確者乎表世之正。或問有之至超世之神，不過勦襲前人之語，與七篇中從深造自得而發者異矣。任世之偉亦間有之，至救世之切第知衛聖道、辟異端，而于先王之道、王伯之辨則闊略而不及精矣。淑世之嚴，宋儒儘有可稱者。至涉世之平，或不免于意見不同而不相下者亦有之矣。覺世之奇，本借文章以發揮道德，儒者不能兼學古文，乃藉口曰三代無文人，六經無文法，遂使豪傑妙用反工于文士之手。夫文且弗能古，至于應世之圓，對君、對臣、對弟子、對異端，益不知其詳略淺深之用矣。此亦自孟子而後一缺典也。以文章爲不足學，則以道德發爲文章，如孟子亦不足學乎。又況論世之奇雖發爲文章，倘不細參其能奇之妙，則第見其籌世之裕、表世之正、任世之偉、淑世之嚴、應世之圓而已。其于閱世之徹、超世之神，有不知其所從來矣，則亦不學文章之過也。又況垂世之全亦于文章奇之，以文爲末事，既薄視之而不爲；以文爲難工，又淺涉之而弗妙。孟子所爲立豪傑之宗者，無乃與其人俱往乎？故嘗謂必精究孟子之文章，而後深知孟子之道德；必道德文章合而爲一，而後可繼孟子而爲豪傑之宗。世儒乃謂昌黎因文見道爲失其序，豈知文章之妙固有若此哉，猶有進焉。以孟子之名世自任，豪傑自期，眼空千古，意不可一世，猶獨于孔子心悦誠服，稱願學焉且集大成，登太山、觀于海、贊揚不置，則生民未有之盛，又非一徵耶？

孟子願學篇

或曰：孟子自謂願學孔子，嘗考其書，同於孔子者固多，獨《論語》從周最專，而《春秋》尊周最急，乃七篇之中此義反若缺焉。説者曰：孔子法周公，故志在尊王；孟子法伊尹，故志在救民。又曰：人心猶知有周，故尊王之義易明；天命業已去周，故救時之權爲急。又曰：善學柳下惠莫如魯男子，故孟子以吾之救時，法孔子之尊周耳，是皆然矣。第反復思之，終有未釋然者，何也？聖賢之舉動，雖豪傑不敢望焉。世之所謂豪傑，如管仲首倡尊周，仲連義不帝秦，子房始終爲韓，梁公返周爲唐，千古而下，孰不頌其高義而諒其苦心者，豈孟子之義顧反不逮四君子乎？且《孟子》固云：行有不慊于心則餒矣。又曰：楊氏爲我，是無君也。又曰：未有義而後其君者也。戰國之世，周雖極微，然天命未改，名號猶在。倘果於忘之而惟强者是從，其若後君何此不慊之大者，則何以責楊氏矣，所謂願學者安在耶？曰：嘗讀史至孔子爲魯司寇，攝行相事，墮三都，收其甲兵。又子貢謂越王曰：有謀人之心而使人知之者，殆也。未嘗不嘆孟子存周，其心甚切而其用意甚微，千古而下曾未有白其隱衷者，乃今竊有以窺其概矣，何也？蓋周之微弱甚矣，勢不能獨自振起，必藉大國以輔翼之，如春秋之齊晉，非乎？即孔子尊周，亦非以一人之身自往專其事也，亦藉魯之力，輔魯以尊周，如管仲之所爲於齊者耳，觀春秋必先正魯可見矣。或疑聖人行事安得與管仲同乎，不知義所當同，聖人所不諱也。尊周之事非藉大力以爲輔翼，則其勢必不行，避同之嫌而立異焉，非惟不智亦不公矣。果在我者，心術出於至誠，規模依於王道，則同之中固有不同焉。公孫布被，寇平仲亦布被，一詐一誠，事固有同行而異情者矣。尊王何事？顧區區於嫌之避哉！迂儒不通事變，未可與聖人論也。當戰國之有大力者，齊梁其一魯乎？孔子不合於魯，不嘗之齊之衛乎？蓋心誠在周，即佛肸之召可赴，則孟子齊梁之遊安得而譏焉？

或曰：齊梁之遊固爲無妨於義，然不教之尊周而第語之致王，何耶？曰：春秋之世，人心猶知有周，故孔子得藉以伸其尊王之義。戰國之世，人心不知有周，於此而復倡尊周之義，不惟無以鼓舞人心，而且不知時變，迂闊而遠事情，世主將掩耳而却之矣。故致王之說蓋不得已納約自牖之方，而非果於忘周也。

或曰：即如子言，孟子之不忘周，子以何事證之耶？曰：對齊梁之君，其語具在，人第未之深思耳。對惠王稱文王之詩一，對宣王引公劉、太王、文王、武王，不一而足，此孰非周之先王也。夫《詩》《書》之所載，列國之所紀，亦多故矣，胡不他引而獨惓惓於周之先王也？豈皆肄業及之耶？此其故可思矣。庾公之斯尚不忍以夫子之道反害夫子，謂孟子之賢顧獨忍引先王之道以滅後王哉？故知屢稱其先王者，孟子之仁術；而默翼其後王者，則孟子之隱衷也。試以留侯、梁公所以爲韓爲唐之事默默體之，當自見矣。大忠苦心豈有異哉？

或曰：有是哉，子之迂也。使齊梁得志，彼將去其所嫌，置其所愛，周亦同歸于滅耳，何尊之爲？曰：不然。吾固言之矣，致王一語所以鼓舞時君之心，引周先制所以默寓存周之義。然猶有未盡者，遊梁不終而望齊更切，愈有以窺孟子之微是也。世儒之言曰：其望齊也，以地不改闢，民不改聚，有勢可乘耳。夫地不改闢，民不改聚，秦楚尤甚，寧獨齊有之乎？所謂王猶足用爲善者，何所稱焉？蓋宣王之初問也，即以齊桓晉文爲言。夫桓文雖非王道之純，然猶知尊周者也。宣王不儼然以王自命而問及此，則其心固未敢盡滅周矣。夫愛牛一念尚可充之以保天下，而未敢滅周一念，獨不可引之當道以存周乎？他日宣王欲毁明堂，幾有問鼎之漸矣。孟子果忘周而殉齊，曷不教之如温莽操懿之所爲，而所稱引者非周之先王莫與焉，則所謂引而置之莊嶽也。若曰王之前日一牛尚不忍殺，此誰非先王之制，其滅之也。蓋至此而孟子之引君綦善，而其存周之念亦綦苦矣。

或曰：孟子有意存周，則信如子之言矣。假令得志於齊，寧可使之復尊周乎？曰：在他國他主則不可知，在宣王則斷斷乎其可必者，何也？宣王慕桓文之業，是上之人猶知有周也。公孫丑矜管晏之功，是下之人猶知有周也。曹檜之詩，寤寐念周，故孔子因之作《春秋》以存王迹，而尊王之義顯。齊之上下猶知有周，孟子因之陳周制以延王脉，而存王之義隱，孰謂其有二心哉？乃孔子作《春秋》，或疑其黜周王魯；孟子陳王道，或疑其忘周事齊。君子之所爲，衆人固有所不識也，則亦昧於經世之略，而不兼察乎天下之大勢矣。何也？孔子所藉以輔周者，魯也。魯不先自正，上何以正周，下何以正天下？夫魯必先自正，而後可以正王而正天下，此孔子之規模次第所爲不同於管仲者也。孟子所藉以存周者，齊也。齊不能自保，上何以保周，下何以保天下？夫齊必先自保，而後可以保周而定天下，此孟子之規模次第所爲願學孔子者也。倘黜周矣，忘周矣，胡無一説滅周，而惓惓惟其先制之是遵？且曷不願學伐夏救民之伊尹，而顧顧學委曲尊周之孔子哉？雖然豪傑之略，往往多相其與言之人而爲婉直，其對齊宣以其足用爲善，故不得已姑從婉耳。試思其對沈同也，謂子噲不得與人燕，子之不得受燕於子噲。其對慎子也，周公封於魯地，非不足而儉于百里；太公封於齊地，非不足而儉於百里。是遵何王制而明目張膽以直斥其不可耶？豈非周制耶？存周隱念觸於事之有所激，而不覺其發露之不容已矣，此亦不足據乎。至答北宫錡論班爵班禄之制，而謂諸侯惡其害己而皆去其籍，則誅心之法、扼腕之憤固已抱之胸中久矣。天日在上，鬼神在旁，固可得而自信也。

或曰：天下者，天下之天下，非一家所得私也。周之衰微，無功德以及民，且卜世過曆亦足以報其先王矣。即輔賢君而王之，如湯武之所爲，所謂憂天下之無君，亦豪傑之常事也。何必存周之爲拘拘耶？曰：是何言與！夫人之常情，祖父爲子孫計者，未嘗不願其長遠，如始皇所云一世二世至萬世。雖曰私情，亦至情也，其不可必得則付之天耳。安有坐視而不爲計久遠者哉，而況臣子之爲君父者乎？《詩》稱萬壽無疆，本支百世。蓋臣子之所以愛君父者，其天性至情如此，固非以君之賢則頌之，君之不肖則棄之也。不肖而可棄，則大舜宜棄瞽瞍矣。衰微而可棄，則少康有田一成，有衆一旅，將不可以中興矣。語不云乎，能醫人之所能醫，非良醫也；惟能醫人之所不能醫，乃稱良醫耳。蓋君望臣恢其國祚，猶父望子振其家聲。故父雖不慈，子不可以不孝；君雖不肖，臣不可以不忠。武侯曰：「臣鞠躬盡瘁，死而後已。至於成敗利鈍，非臣之明所能逆覩也。」孟子曰：「君子創業垂統，爲可繼也。若夫成功，則天也。君如彼何哉？强爲善而已矣。」二者之言若合符節，然則臣子之義又安得先爲不可必忍棄其君父而不顧哉？且周雖微，不小於滕，孟子之才不下武侯。試思其小試於滕，道性善，謹喪禮，君心之非格矣；稱堯舜，引五臣，大人之事備矣；制井田，設庠序，王者之制詳矣。弔者大悦遠方之人，皆願爲聖人氓，存神過化之妙，睹其大略矣。使得終事於滕，則綏來動和之化，安知不繼孔子而盛哉？夫無經世之略而談湯武之事，是亂賊所藉口也。有經世之略而談湯武之事，又聖賢所不屑也。中散猶知薄殷周，儒者安得爲此言乎？

或曰：試之於滕誠效矣，則曷不移策滕者策周？危不能安，弱不能强，無爲貴聖賢矣。曰：子知理之是非而不知分之大小，知策之美惡而不知勢之難易，操是見而輕議聖賢，適足爲英雄所笑耳。夫存周與存滕，蓋不同矣。存滕止存一國，存周則併天下而存之。其事大，則其勢難。非藉輔於大國，其何以號令天下？然周之分尊，故可藉齊以存周。豈區區之滕而亦可與周並論哉？則亦不審於君臣之分而擬之，非其倫矣。

或曰：信如子之言，則孟子存周一念固確而有徵矣。然事求可，功求成，委曲以求濟，此後世豪傑則有之，而謂聖賢亦然乎？曰：子無問其迹之同不同也，但問其理之當不當耳。大舜大杖則走，周公避謗居東，孔子不踐蒲盟、聽魯獵較，所謂委曲以行權者，非耶？《孟子》曰：「二者不可得兼，則舍生而取義也。」夫義之所在，生猶可舍。矧委曲以行權，顧避嫌而中止耶，亦顧其所當者何事，而委曲行權其後者耳。故嘗謂儒者所以動天地、格鬼神而撐持宇宙維植世風者，惟綱常爲一大事。孔子一生删述，專爲明此一事。孔子而後，惟孟子謹守家法而益闡明之。其曰：「未有仁而遺其親者也，未有義而後其君者也。」又曰：「墨氏兼愛，是無父也。楊氏爲我，是無君也。無父無君，是禽獸也。」大義凜然，千古猶有生氣。漢唐而下，惟諸葛武侯《出師表》、文信國《正氣歌》足以繼之。後世儒者不惟綱常是急，而切切於性命之談。彼談之愈精，而其混入於二氏也愈甚。所以然者，聖賢以仁義合於綱常，後儒以仁義合于性命，聖道不明則亦後儒之過也。信如後儒之言，豈以性命爲重於綱常耶？然孔子曰殺身以成仁，孟子曰舍生以取義。夫所謂仁義，非即前之不遺親不後君耶？試思身可殺，生可舍，當是之時性命重耶？君親重耶？取綱常之輕者與性命之重者相提而論，奚啻性命重耶？此辨義之不可以不精，而充義之不可以不盡也。故如綱常之重於性命，而後可以言儒；亦必知綱常之重於性命，而後可以知孟子存周之一念。謹著其略如此，以候高明正焉。

卷十二

聖經原具文事

聖經文事篇一

或曰：儒者之於德禮，庶幾近之矣。雖然成一家之言，而僅學一先生之説，有株守而無大觀，於文采缺焉。史遷氏謂儒者博而寡要，徒虚語耳。曰：儒者所大患，在聖教不明耳。子以爲文采不少概見耶？請言其大者。宇宙間之大理大事，天地也，父母也，君道也，相道也，師道也，聖學也，大略備矣。孔子大而能博，一事自爲一經。《易》言天地，《孝經》言父母，《書》《詩》《三禮》《春秋》言君道相道，《論語》言師道，《大學》《中庸》言聖學，各具本末，兼備始終，博而有要，詳而有體，洋洋乎宇宙之大觀也哉。請言其次者。蓋立教之體不詳，則不能盡其理，故不嫌一事各爲一經。入道之要不約，則不能探其精，故不嫌一篇各爲一説。試觀《孟子》七篇，起收中叙之各有其式也，長短適中之各有其制也，引經引史、人喻物喻之各有其法也，賓主、正反、抑揚、闔闢、起伏、呼應之各有其調也，對君、對臣、對弟子、對異端之各有其體也，論道、論性、論人、論政、論學、論事之各有其的也，無一不備，無一不妙，而亦無一不本於聖人之經。文章之法至此可謂大備，文章之變至此亦可謂入神矣。夫本之以孔子之經義，而約之以孟子之文章，萬世文章之祖又孰有加於是哉？嘗欲擬文章正宗而别爲一書，其文體分類略倣文章正宗而以《孟子》爲主。蓋左氏之文雖古，而於論道論性與心政一貫處與聖門不同，而孟子論事論人較之左氏抑又過之，則文章之變斷當以孟子爲宗。但孟子雖創爲文法，而所援引皆出諸經。若不先明諸經，則不知孟子學問來歷。論《詩》者曰：取裁於《選》，效體於唐。若倣《爾雅》分類之例，推而廣之，如世所刻《文選》錦字之類而加暢焉，則聖經之文無日不爲學者所運用。將經不期熟而自熟，理不期明而自明，詞不期雅而自雅，學不期正而自正。文章字句之用、篇章之法既已現前有餘，自然無事旁引，又奚必二氏百家之禁，而後士習始歸於正哉？夫文事一也，欲以道德立萬世之極，則以孔子爲主而有《大學衍義》之純乎經者佐之，固文事之大者也。欲以文章爲應世之資，則以《孟子》爲主而有文章正宗之純乎經者佐之，亦文事之雅者也。孰謂聖經無文事，而必待他書然後備乎？

或曰：道德以孔子爲祖，而文章以孟子爲宗，是二之也，得無有妨于道乎？曰：否。正爲善用孔子之道德以爲文章者，莫如孟子耳，故文章之用有二，曰道德，曰經濟，而其本則一，曰學問。夫世之讀《孟子》者，第以文章之妙爲不可及耳，孰知夫道德經濟之實用無不備也，又孰知夫學問之全局亦無不備也。故曰：善學孔子莫如孟子，論文事至於孟子，庶乎其不可加矣。由是言之，孰謂儒者不能文事哉？

聖經文事篇二

或曰：子以天地爲祖，而以諸經爲分見之理，而各具一全局；復以孔子爲師，而以君相師士爲分任之人，而亦各具一全局，已確而有徵矣。然子又言立本莫尊于道，閲世莫活于時，漢唐而後已與三代不同，况及今之世，豈無因時遵制而爲文章效用之藉者乎？曰：世之儒者，每言三代無文人，六經無文法，遂以文爲小技，薄而弗屑，此殆求之弗深，考之弗詳耳。蓋文必有藴藉、有法度，如論《詩》者有言取材于《選》、效體于唐是也。第文不貴多，取其有益于性命德業，可以效用之于君相師士者足矣。若盡一生之力以求必工，如所謂語不驚人不休，則又太過矣。文又不可近迂，必其對君相師士，即一事一物亦可以開悟轉移者。若執心性之訓詁，不達時務之緩急，是亦近世語録之類，徒足爲文士之姍笑耳。兹合諸經于性命德業，而分任事于君相師士，則舍四義之外皆其浮而不切，舍四任之外皆其細而無關。且以天地爲祖，父母爲本，帝王爲宗，身心爲實，天子爲主，賢才爲輔，天下爲局，萬世爲量，是文之綱領次第規模條理已無一不備矣。《易》贊天地，以《十翼》當一篇；《書》紀帝王，以一代當一篇；《詩》頌周德，合四始爲一篇；《禮》詳王制，分三禮爲三篇；《論語》紀孔子之教，《春秋》紀孔子之志，止可各作一篇；至于《孝經》《大學》《中庸》《孟子》，亦原止一篇。蓋以一經止作一篇，而以前之綱領次第規模條理細而按之，然後知其切于性命德業者安在，又知其可效于君相師士者爲何。庶有益于我之立身用世，而于文之藴藉，所謂取材于《選》者，更出于正而且綽然有餘矣。然以一經當一篇，于《孝經》《大學》《中庸》則易信，于他經必有疑而不信者，然此可與大胸襟、大眼界者言，難與拘文執義者辨也。雖然就文論文，即文之藴藉完備，詳明如前，猶之乎止于立本者耳。即其中已具法度，然非細而分之使切于用，則謂聖經原自有至文者，猶虚而無據也。蓋文有正局亦有活局，原本于用經之法，即以近代之文論之，則起頭結尾反振正叙，此文之正局也。至如引經引史，證理證事，則文之活局也。及其效用于世，亦有正活二局。對君有對君之體，對臣有對臣之體，對門人有對門人之體，對外教有對外教之體，此用之正局也。然君有仁暴昏明之不同，而執一法以爲對，在己業迂闊而不當于用，而何以引君于道乎？試觀禹皋之于堯舜，伊尹之于太甲，傅説之于高宗，周召之于成王，孔子之于魯衛，孟子之于齊梁，君已仁明則進之以厚終，君方昏暴則引之以改過立身，如此對君亦然。對君既有活局如此，則對臣、對弟子、對外教，其載在諸經者固可覆而視也。惟對一人即有一法，而所謂法者即正局之中兼寓活局，則體不至泛而無當，用不至浮而不切。且于文之法度，所謂效體于唐者，一出于經而且超然獨擅矣。夫合文之蘊藉法度無一不備，則文人孰高于三代，文法孰妙于六經哉？惟是二者既明，更加以本乎誠，勿使以文勝，切于時而勿令其入迂，此則文外之意所當謹記于心者耳。安知深于經義之士，不以愚言爲莫逆乎！

義學活用篇

或曰：子謂天地之間君主之，相輔之，此宇宙之大綱也，是則然矣。彼師與士不過韋布之士、寒畯之儒，何與于君相而亦有賴于經耶？曰：子之胸襟亦甚狹矣，信以爲師止于師，士止于士耶？彼與天子共治天下者，豈生而爲相者耶？用則爲相以行道于當時之天下，不用則爲師爲士以傳道于後世之天下。總之，以道爲主，以天下爲局，君相師士特分殊之異名耳。試核其理有不出于一者乎？以師道言之，則三綱八目即《堯典》克明惇睦、平章協和之序也，道德九經即《洪範》九疇之局也，《論語》一書即敬敷五教之法也，《春秋》一書即天命天討之旨也，此師道用經之證也。惟是《易傳》爲天地專經，《孝經》爲父母專經，乃孔子之所特補，故微有異耳。然先天後天大德小德至誠，其次知之則一成功，則一肫肫淵淵、空空浩浩，其脱經而闡道之全局亦已多矣。《孟子》七篇以帝王爲顯仁，以天地爲藏用，故其叙統第始于堯舜；而凡對君之語，論道德則稱堯舜，論征伐則稱湯武，論相業則稱禹周。其取用尤未易悉舉，是又士道用經之證也。惟君相師士無一不有資焉，此永賴之功所以爲大，而萬世帝王有行事可見者必以堯舜爲首也。

或曰：《孟子》七篇之用，獨可與豪傑之士言耳。吾聞聖人有教無類，故君子有五教焉。茲獨豪傑之士賴之，無乃有未普乎？曰：前固言之，但未發明其義耳。入道有質，成道有品，堯舜性之即《中庸》之生安也，湯武身之即《中庸》之生安兼學利也。啓、少康、盤庚、高宗、成康、周宣雖曰守成中興不同，然不能無過不及，是亦學利之質也。惟太甲自怨自艾而後復辟，則困勉之類耳。聖如孔子，其爲生安無可疑者，顏曾思孟則生安。而兼學利者，由、賜、商、偃、漆雕、子賤則皆成于學利者。至于冉、求、宰我不免聚斂短喪，則困勉幾流于下矣。蓋經學有順逆二局，順而觀之，則由諸君可以評諸賢；逆而溯之，則由諸賢亦可以評諸君。此理之可以通貫爲一，而師士之所取用爲更多也。

或曰：信斯言也，聖賢不能超四術而自得，乃必賴于《詩》《書》之陳跡乎？曰：是何言與！有超古而愈精者，孔子之《易傳》《孝經》是也。有超古而終異者，二氏百家是也。有學古而自得者，《學》《庸》《孟子》是也。有學古而愈泥者，宋末訓詁之儒是也。蓋聖人先誠其身，則所蘊之四義既足爲諸經之權度準繩矣。即取用諸經不過兩相印正，非盡如訓詁之儒也。觀《學》《庸》《孟子》之書，可得其概已。惟求之弗深，考之弗詳，故不免拘文執義，遂自蹈于泥古之譏耳。天下一也，堯舜帥之而仁，桀紂帥之而暴，亦猶均六經也。聖賢用之而道益明，後儒用之而道反晦，明晦之機豈不以人哉？不然爲高必因丘陵，爲下必因川澤。又曰：創始者難爲功，因舊者易爲力，況以聖賢心術之正而用先王之經術。即經而詳説反約，離經而深造自得，《孟子》已有成法矣，又何得惑于異説之紛紛哉？書不負人，人自負書，亦可慨已。

理學博用篇

或曰：文章之法，人皆以爲本于六經，然有善用實者，如《書》與《三禮》《春秋》是也。至于善用虚者，則惟《易》與《詩》爲然。《易》之以大小二象用虚，是固易知耳，以其未實之以人事，故虚猶可用也。《詩》則兼人事矣，而亦以爲善用虚，何耶？曰：《詩》之妙正在借人事以用虚也，又妙在借人事以藏虚也。人第知其用虚之妙，而不察其藏虚之妙，《詩》之神機隱矣。後世言《詩》者以爲取材于《選》、效體于唐，讀《詩》者何獨不然？嘗以《詩》仰而觀之于天，「上天之載，無聲無臭」，「維天之命，於穆不已」，言天也。「昊天曰明，及爾出王。昊天曰旦，及爾遊衍」，其言天尤切，皆所謂先天之命也。「敬之敬之，天維顯思，命不易哉，無曰高高在上，陟降厥士，日監在兹」，言天之可畏也；「相在爾室，尚不愧于屋漏，無曰不顯，莫予云覯。神之格思，不可度思，矧可射思」，亦言天之至神也；「明明在下，赫赫在上，天難忱斯，不易維王」，亦言天之可畏也；皆所謂後天之命也。至于「厭浥行露，謂行多露」「殷其雷，在南山之陽」「嘒彼小星，三五在東，維參與昴」，則所謂天文之象也。嘗以《詩》俯而察之于地，「在河之洲」「陟彼崔嵬，陟彼高崗」「施于中逵」「漢之廣矣，江之永矣」「遵彼汝墳」「于沼于沚，于澗之中」「陟彼南山」「南澗之濱，于彼行潦」「南山之陽」「江有汜」，則所謂地理之形也。嘗以《詩》近而觀之于人，「言告師氏」「窈窕淑女」「歸寧父母」「嗟我懷人」「樂只君子」「宜爾子孫，振振兮」「赳赳武夫，公侯干城，公侯腹心」「漢有游女」「振振公子，公姓公族」「父母孔邇」「公侯之事」「有齊季女」「有女懷春，吉士誘之」「王姬之車」，皆所謂人之類也。「公侯腹心」「退食自公」「王室如燬」「夙夜在公」「雖速我訟，亦不女從」「委蛇委蛇」「其(夜)〔後〕[一]也悔，其嘯也歌」「福履綏之」「寔命不同」，則所謂人之事也。嘗以《詩》遠而觀之，于物以禽獸蟲魚言之，「關關雎鳩」「黄鳥于飛」「魴魚赬尾」「維鵲有巢，維鳩居之」「誰謂鵲無角」「我馬虺隤」「螽斯羽，振振兮」「肅肅兔罝」「喓喓草蟲」「麟之趾」「趯趯阜螽」「羔羊之皮」「野有死麕、死鹿」「誰謂鼠無牙」「無使(龍)〔尨〕[二]也吠」「壹(登)〔發〕[三]五豝五豵」。以百果草木言之，「參差荇菜」「葛之覃兮」「采采

[一] 依《詩經·江有汜》，「夜」當作「後」。
[二] 依《詩經·野有死麕》，「龍」當作「尨」。
[三] 依《詩經·騶虞》，「登」當作「發」。

卷耳」「南有樛木」「葛藟累之」「桃之夭夭」「采采芣苢」「南有喬木，翹翹錯薪」「于以采蘩」「言采其薇，言采其蕨」「于以采蘋」「蔽(市)〔芾〕〔一〕甘棠」「摽有梅」「白茅純束」「唐棣之華，華如桃李」「彼茁者葭，彼茁者蓬」。以宫室器用言之，「公侯之宫」「宗室牖下」「何以穿我屋，何以穿我牖」「鐘鼓樂之」「爲絺爲綌」「薄澣我衣」「不盈頃筐，我姑酌彼兕觥」「百兩御之」「維筐及筥，維錡及釜」「素絲五紽」「抱衾與裯」「維絲伊緡」，皆所謂物之變也。雖然此所謂《詩》之材也，知材而不知體，則散而無紀，如衆木雖具而宫室未成，大觀猶未顯耳。顧《詩》之體與《書》之體不同，二《典》、三《謨》《禹貢》《顧命》（康王之誥）〔二〕，叙事之體也，《洪範》則著述之體也，《湯誥》《牧誓》則諭告天下之體也，《君陳》《畢命》《君牙》《冏命》則君諭臣之體也，《伊訓》《説命》《召誥》《旅獒》《無逸》《立政》則臣對君之體也，《盤庚》《多士》《多方》則君諭民之體也，《康誥》《蔡仲》《文侯之命》《微子之命》則諭諸侯之體也，《君奭》則平交議論之體也，《甘誓》《費誓》則征伐諭衆之體也。然商以前止叙事對君，而商以後乃多諭臣諭民之語，則文之日趨于盛也，亦世變之一徵也。《詩》非盡周公之作，亦有倣《書》之義而爲之者。其言后稷、公劉、

〔一〕依《詩經・甘棠》，「市」當作「芾」。

〔二〕依前後文意，「康王之誥」四字疑衍。

太王、王季、文王、武王，皆追叙之體也，亦猶《書》之有《典謨》也。《六月》《采芑》《車攻》《吉日》《鴻雁》《雲漢》《崧高》《烝民》《韓奕》《江漢》《常武》諸詩，美宣王也。《庭燎》《沔水》《鶴鳴》《祈父》《白駒》《黄鳥》，則美而兼刺矣。然皆君臣同時之語，亦猶《書》之有《伊訓》《説命》也。《豳風》序王業之根本，亦猶《夏書》之有《禹貢》也。《鹿鳴》《四牡》《皇華》《伐木》宴異姓也，猶《書》之有《微子之命》也。《棠棣》宴同姓也，猶《書》之有《康誥》《蔡仲之命》也。《頌》告成功于郊廟，亦猶《湯誥》《武成》之告于皇天后土、名山大川也，變其體耳。夫前言《詩》之取材，此言《詩》之效體，《詩》之妙將遂盡于此乎而猶未也。於《詩》有以見文章之用焉。正《風》用之于閨門邦國，正《小雅》用之于宴饗，正《大雅》用之于朝會，《周頌》用之于郊廟，此其用之大者。有父母之念子者，有子之念父母者，有兄弟之相念者，有夫婦之相念者，有男女之相求者，有朋友之相規者，有君之體其臣者，有君之體其民者，有君之厚同姓者，有君之禮異姓者，有臣之歆其君者，有臣之規其君者，有民之怨其上者，有民之頌其上者，有自作以箴儆者，有托言以刺時者，有平交之交相美、交相刺者，有旁觀之公是而美、公非而刺者，此其用之小者。於《詩》有以見文章之法焉。賦者直陳其事，如《葛覃》《卷耳》之類是也；比者以彼狀此，如《螽斯》《緑衣》之類是也；興者托物興詞，如《關雎》《兔罝》之類是也。又《螽斯》專于比，而《緑衣》則兼于興，《兔罝》專于比，《關雎》則兼于比，此其例又不同，不可不辨。有賦而比者，《小弁》八章是也；有賦而興者，《野有蔓草》《黍離》《氓》六章是也；有比而興者，《溱洧》《小弁》七章、《下泉》《氓》三章是也；有興而比者，《緑衣》《關雎》《漢廣》是也；賦而興者，《頍弁》《泮水》首三章是也。此《詩》所以盡文章之變，亦《書》之所無也，而猶未也。于《詩》有以見文章之情焉。《大序》曰：「《詩》之爲教，發乎情，止乎義禮。發乎情，民之情也。止乎義禮，先王之澤也」，是固然矣。又曰：「言之者無罪，聞者足以戒」，是亦然矣。然有長短之不同。郊廟者，天子親行主祭，勢必能久勞，故宜短。朝會宴饗，則天子坐而爲主，勢可以盡言，故居長短之中，叙祖宗世德以詔后人。非詳言之，懼其有所遺而不盡言也，故多長。又有婉直之不同。叙先德，叙農事，理宜直陳其事，但文度婉雅耳。惟臣子之于君父，勢處其難，不言則其情不伸，遽言則恐傷于激，於是始不得不婉致其詞矣。然言之婉者，人所知也。又有不言之婉，如《齊風·猗嗟》之譏魯莊，第稱其美，而不能防閑其毋之義却于言外見之，此又不言之婉也。文章之妙一至此哉，此則所謂情也。大抵《詩》有正法，有活法。正法者，如《文王》爲文王之詩，《生民》爲后稷之詩，《公劉》爲公劉之詩，《下武》爲武王之詩，此不可移于彼，彼不可借于此，所謂正法也。活法者，四書中斷章取義者皆是矣。不知正法則不知《詩》之所自來，而作者之本旨俱晦。不知活法則不知《詩》之所由用，而學者之悟門不開。要之，必先以正法明其本旨，然後以活法廣其悟門，則先後之序不失，而正活兩者之用皆得矣。《詩》之正法從《書》之叙事而變者也，《詩》之活法從《易》之大小象而變者也。愚讀《詩》《書》而悟先天後天之學焉。《書》曰稽古，曰學古訓，曰監成憲二帝三王之事，賴此以傳于世。且才人文士之所潤色也，豈非聖人之實事而學者之大觀哉？雖然猶有待也，謂待《書》而後可學，待《書》而後可傳，且待學者而後可語也。夫《詩》則不然，現前之天地人物鬼神即理也，匹夫匹婦矢口而談即文也。人人可以與知，亦人人可以與能。由是言之，《詩》者，動以天也，先天也，故現前即是所謂象學也。《書》則成以人矣，後天也，必探討乃得所謂義學也。昔人有言莊子善用虛，而不知《詩》之妙正在虛；太史公善用實，而不知《書》之重正在實。所貴善學者，由虛以通活潑之機，然後就實以約于規矩之正，則《書》《詩》之妙兩得之矣。此聖人屢教人以學《詩》，而諸賢之悟由《詩》以入者居多也。雖然此借文以論《詩》耳，乃聖人删《詩》之意其果僅僅以文乎哉？夫以文觀物，故物皆有文；以善觀物，則物皆有善。惟物皆文，故文之用不窮于取。惟物皆善，將善之量又安得而有涯乎哉？聖人藏用之妙，《詩》其一徵！已一得之愚，未知有當于學《詩》者否。

經學酌用篇

或曰：子于經教仍其本文者，既以天地《易傳》貫之，其于聖人自成其身；而後分任天下者，又以天地父母至道至德貫之；至于合經教與聖人分任天下者，君道既以尊王貫之，師道又專尊孔子一人以貫之，然是四者固皆即經而言也。嘗觀六經既已删定，而《論》《學》《庸》《孟》則皆博學反約，離經而自成一家言矣。根本雖出六經，而無一字相襲意者，深造自得然後能及此乎。子謂諸經必不可破析其本文，則四書何以稱焉？曰：經，一也，而有紀事之經，有明道之經；聖人，一也，有盡性之聖人，有盡性至命之聖人，四者皆分析而無混庶。採用經文者，可以取之左右逢其原矣。《書》爲紀事之首矣，而《詩》與《三禮》《春秋》《論語》亦皆紀事之書也。《易傳》爲明道之首矣，而《孝經》《大學》《中庸》《孟子》亦皆明道之書也。第孔子所謂明道，乃性命實體諸身而以德業待時而用，此當世之局也。以性命實體德業豫定總爲身教，而以諸經總爲經教，則萬世之局也。其爲萬世帝王之師，蓋以此耳。至于《書》紀唐虞夏商周之世變，《詩》與《三禮》紀成周一代之祖德王制，《春秋》紀十二公之行事，《論語》紀聖門師弟之教學，則當因其時與位以想見其人品之高下矣。《易傳》明天地之道，《孝經》明父母之道，《大學》明帝王相臣之道，《中庸》合天地父母師模相業以明聖人身教之道，則當因其書以想見其學術之偏全矣。至于《孟子》生于諸經大備之後，而欲合君相師士大成之理以學孔子，則又有可言者。蓋《易傳》《孝經》《大學》《中庸》雖曰離經自得，然立教之始諸賢又迨見孔子，未免統于尊也。孟子去聖既遠而自任實多，故于君相師士雖皆用其正局，而至于引事證理通變不窮，則又並其正局之活局而兼用之矣。故首尊孔子而用其正局，微變孔子而兼用其活局，孔子之後孟子一人而已。自漢以來，儒者有明道之書矣。而欲如孟子得性命德業，實體諸身而待時以用未能也，或偶合四義之全局矣，而不參以時務，但守其經文有流入爲迂腐者矣。如孟子之完整于道，而精勘于時未能也，况支離而不合乎道，迂腐于不合于時，有萬萬不及孟子者乎。故學孔子者當自孟子始，雖然孟子之書亦就孟子之位與時以盡性、聖人之全局言之耳。倘孟子生于唐虞三代之世，則必兼大樂以言命宗；進于孔子之門，亦必兼韶舞以爲全局。生于漢唐及今之世，則其所言又與其書不同矣。蓋立身固莫尊于道之四義，而經世又貴合于時與位之二言。倘不論世之治亂、位之崇卑，而一概執道抗時以爲高，此後世之所以多腐儒也。處常而不知經，處變而不知權，無爲貴豪傑之士矣。

或曰：孟子而後諸儒迭興多矣，豈遂無一二近似以爲聖經之羽翼者乎？曰：董生天人三策，則《中庸》天人之至理也。昌黎《原道》一篇，則孟子闢邪之大義也。邵子《皇極經世》大闡二天之藴，周子《太極通書》深入十翼之精，《小學》《家禮》足當《儀禮》《曲禮》之約，《通鑑綱目》可繼春秋之公。聖道衰微，世出偉人以輔翼之，使不爲二氏百家所亂，此天意也，聖人之靈也。自諸書而外，則《大學衍義》者合諸經以明帝王之盛德，《大學補義》者合諸經以明帝王之大業，此二書者有功于帝王甚大。然不獨君也，相與師士，其規模廣大、條理精密，亦無加于此矣。第于道之全局未分性命德業，而于人之任道未分君相師士，于天地父母未特表章爲祖爲本，于孔子未特闡發身教經教。且所引證事證理，雜引諸史諸子，其于孔子立教之主，既無以超出二氏百家，而于聖經咸備之理，似猶不免有待而備。是不能無待于後人之補正焉耳。非吾黨之責而誰與任之哉？

圖學約用篇

或曰：子既以報國爲念，何爲復以先尊孔子爲主？曰：我太祖屏黜百家，專尊孔子，千古特見，固王制之不敢違者也。不惟天下臣民不敢違，即聖子神孫亦必于是乎取法焉。前此尊經以格君心者，無如《大學衍義》與《春秋胡傳》，第《胡傳》止于《春秋》，不及諸經，《衍義》雖採諸經，然兼史傳而亦未純乎經。夫經必待史而後足，是經果未備之書矣。此編之目略倣《衍義》及《衍義補》，而純用乎經以明聖經，原無不足，有不待他取而後備者，然二《衍義》止及于君而不及臣。夫天地之間，君主之，臣輔之，師教之，士承之，四者皆不可缺一，而臣道之中實兼師士。蓋爲人臣者，出則輔君治世，處則明道授徒，其實一人之事耳。然王者立極，天下臣民皆取法焉，則教亦教其法，天子之所爲耳。此道德所以一，風俗所以同，而君師之任所以出于一也，故曰一正君而國定矣。然君臣之道皆具載于聖經，故必先尊孔子，使天下萬世皆知其爲至神至聖，其言爲必可信，其道爲必可行，其教爲必不可易，庶君臣信心確守永永傳之而不敢違耳。顧聖經之傳于世非一日矣，或資之爲聞見，或採之爲詩文，或藉之爲舉業，所取于聖經者淺，而且小故大義終隱而不明。元初發心即思天子所以治天下，與人臣所以對天子者，其載于聖經者謂何？蓋道理原活，彼數者所取亦足供數者之用，則元以報國爲主，安知不遂足爲報國之藉耶？今之幸有所悟，或亦其初念之與衆不同也。儒者之學聖經亦非一人，然偶有所見即高自標榜，各立門户，斥小（偖）〔諸〕〔一〕儒，罷絀百家，攻擊二氏，接引生徒。而元獨不以爲然，嘗譬之聖道之不明，正如父母之有疾，果可以療治，何必拘于一醫，執于一方。且經不云乎：先民有言詢于蒭蕘，舍己從人，自耕稼陶漁以至爲帝，無非取諸人者。又曰：取人之一善而忘其百非，故諸儒不敢謗也，百家不敢斥也，二氏不敢排也。雖一節之士、一卷之書，苟可以明先聖之道與？闡聖人之經亦必發于真誠，虚心謙己拜而求焉。即有所聞，然未敢遽以爲信，猶必反之自身，驗之人事，徵之物理，印之聖經，果其俱無違碍，然後筆而記之，其專而且勤一至于此。蓋私心自念人用心于舉業，猶專且勤，矧吾以報國爲念，一或不專且勤，其何以深入以爲異日自效之地耶？蓋若或翼之而自有不容已者，吾自知之非言所得而喻也。嘗試總而約之，聖人之教在一時不可缺，以尊王爲主也；在萬世爲不可易，以尊王爲主也；在二氏百家爲不可混，以尊王爲主也；在前聖後賢爲不可及，亦以尊王爲主也。惟以尊王爲主，故能用天地現在之全局；惟以尊王爲

〔一〕 依文意，「偖」當作「諸」。

主，故能用宇宙始終之全局；惟以尊王爲主，故能合宇宙與見在而爲後天一全局；惟以尊王爲主，故能超宇宙見在而爲先天一全局。雖然聖人之道本于天地，不分天地爲四局不能盡天地之全，不知天地之四局不能盡聖道之全。現在，一也；宇宙始終，二也；合見在與始終，三也；超見在與始終，四也。合四者謂之全局，在天地如此，在聖學亦然，在聖治亦然，在爲君者亦然，在爲相者亦然，在爲相者爲然，在爲師者亦然，在爲士者亦然。故曰：夫道一而已矣。天不貳，故道不貳也。要之，聖人以天地爲師，是先做成聖人以成位天地之中矣。至于或爲君，或爲相，或爲師，或爲士，則皆其所遇以盡其職耳。本同而末異者，理一而分殊也。或疑爲師、爲相、爲士，尊王之義行矣。己自爲天子，而亦言天子可乎？曰：己之自尊猶勝于人之尊己也，誠自尊則于天地之四局，必取而實體諸身矣。視人之尊己，非直以分尊、以情尊、以義尊而以德尊，其視己之虛實淺深邈不相關者當何如哉？抑又論之，聖人亦有四局，有先天之全局，即用前天地之四局是也。有後天之全局，則兼帝王之四局矣。合天地帝王爲一全局，上律下襲、祖述憲章是也。超天地帝王而爲一全局，則天地是也。先天以天地爲主，可以自我作祖，無待後天。後天以帝王爲宗，以古爲師，不能脱除先天。至于帝王亦有四局，而以見在王制爲主一局也，前此爲前王之制，如周之前有唐虞夏商一局也，合二者則盡千古之變矣，又一局也。然帝王之局何所從來，未有不原于天者也。□竟溯之于天，而後爲全局耳。《春秋》即現在之局也，《書》《詩》《三禮》

爲前王，合二者爲千古之變，補《易》于前則有天地之全局矣。必先布局以明其不可缺、不可混，然後推理以明其不可易、不可及，則聖經大義可瞭然如指諸掌矣。然元之得力者妙在有圖，又妙在先即現在世間之事以立數圖，然後以聖經填實之。故一開卷而大義瞭然，此先儒所未有也。然諸經各具一義，須先照各經立圖，觀其合于現在者分數多寡何如，然後復總會之以爲數圖，有重複相同者去之可也，有相似而未盡同者亦姑存之。及圖義既明而又繫之以説，然後博引諸經以相貫通，則不出聖經之中而道理大備，可以作君，可以作師，可以出將，可以入相，無所往而不得其用，亦無一用而不盡其妙矣。明經一快，此非其可信者耶？顧圖有等級，而亦次第有本末、有始終，一一皆具，而且一一皆全。觀圖者又有數往之順、知來之逆，有自外而内，有自内而外，有自上而下，有自下而上，有合而不得不分，有分而不得不合，各隨圖意消息而繫其説于後，觀圖者正不可執一求之也。圖固約于言象矣，而總圖又約于各具之圖，而反之身心既有實得，並總圖亦爲贅矣。然又不可以去圖也，常目在之亦足以居安樂玩，一也。圖象簡約正可急備遺忘，二也。天人授受之統原始于圖書，與其過而廢之，寧過而存之以存天人之書，三也。既以聖經爲宗，非圖則無徵不信，四也。以道相授，惟圖易知易明，五也。人知爲圖，我知爲道，又可善藏其用，六也。故未得道由圖而入，既得道，設圖而玩，欲傳道藉圖而言，欲存道，因圖以寄。圖之不可少如此，非深于經者，其孰能信之哉？一得之愚，願與同志者商焉。

卷十三

聖經原歸説約

聖經合證篇[一]

或曰：道原於天地，統傳於聖賢，則既聞命矣。信如所叙之統，則孔子亦道統之中一人耳。乃封人稱曰天，以子貢稱曰天，縱萬世而下遂獨尊之以爲帝王之師，何也？曰：此有數説，請先論十三經，然後詳列孔子所以可師之實。蓋世之論聖經者，皆以孔子所自作者，然後歸之孔子。至于《易》歸羲、文、周公，《書》歸二帝、三王，《詩》與《三禮》《爾雅》歸之周公，《大學》歸之曾子，《中庸》歸之子思，《論語》歸之群賢所記，《七篇》歸之孟子。信斯言也，則孔子所自作僅《易傳》《孝經》《春秋》三書耳。所以爲孔子者，不亦狹乎？此殆一人之私見，而未嘗推類以達觀

[一] 原標題有序號「一」，今删。

也。今夫十七史皆史也，一經温公之編次爲《通鑑》，則爲温公之書而不復以十七史名之矣。《三禮》皆禮也，一經文公之採集爲《儀禮經傳》，則爲文公之書而不復以《三禮》名之矣。況《史記》明言孔子删《詩》《書》、定《禮》《樂》，曰删曰定，非四術之舊本明矣。羲、文、周公之《易》，原皆藏于太筮，第以爲占卜之書耳。既經孔子之贊，而後《易》始特爲五經之源，可仍歸之三聖耶。至於《學》《庸》《論》《孟》，雖非孔子所自作，然觀其所稱引，誰非以孔子爲宗而發明其道者，以統于尊之義推之，正當合之以觀大聖人之藴耳。

或曰：孟子異世不及門矣，而亦以爲統於孔子，何也？曰：試觀孟子之道，有一不根本孔子者乎？孟子之言有一不推尊孔子者乎？然十三經之合，必以孔子合之，而後歸于一，何也？蓋嘗試合之矣。以天地合之，則無爲者可合，有爲者不可合也。以帝王合之，職要者可合，職詳者不可合也。以相臣合之，大體可合，細務不可合也。惟以孔子合之，正如良醫用藥，參苓烏附無所不有。又如大匠造屋，欀題楝樑無所不具。天地君相，既可合之以爲立教之宗。禮樂詩書，又可合之以爲施教之用。《易傳》《春秋》《孝經》自作者，而還以自證固不待言。《大學》《中庸》《孟子》衍派者，而即以明宗尤爲有據。然後十三經之合於一，而必以孔子爲主殆確乎不可易矣。雖然合之之法蓋有二焉，有不動本經一字，但以大理序次以待人之自求自悟者，是一法也。有以大理序次而纂合經文，以明己之自參自得者，又一法也。前法如孔子之删述，仍存其舊文；後法如《孟子》之七篇，悉融爲自得。夫舊文可言也，則此書是也；自得未可言也，姑以俟之別編乎。雖然如以删述而已矣，則司馬遷《史記》自黄帝訖于《麟趾》，爲後世史記之冠。王通《中説》欲自漢以下删述以擬六經，其亦可稱萬世帝王之師耶？不知孔子所删述者帝王之經，後世即有他書，必不能如帝王之正矣。所贊者天地之易，後世即言他理，必不能如天地之大矣。所補者父子君臣之事，後世即紀他事，必不能如父子之親、君臣之義矣。况二子徒以書鳴于後世，其身教則王通猶略及之。後世論兩漢人才者，第儒董生一人而司馬遷弗與焉，則論孔子可師之實，固當合經教以盡其藴，而論孔子所以可師之實，又當即身教以抉其精，庶萬世而下無復有遺議乎！

經學本文篇

或曰：子于聖品則欲合十三經以會闡其藴，兹于經教復欲分十三經以各盡其詳，二者不可兼得，無乃自相違悖乎？曰：不合爲一，不足以包聖藴之全；不分爲十三，不足以悉各經之義。然分之令其極明，正欲以合之令極其當也。然經教有數義：有以世代遠近分先後者，羲皇先天四圖，受天之圖書而作天人交盛，其開闢以來之最先者矣；次《書》，次《詩》，次《周禮》《儀禮》，次《春秋》，次《論語》，次《禮記》《學》《庸》《爾雅》，《孟子》其最後者也。有以宇宙大理分先後者，則孔子《易傳》兼釋二天，全具性命德業四義，天地之道莫備于此，宜在諸經之首；有天地則有父母，是天子所不能加也，故次《孝經》；有《易傳》以爲至道，有《孝經》以爲至德，以至德而凝至道，所謂聖人先自成其身，然後出而分任天下，則此二者正聖人之所以自成其身者也。出而分任天下，一曰君，二曰相，三曰師，四曰豪傑之士，而方外不與焉。君之任天下者莫如二帝、三王，故天地父母之後則首言《書》者，君臣之盛也。相之任天下者莫如周公，乃周公則兼用二天與四術者也，而《書》言成周創業之事已與君道爲一類矣。第官天下者莫大于敬天，而家天下者莫要于法祖，蓋法祖即孝之至德也，《詩》之一經言祖父子孫之盛，法祖者備矣。祖德雖備而王制猶缺，則亦非全局矣，次《詩》則有《三禮》而王制始大備矣，此周公相業之全局也。師之任天下者莫如孔子，然孔子之業有大于周公者，以其《易傳》闡天地之道，《孝經》報父母之德，足以冠四術之先；《春秋》尊一王之制，而《周禮》之致平者又得此以撥亂，足以補四術之缺。再觀《論語》一編，身教全備，次第分明，則師道之尊、師弟之盛具見于其中矣。然經教不可不仍其本文者更有數義，蓋經有爲性命之全局而作者，《易》之一經是也；一分剖破析則本末皆失其序，而性命之全局不可見矣。有爲德業之全局兼爲世運之變遷而作者，《書》之一經是也；一分剖破析，則德業之全局與世運之變遷皆不可見矣。有爲祖德之全局而作者，《詩》之一經是也。自家而國，自朝廷而天下，自祖父而子孫，自宗廟而郊社，一代家法灼有定序，是安得不仍其本文。

有爲制度之全局而作者，《周禮》三經是也。居上臨下，則王朝以及天下；居中運外，則王宫、王國、王畿以達中國四夷；一統規模亦灼有定制，是安得不仍其本文。有爲教之全局而作者，《論語》一書是也。《學而》四篇，教之序自小學而大學，道之序自人道而天德，經之序自《詩》《書》而《禮》《樂》。《公冶》四篇，人之品自君子而則天。《子罕》二篇，自大德而小德，此上篇之定序也。《先進》二篇接《子罕》二篇，前二爲聖人之盛德，具于身以爲主，此二爲聖人之英才，集于門而爲輔。《子路》四篇，以正魯爲本，次列國，次天下，而終以禮樂征伐自天子出，則《春秋》之志也。《陽貨》二篇，君臣之義已窮而心事愈白，師弟之教已盡而欲返無言。《子張》一篇無孔子之語，則諸弟子之傳道者也。《堯曰》一篇有孔子之政，則諸弟子之叙統者，此下篇之定序也。有爲史之全局而作者，《春秋》一書是也。十二公之次，二百四十二年之編年，更有毫不可移易者矣，是安得不仍其本文。至于《大學》《中庸》《孝經》，皆原止一篇，《孝經》以明至德，《大學》以明至道，《中庸》兼至德至道以明至人，脈絡通貫，文氣渾全。至《孟子》之書雖分七篇，然上三篇叙其經世之綱，下四篇發其覺世之藴，亦自先後有序，是安得不仍其本文。分割而弗完整，紊亂而無定序，獨有《儀禮》《禮記》《爾雅》三書耳。然《爾雅》爲小學備用，原不甚關大體，取其便用可也。《儀禮》止于儀文，世之採用者少。惟《禮記》中古制名言甚多，此則不可不略爲之分疏使易見耳。雖然一經各具一局，分之固各盡其義矣。倘無所以爲一以貫之于其中者，則又亂而無主，浮而無本，泛而無要，是亦後儒之論經術耳。然則孰爲本主則天地是也，孰爲統要則《易》之一經是也。蓋道非外天地而别有一理，即天地之全局耳。夫在天地則爲神化德業，在聖人則爲性命倫政，其實一理而異名耳。故執四者以觀天地，既足以盡天地之全局；執四者以觀諸經各具之義，則知其有詳略而無異同；執四者以觀任天下者之君相師士，則知其藴有全半，且並知其局有大小；執四者以偏觀外教，則知其有異同，且並知其有純駁。是《易傳》一書有功于天地，有功于帝王，有功于後學，有功于吾道。孔子所以爲萬世帝王之師，一以貫之，其貫以天地乎？即此一書而已見矣，况又身教有《中庸》《論語》，經教又有諸經乎！宜孟子稱爲生民未有之盛也，嗚呼至哉！

聖藴深求篇[一]

或曰：儒者有言孔子之教盛行於今日，固聖道大明之一會也，後學可以忘言矣，信乎？曰：否。謂教之盛行則可，謂道大明則未也。何也？今之號爲明道者，非宋儒之説則近儒之見耳，于孔子曷與焉？夫三代以上無論矣，春秋之世，百家紛出，得孔子删定六經而道始歸一；未

[一] 原標題有序號「二」，今删。

幾復亂，得孟子掃除邪説而道始反正；漢唐而後二氏並興，道復大亂，宋儒崛起，非不知尊孔子而闢二氏百家也。今按其書而問，孔子删定歸一之義所歸何一，孟子所爲掃除反正之義所反何正，則有含糊而未明、牽制而不斷者矣。後世學者欲求孔孟之道，其何途之從哉？所以然者，急于自立門户而不能深究聖經，故第可以成一家之言，而不足以定千聖之極也。然則爲今日之計，誠莫急于明聖人之經矣。譬之太陽一出，太陰五緯尚不能與之争光，而何有於魑魅魍魎哉？第聖經所以不明，由儒者陽以近儒爲宗，而不入於枯槁者也。惟就廣大悉備中求易簡，斯真易簡矣。且屏去二氏百家，其爲學者減擔亦已多矣。十三經正文猶以爲煩，無乃太簡耶。今試論之，言天地之詳莫如《易傳》，言父母之詳莫如《孝經》，言君德之詳莫如《詩》《書》，言王政之詳莫如《三禮》，爲當世之計莫詳於《春秋》，爲後學之計莫詳於《學》《庸》《論語》。必欲盡其專且詳，則諸經備矣。必欲求其聚而約，其在孟子乎？蓋千聖之道得孔子而定，孔子之教得孟子而尊。嘗欲略爲之分，以《易》《書》《詩》至《大學》《中庸》合爲一書，總歸之孔子，以見集群聖之大成，即曾思不得分，論統於尊也。《孟子》則自爲一書，自成一例，蓋曾思猶逮事孔子，孟子則百餘年遠矣。後之尊前者如此，其至則將來之爲尊者，何可異也？後之用前者如此，其活則將來之爲用者，何可執也？故《孟子》自爲一書，著其特也。然則孔子其立教之祖，孟子其學聖之宗與？孔子其聖神之極，孟子其豪傑之冠與？善學孔子者必自孟子始，聖人復起不易斯言矣。

經學定宗篇[一]

或曰：宇宙之間，惟道與人而已，道與天地同運原無斷續，人與身相始終則有存亡。故曰：人能弘道，非道弘人。又曰：大哉！聖人之道待其人而後行。蓋道之流行于宇宙，亦若文武之政載方册，然有人行之，政固若一新矣；無人行之，其在方册者原自若也。顧道惟一理而經有殊文，子以分任天下者約之君相師士，則既有成説矣，而經之分見若此，豈亦有約之爲一者乎？曰：道之全局以天地爲祖，以父母爲本，以身心爲主，以賢才爲輔，以天下爲局，以萬世爲量。此六者，六經未出以前先天之學術也。天地父母而後，以帝王爲宗，聖賢爲師，餘者悉同。六經既出以後，多經典以爲徵，後天之學術也。二天之學會通爲一，萬理悉收，萬事咸備，千聖復起無以復加矣。獨其著作之文與時俱變，是則有不同耳。

或曰：子言天子爲主，而臣民胥效法焉。兹乃概而一之，無乃非尊天子之義乎？曰：此二學者正皆以天子言也。第天子有父母身心，人亦各有父母身心，其尊卑之分雖殊，而事親修身

[一] 原標題有序號「一」，今删。

之理則一。此所以先定道之全局而以天子爲主，然後明天下臣民則君自治者，總之皆此一道也。試思道之全局，天子固得而全用之矣；然相者天子資之以共理者也，天子所行而相有不知可乎？士者異日亦有爲相之望者也，天子與相所行而士有不知可乎？師者又君臣士三者所從以稟學者也，故曰：天子所不臣于其臣者二，當其爲師則弗臣也，而况臣與士乎？然君臣士所欲妄行者，拒而不對如孟子不對桓文之事是也；其所當行者，如堯舜湯武周公孔孟之事，則豈可有不知耶？當行者皆所當知，則君臣士師之出于一道斷可識矣。宇宙太和一見于唐虞之君臣，再見于成周之父子，三見于洙泗之師弟，而任天下者之盛于是爲不可及矣。然《大學》乃合四術，而約其大義以爲至道，以備作君之用者也；《中庸》乃合天地父母，又兼四術而體其至道以爲至人，以示作師之準者也。二書雖係曾子、子思所作，而實發明孔子之藴。故觀孔子之師道者，當以《易傳》之天地爲首，次《孝經》之父母，次《中庸》之立身，次《大學》之格君，次《春秋》之經世，次《論語》之育才；以天地爲祖，以帝王爲宗，以父母爲本，以身心爲實，以天下爲局，以萬世爲量。以前二天四術爲前六經，謂之經教，人所同也；以此《易傳》《孝經》《學》《庸》《論語》《春秋》爲後六經，謂之身教，孔子所獨也。統經教爲身教，復以身教傳經教，以教育當時，以垂憲萬世，師道之全局于是極盛而不可以復加矣。然孔子亦士也，非生而爲師者也，以其道德功業之大，故尊之爲師以别于士，且明作師之道必如此，而後無負于天之所生也。豪傑之士任天下者莫如孟子，顔、曾、子思亦皆豪傑而專言孟子者，三子皆迨見孔子統于尊矣。孟子去聖已遠，自任之意爲多，故嘗謂孔子立聖神之極以一經盡一義，故不得不詳；孟子創豪傑之宗以一篇當一經，故不得不約。且微孔子無以開萬世之群蒙，非孟子無以推孔子之極盛，天生孔子以開萬世，復生孟子以爲學孔子者立法也。然君任天下不宗湯武而宗堯舜，相任天下不宗伊尹而宗周公，士任天下不宗孟子而宗孔子，何也？堯舜周孔履其常，湯武伊孟值其變。常者人所相安，變者人所共駭，故任天下者寧道其常，不欲駭俗以驚愚耳。然常變世所時有，故經教並存之，固欲人安于其常，而又不可不並惕于其變也。其用意深哉，其用意深哉！

聖經正局篇

或曰：帝王之經綸天下，必先定規模而後從事，孔子爲萬世帝王之師，豈無不可易之局，使學聖人者有所持循而入耶？《中庸》謂至誠經綸大經，夫所謂大經安在，而所以經綸之者又安在耶？曰：經綸既曰天下之大經，則所關必非細矣；而以至誠爲經綸之主，則又非出之而無本者。然則至誠也者，其即前所謂聖人先誠其身者耶？經綸大經，其即前所謂聖人誠身而後分任天下者耶？嘗詳考聖經而合之以大學，因得經綸之全局焉。一曰宇宙全局，天地古今幽明治亂無不在其中矣。在《易》則上下二經是也，其中有「泰」「否」「剥」「復」「夬」「姤」「既」「未」，即古今治亂之變也。二曰天下全局，天地幽明與前局同，但此專以現在一時言，或治或亂，當以其時事論矣。唐虞則治也，中間治亂不一，桀紂則大亂矣，周公則復治矣，春秋則亂而未甚，孔子則撥亂而反之治矣。孟子所謂天下之生久矣，一治一亂是也。三曰國之全局，此正以天子之國爲主。其王宮、王朝、王國、王畿之制既尊而詳，其由宮闈以達邦國、由朝廷以達天下之政又精而密，其諸侯之制不過由王國而殺其侯國之政，亦不過則君自治耳。《周禮》自王朝達天下，即其制也；《詩》自宮闈以及郊廟，即其政也；《春秋》亦尊周制，但以諸侯入相天子者言，故先正魯爲詳耳，此其微異者也。四曰家之全局，此亦當以天子之家爲主，《孝經》得其大矣。《詩經》即周之家法也，其細微曲折有内則存焉，一則與天下共行達道，一則抗世子之法于伯禽，庶職要者亦可因職詳者而反觀以自得也。五曰身之全局，周旋于天下國家者皆身也，然此言全局則專以身之内外言矣。身之内亦具一天下國家以爲後天，具一宇宙以爲先天，人所未知也。《孟子》曰：「萬物皆備于我矣」，言身以内也。《曲禮》九容，身之外象耳；衣服飲食言語威儀，身之小節耳。惟《易》有二天二經，則誠身之全局，性命之至理也。因思身以外，皆人所共見共知，所謂顯諸仁者也。身以内乃己所獨見獨知，所謂藏諸用者也。聖人先誠其身而曰反身而誠，謂之反者正以身以内言耳。六曰心之全局，心即身之主宰也。言誠身則心在其中矣，而復有心之全局者何也？蓋身之全局即形而言，所以行之天下國家者也。心之全局超形而言，與天爲一者也，形不足以拘之矣。空空浩浩，超然獨存，獨立不懼，遁世無悶，至死不變，死而不亡，皆此物也。大行不加，窮居不損，磨而不磷，涅而不淄，皆謂此也。不慮而知，不學而能，不疾而速，不行而至，亦此物也。雖然心猶君也，身猶國也，又心爲主人，身爲宅舍，主不歸宅則人民無主，窮大而失其居。不惟身之不修，並心亦不能正矣。惟知心之量原包天地之外而貫天下國家之中，大莫載而小莫破，而心之宅止于一身之内，不拘一處，不滯一事，如天之方春，如人之方睡，如飲之微醺，如治之太和，如民之皞皞，如赤子之無知識，常提其綱，自强不息，一如天之行健，所謂大觀在上提綱也。又曰順而巽，中正以觀天下，則太和在一身矣，此恭己南面無爲而治之心法也。七曰統局，合前六局爲一局，身以爲主而以心藏諸用，家國天下顯諸仁，當時如此，後世亦然，兼誠身任世，局之不可易者此也。八曰密局，屏去前四，單治身心，而又分心爲先天無爲而治身爲後天，又從有爲而返無爲。此單言誠身，局之不可緩者此也。九曰顯局，以天子爲主，始于家則以親爲本，次于國則以君爲本，次爲天下則以天子爲主，終于宇宙一元則以天爲主。節節有局而亦局局有主、有輔、有人、有法，所謂分任天下者無不在焉。以其本于父母，則二氏所不能混也，天子爲主又百家所不能同也，此儒教之所以爲尊而正也。十曰超局，即主局也，則以心爲主，不惟超出情欲，而且超出形骸；不惟超出世界，而且超出名義。所謂空空皜皜、淵淵浩浩、恭己無爲，與天地合德如是而已矣。十一曰知局，從宇宙以返之一心而局完矣。合之爲一則四通六關，如燭照而數計，所謂知來者逆，即《大學》之知先知本知止也。智爲始，條理所重在知，而知莫如返照易明，故用逆局。十二曰行局，從一心以達之宇宙而行滿矣。但其始也，知全斯行全；及其既也，力全斯行至。不然朞月不守、半塗而廢，皆行不力之過也。知有全不全而局之大小分矣，行有力不力而品之至次分矣，故智譬則巧也，聖譬則力也。又曰：知之非艱，行之惟艱，有此十二局而四義無不全，有此十二局而四任無不貫。合十二局爲一局，合治十二局爲一事，謂至誠經綸，非天下之大經乎？而所以經綸之者，又豈迂闊而無當者乎？然局之大小宜求之《大學》，行之至次宜準之《中庸》。合而觀之，十二局可忘言矣，所謂聖教之先定規模者，其在是哉！其在是哉！

聖局太和篇

或曰：世之讀經者，舉業家採文辭不必論其理爲得其皮，古文家考事實不必探其藴爲得其肉，史乘家模書法不必究其精爲得其骨，理學家拈其義不必求其局爲得其髓，子之讀經乃謂復出四家之外，豈有説與？抑立異以自張與？曰：此義自具經中，人特未平心以觀耳。語有之，子之燕居，申申如也，夭夭如也。又曰：子温而厲，威而不猛，恭而安。又曰：君子有三變，望之儼然，即之也温，聽其言也厲，又朝廷宗廟而便便，君在而與與，與大夫言而誾誾侃侃。試合以思先聖之德容，豈非太和元氣渾聚于一身乎？與堯之欽明文、思安安、允恭克讓又豈有異乎？一身如此，一家安得弗然？上有王季爲之父，大任爲之母；中有文王爲之夫，大姒爲之婦；下有武王、周公爲之子，父子、夫婦、兄弟無非聖人，其積功累仁無非至善。試合以思成周之家法，豈非太和元氣渾聚于一家乎？與舜之克諧底豫又豈有異乎？一家如此，天下安得弗然？以堯舜爲之君，以禹皋爲之相，以稷契益夷夔龍九官治内，以四岳十二牧治外，天成地平，府修事治，政簡刑清，禮明樂備，神人協和，祖考來格，鳳凰來儀，百獸率舞。試合以思唐虞之上下幽明，豈非太和元氣渾聚于宇宙乎？與天地方春時和之景又豈有異乎？天下如此，一家如此，一身如此，一堂安得弗然？孔子至聖至誠有臨于上，諸賢德行、言語、政事、文學侍列于旁，誾誾侃侃行則率真之誼也，風雩浴沂、童冠歌咏則物外之觀也，治賦足民、願爲小相則擔當之任也，何敢望回、昔者吾友則推讓之風也，用行舍藏、惟我與爾則倚毗之重也，四代禮樂吾從先進則百世之規也。試合以思孔門之師弟，豈非太和元氣渾聚于一堂乎？與唐虞成周又豈有異乎？與天之方春時和又豈有異乎？再合以論，總之此太和元氣也，或聚之一身，或聚之一家，或聚之一堂，或聚之君臣上下内外幽明，何其無所不包、無所不貫一至此哉！孔子聚六經爲一，即聚太和元氣爲一也。並合《論語》以觀，是又增一太和之妙境矣。惟合而觀，故可聚之一身；惟合而觀，故可聚之一家；惟合而觀，故可聚之一堂；惟合而觀，故可聚之天下；惟合而觀，故可留之六經；惟合而觀，故可傳之萬世。洋洋乎，宇宙之大觀也哉！向使孔子隱于深山專煉神氣，于長生遂矣；直指人心不立文字，于性地超矣；其能揭此不朽之觀以公之天下乎？論而至此，益信孔子有萬世之功矣。

聖經約義篇

或曰：漢唐以前無論矣，自宋迄今儒者少有所見，即有語録，或有文集，子固留心聖人之經且有年矣，而著述不少概見，何哉？曰：非敢廢著述也，特著述之本意，欲藉聖人之經以爲報國之具，不願與諸儒争名耳。曰：有是哉，子之迂也。儒者明經無不以道自任，而子乃創焉以報國爲名，無乃迂闊而無當乎？曰：否，非敢故爲異也。先正固云：凡學當知用力處，既學當知得力處，遠方之士何與任道？第先臣世受國恩，弗敢忘報，發心之初即已一念在此矣，已而用力在此，久而得力在此，則即妄有所著述，亦豈能舍其用力之久、得力之深者而他，有所旋學旋論也。且子不觀之學《書》者乎，心之精神專注于是，則其所見無非《書》法也。又不觀之學《詩》者乎，心之精神專注于是，則其所見無非詩趣也。不敏之質亦嘗學《詩》、學《書》矣，已而有所悟入乃移而用之于學經，習之既久則似聖人之經無非尊王而設者。夫報國之與尊王特異其名耳，于是益信區區一念原無悖于聖人，凡所著述始有定主于胸中，而他書不能惑，衆説不能摇矣。

嘗略概之其用力處有四，其得力處亦有四。蓋合古今名分觀之，所以爲世道之主者，惟天子一人而已。其聖人在天子之位，聖德修而萬民化，如堯舜之爲君，此無論矣。以文王之聖而不能有加于商季之君，以孔子之聖而不能有改于衰周之主，則天子之爲重可知也，一也。以制度言制之全者莫如王制，惟天子得而有之；禮之大者莫如郊社，惟天子得而用之；政之大成而悉備者莫如禮樂，惟天子得而舉之。諸侯不敢僭，聖人不敢作也，故曰：天下有道則禮樂征伐自天子出，則天子之爲重可知也，二也。即以道理言，《大學》三綱八目豈非一貫之道乎？然以理言則理虛名也，第明其義即人皆可以言貫；以事言則事實跡也，全舉其事則自一身以達于天下天子一人而已。諸侯及國而止，大夫及家而止，士庶人及身而止，則天子之爲重可知也，三也。即以聖經言，《易》作于伏羲，固天子也；《書》紀四代，《詩》叙成周，《春秋》尊天王，無一非天子之事也。孔子雅言《詩》《書》執禮，孟子遵先王之法而仁覆天下，守先王之道以待後之學者，豈非欲政教出于一人，俾天下有所歸向而不貳乎，則天子之爲重可知也，四也。嘗執是義以合于天地，則所謂三才一體者如在目前矣；執是義以合于六經，則千聖一心、百王一道，分爲六經合爲一貫者如指諸掌矣；執是義以合于聖教，則聖教之所以爲至正至大至實而至全者，皆可得而言矣。又聖經之所以爲至精至一至變而至神者，亦可得而測矣。執是義以當諸儒外教，則諸儒所必不能亂，二氏百家所必不能同者，不待辟之辯之，而是非邪正、偏全虛實，皆可瞭然于心目之間矣。此四者又其積思之久而自覺其得力者也。然不特此也。惟以報國爲念，則敷陳奏對，必求其有徵而可信者，一切荒唐變幻之説，不可以對君父者皆可束之高閣矣，一益也。惟以報國爲念，則必以綱常爲重，使人心一歸于綱常，而不敢二三其念，一切爲我兼愛之學、與綱〔二〕常無與者，皆可置之勿問矣，二益也。惟以報國爲念，則必以天下平爲期，而百姓與知與能，上不悖天子，下不悖其親，無如人倫一事；一切二氏百家之書有切于人倫而可借以教民者，不妨去短集長，而百姓所不可知不可能者，皆可付之不辯矣，三益也。惟以報國爲念，則精神專一，惟恐不全，惟恐不密，將上可以爲豪傑，次不失爲忠臣，由是雜書可屏，煩言可省，自不暇及亦不必及，而躬行可多于議論矣，四益也。然其他得力有益之處尚多，未能悉數，惟用心之專、用力之久當自見之，姑識其舊所自得者如此，以觀將來之進否何如耳。若夫不敢以道自任，不願以儒著名，則生平之愚見雖近迂闊退怯，然既有用力得力之處，則胸中固非漫無所主者，讀書之樂亦覺稍窺其萬一矣。第未知合道與否，惟俟高明者裁正焉。

〔二〕影印本脱漏一頁，此上一百三十餘字據原刻本補。

聖道遡原篇

或曰：子于聖人之藴，其叙天意、聖經、聖德、聖志、聖心、聖教、聖功、聖品亦既詳且確矣。然吾聞之《論語》「君子多乎哉？不多也」，又曰「汝以予爲多學而識之者與？」「非也，予一以貫之」，子所稱引信詳矣，無乃涉于多乎，信乎聖人之道必如此而後悉乎？曰：否。稱功頌德與論道講學不同，使聖人之道必如前數者之詳也，則安所謂一貫？且前之詳者，蓋合十三經言之耳。六經未經删定以前將遂無聖人之道乎？故嘗謂聖人之道必返而求之于一，而欲識聖人之一當求六經未出之前，聖經之中此道原自昭然，人第以博爲奇、以多爲富，遂當前坐失之耳。夫六經未出不有羲皇之易乎，而羲易未出之先不有天地之易乎？人惟不以道觀之，則天地一渾淪無辯者耳。惟以道觀之，則古今千聖之所從出無以加此矣。嘗試略分爲四，又合爲二，復合爲一，並一亦忘而大略可睹。又嘗略名爲四，而前四轉之義又覺更明。夫四者何也？曰神，曰化，曰德，曰業，合神化則先天之藏用也，合德業則後天之顯仁也。要之，先天後天一體二名，其實一天而已。然四者之名皆由兩化之後而有，若不言化而單言神則止一先天之天，此所謂復合爲一，並一亦忘也。然于何而徵之？在《易·繫辭》則「無思無爲，寂然不動，觀天之神道而四時不惑」是也，在《論語》則「天何言哉？四時行焉，百物生焉，天何言哉？」是也，在《詩》則「維天之命，於穆不已」，又曰「上天之載，無聲無臭」是也，在《中庸》則「語大天下莫能載焉，語小天下莫能破焉」，又曰「視之而弗見，聽之而弗聞，體物而不可遺」，又曰「天地之道可一言而盡也，其爲物不貳」，又曰「道德九經其所以行之者一也」是也。夫道德九經無非一以行之，則一固無不貫矣，而一從何來，非即爲物不貳而無聲無臭、莫載莫破者耶？以天之所以爲天言一而一始尊，以天之所以爲天言貫而貫始神，然則聖人一貫不多之道斷可識矣。雖然以先天之先明一則可，以先天之先盡一則所貫者安在耶？故神化德業四者皆備，而後一貫之全局始可得而見耳。不徵之聖人乎？天有神在聖人爲性，天有化在聖人爲命，天有德在聖人爲人倫，天有業在聖人爲王政，蓋無一而不以天地爲師者。惟以天地爲師，故能備性命倫政之全局；惟以天地爲師，而後爲六經未出以前之學問；惟以天地爲師，故人皆可以爲堯舜；惟以天地爲師，而後秦火不能焚，漢律不能禁。蓋人亦知言天而不知合天于地，則德業無由見；人亦知言天而不知合天于人，則倫政何由行。然舉一天而天之四者皆統括其中，舉一一而聖人之四者皆通貫其内，此聖人之道所以爲至聖至神，而實至易至簡也。雖然多者聖人不吝于鋪張，而一者聖人反難于輕授，此必有深義存焉，言道者慎無易言以犯天之所禁哉！

卷十四

聖藴原藏神道

易道全局篇

或曰：子嘗有言，《易》有法象，有實理，有分論，有合參，皆即以經證經，不必外益一字。今《易》之書具在，豈有即經證經而可盡其理者乎？曰：讀經之法非先分之則義弗明，非總合之則理弗全。然非即經證經則作者之意弗透，盡諸經皆然，何止讀《易》哉？第《易》爲五經之原而天地鬼神之奥也，試首舉其概則在先分而後合乎。一曰天地萬古如一之《易》，《繫辭》所謂「天尊地卑，乾坤定矣」以至「乾以易知，坤以簡能」是也。二曰天地親授聖人之《易》，「河出圖，洛出書」是也。三曰羲皇開天之《易》，始于小横小員，重爲大横大方、大員大方，又爲大直，「六二之動，直以方也」是其證也，方員平直四義備矣。四曰文王演天之《易》，二老六子以明對待交易之義，出震齊巽以至成艮以明流行變易之義，亦猶先天之有小横小員也；《序卦》分二以明大方之次第，《雜卦》合一以明大員之變化，亦猶先天之有大横大方大員大直也，而所係止于彖辭，則所重在大象矣。故曰：智者觀其彖辭，思過半矣。五曰周公兼用二天而爲存天之易，以二經爲定序，以二體爲當身，以二用爲微妙，以四象觀變化，以中宫四面布方位。且彖辭之外復加之以爻辭焉，以變而之善、之不善爲吉凶一定之準，以自吉趨凶爲吝，以自凶趨吉爲悔，以補過爲無咎，以示吉凶挽回之機、覺世之智、愛人之仁，可謂至公而且至切，性命之精、人神之道亦因之以至密而至詳矣，聖人復起其于二天之道亦不能外此而他求矣。六曰孔子合前五《易》而爲統天之《易》，自圖書始出以至彖爻大備，神道在此，占法在此。自天子而下及庶人，自凡民而上及聖人，無一人不徧，無一事不周矣。即大聖如孔子，又何贅焉？惟是此四者第隱于卜筮，而未布列于學宫，僅言夫法象而未闡明乎實理，遂使五經爲無本原之書，而四易幾流爲術數之學，則表章之功不能不待於後聖矣。然孔子之所謂統天，能超圖書以及三《易》之外，而不能出天地萬古如一之《易》之外也。羲皇名卦其在小成，第名之爲乾、兑、離、震、巽、坎、艮、坤八卦而已；文王演《易》其在大成，八純卦仍其舊名，合餘五十六卦各定以名序，爲六十四卦而已，未嘗實指爲天地、日月、四時、陰陽之理，鬼神、變化、人物、生成之道也。至孔子《十翼》既作，則于先天八卦小圖以「天地定位，山澤風雷水火」釋之矣，于先天大圖則以「雷動風散」至「乾君坤藏」釋之，又以「天尊地卑」至「乾以易知、坤以簡能」重釋之矣；于後天則乾坤二卦，有《彖傳》以天道生成、聖治始終釋之二卦，《文言》又以天德聖學重釋之矣。《上經》自屯、蒙至坎、離，《下經》自咸、恒至既、未，其言天地而配以聖人君子者不一而足，至六十四卦大象則離言與象，純以聖人君子與天地相配而爲一矣。使萬世而下深于易者，知《易》之原出于天地，又知三聖之《易》原以天地之道寄之卜筮而不止于象數，知現在天地有《易》之全局而不必遠求之上古，又知吾身自具一天地之全局而又不待求之《易》書，此孔子所以爲統天之《易》，而有功于萬萬世者無窮無極也。

或曰：信斯言也，圖書、三《易》無乃可盡廢乎？曰：是何言與？羲皇開天而作八卦，固萬世斯文之鼻祖也。孔子于《繫辭》固已首叙之，爲道統之第一人矣。文王、周公相繼演易，不敢外先天之卦而别言神道，則八卦爲千聖之所敬重可知矣。且規模閎遠則羲《易》定矣，至次第詳確變化精微，則非文周二《易》不能盡其藴也。故以統天合三天而細繹之，則字字有所根據；離三天而單言統天，則有不知其言之何所指者矣，此非神明默成深于《易》者不能知其解也。夫聖人不敢忘本而廢圖書、三聖之《易》，後學又安得而輕議之哉？故學《易》者當以天地之《易》爲祖，而以圖書、三聖之《易》爲天地之四注，然後合之以孔子統天之《易》，則不惟性命之理所入深之又深，即象數之學亦將坐照而無不徹矣。然此未易言也，姑識其略如此。

先天正義篇

或曰：信如《繫辭》之言，則道之全局在天地直指現前而已顯矣，又安用二天之易爲哉？曰：開萬世之群蒙，立吾儒之宗祖，則圖象不如直言；然使有志之士神明默成、深造自得，則直言又不如圖象渾含之妙也。且《繫辭》亦多即德業以指神化，使人易知易從，而神明默成之旨寓于二天者終引而未發，必有深于二天之圖象者然後知之，則圖象之必不可少而二天之必不可偏廢，又非深造自得者必不能不言而信矣。試略而言之，先天之易有四圖焉，《繫辭》曰「河出圖，（洛嘗）〔洛出書〕〔一〕，聖人則之」，則先天四圖又似爲圖書之所脱出矣。第聖人之得象得心，自創一義，不類後儒之依文作注，破碎原局耳。何也？後儒變易圖書，配合卦象，不知幾人爲之矣。然考羲皇始畫八卦，止用圖書之義而不襲圖書之數；至文王演易序卦，又止用先天之卦而不沿先天之序，其視後儒之拘文執義而不知通變者，豈可同日語哉？故圖書原係天地之易，正宜仍其本象以存天地所以親授聖人之意，凡後儒分合箋注，並須一切除去。其先天四圖既明，則圖書大義不期合而已無不合矣。何也？圖書有四面而中實，八卦小員有四面而中空，中實爲天五

〔一〕依《周易·繫辭》，此處當作「洛出書」。

而中空爲太極，此先天之先静體固如此也。然非八卦小横，則不知在中之爲太極矣。夫取用在小員而發明在小横，則雖謂小横爲小員之註可也。要之太極天五，總之重中宫耳。故曰：中也者，天下之大本也。允執厥中，皇建有極，依乎《中庸》，艮止其所，北辰居所，凡單言在中者，皆此義也。《河圖》天五在中，《洛書》天五亦在中，則天五居中而不動不變可知矣。前此之註圖書者，因五位相得有合之説，皆以五行取義，謂《河圖》以耦用事係取五行，如日左旋順而相生，始東，次南，次中，次西，次北，亦如天之四時，又如地之五方；《洛書》以奇用事係取五行，如月右轉逆而相尅，始中，次北，次西，次南，次東，復歸于中。

或又曰：《書》之義，東北不變而西南變，上下前後合而歸中；《圖》之義，火倒下而生木，水反上而生金，亦上下前後合而歸中。二者之説未嘗不合于理，然于八卦之外又另立一説，不若即先天以解圖書之更切而約也。八卦小員小横、中宫四面既已瞭然全局矣，而六十四卦又有大横大員，又益之以大方，何耶？小員静體超然，無思無爲，故取中空，然静極必動，未有一于無爲而有變化者也，故大員仍即中空之體也。中之大方則動而有爲，所謂成變化而行鬼神，其道乃在此矣。然乾、兑、離、震在前者反在下，巽、坎、艮、坤在後者反在上，總之二老六子之交非有出于八卦之外也。大横于三畫之上重加三畫，正以明所加之八卦即前此之八卦耳。第一經變化而爲大方，則所謂易簡理得、成位乎中者，即此中也；美在其中而暢于四肢、發于事業，即此中也。天地設位而易行乎其中，乾坤成列而易立於其中，皆此中也。小員中空可謂曰本，而未可謂天下之大本，必大方已成始能窮神知化、知來藏往，聖人之神道無一不全，而天下之大本乃在此矣。雖然大本雖既立矣，成位乎中亦在此矣，猶有無聲無臭復返于太極之一義在也。故曰復其見天地之心乎，夫天地之心非即前中空之太極而何？世儒乃謂復者既失而復得，故謂之復。然以此言賢人以下之復則可，聖人之復則豈得之既失之後者耶？矧上經之義原屬大成之局，正有爲而復于無爲之際也，故繼之曰復，則無妄矣。夫以復爲無妄，則有爲無乃妄乎？然聖人不廢有爲，何也？帝王之治天下，君明臣良，太和亦既在宇宙間矣。當其本乎天者親上，本乎地者親下，經世德業亦付之史册而已，則有爲者之妄而無爲者之爲真可推也。然安有君臣而不以經世爲德業者乎？知其爲妄而猶爲之，則聖人好生之至仁也。神明默成之士知其始于無妄者安在，中爲大方者何故，復歸無妄者又何故，則先天四圖之義皆可取足於身心，而天地之全局已無不備矣。所謂萬物皆備于我，反身而成，樂莫大焉，其在此乎？然則所謂聖人先誠其身，然後出而分任天下，各隨其分，以行其道，豈不信哉？豈不信哉？

二天合義篇

或曰：天地全局、圖書全理、先天四圖既無不備，則後天之《易》得無贅乎？據《十翼》所釋，則亦有四圖焉，其與圖書、先天同耶，異耶？曰：有同有異，其異者以補先天之所未及言，其同者固終與先天符合而不能有加也。曷言乎其異也？先天始于小橫，有太極爲本，以次而生兩儀、四象、八卦；後天不復言太極、儀象，第以八卦分二老、六子，其異一也。先天小員自中而外，仍取前小橫之義而八卦未交，故得以中空顯義；後天小員則自東震而東南，次正南，次西南，次西，次西北，次正北，歸于東北，似不以中宫取義而以四面象一歲之周旋于四時者，位置不同，取義亦别，其異二也。上經三十卦，下經三十四卦，共六十四卦，與大方之數合，然先天大方爲一，後天序卦爲二，其異者三也。雜卦六十四卦與大員之數合，然先天象一歲十二月，以辟卦爲主；雜卦爲一日十二時，以一反一正爲主，其異者四也。

或曰：四者盡與先天不同，而謂其異者補先天之所未言，其同者與先天符合而不能加，可得聞其説乎？曰：先天爲生知安行者設也，故以太極爲主而大方爲一，先證性而後修命也。第生安者不多得而學利困勉，無乃無聖域之望乎？此聖人之至仁所不能恝，而非聖人之神智亦無以知其妙而補之也。故以《下經》象小成以復先天之小員而爲内體，而後以《上經》象大成以復先天之大方而爲全體。蓋爲學利困勉者設，故多下經一義。要之，性可超命而命必不能遺性，世儒多以後天不言太極爲少修性一義，不知《下經》首咸固言性之始也，《上經》大畜言性之終也。蓋二經非先命而後性，實借命以修性耳。性定而修命，故爲先天；借命以修性，故爲後天，取義不同。總之，成功則一耳，以其多下經一義，故曰巽者補先天之所未言，而實有功于先天，有功于後學也。至於《上經》因而重之，則一一與先天大方同矣。然繼之以《雜卦》者何？大方雖成位乎中，非得大員則不能化而返乎太極，未有不返乎太極而可以言究竟者，則大方之後必不可無大員也。夫《序卦》之後不可以無《雜卦》，則亦猶是耳。但大員以一歲取義，而雜卦則以一月取義，先天八卦方位以一月取義，而後天八卦方位則又以一歲取義，雖彼此互異，總之不外天地日月四時之法象、太極兩儀四象之變化耳。故曰：及其知之則一，然先天頓證，後天漸修，先天超局，後天全局，先天無假於後天，後天必進于先天，則不可不辨之詳且確也。

八卦舉要篇

或曰：先天之外別有三《易》，夏曰《連山》，殷曰《歸藏》，周曰《周易》，其卦皆六十有四，見于《周禮》可考也。孔子獨釋《周易》，豈亦尊周而不敢倍故耶？或以京房之法、八宮之變由下而上，自外返内，謂之遊魂、歸魂，似爲《歸藏》之易；《周書》八宅之法從坐數至向，復從向數穿宫，總之以本山爲主，似爲《連山》之《易》。其果然乎？此外又有《參同》之《易》、《奇門》之《易》、《焦氏易林》之《易》，又將安屬耶？曰：諸《易》原與《周易》經文不同，《連山》《歸藏》久已無傳，皆可置而勿論；《十翼》之中雖尊《周易》，然終推本先天，非獨先天之不可易，亦後天有必不可廢先天者在也。試合二天論之，先天小横，易之祖也。世儒據《繫辭》，第知太極生兩儀，兩儀生四象，四象生八卦耳。然獨不曰「數往者順，知來者逆」乎？以八卦爲四面，以太極爲中宫，以兩儀爲生機，以四象爲變化。變則自外而内，逆而返于中宫，是爲大方；化則自下而上，逆而復歸各正，是爲大員。蓋大員方位原即小員方位，故曰復歸。變者自無而有，是爲用六，本地親下，故爲大方，以形下用事；化者自有而無，是爲用九，本天親上，故爲大員，以形上用事。然自下返上，逆也；自外返内亦始于下，是亦逆也。二者皆逆，故曰：易，逆數也。此一義也。即以小員爲主，則乾三剛、坤三柔爲陰陽之純，一上一下，天地定位矣。離屬乾在上，爲陽中之陰；坎屬坤在下，爲陰中之陽，故曰離上而坎下也。所謂乾坤二用，即坎離之異名也。震艮皆屬坎，震陽生于下，艮陽生于上，故曰：震，起也，艮，止也。巽兑皆屬離，兑陰生于上，巽陰返于下，故曰：兑見而巽伏也。陽順升，故先震後艮；陰逆降，故先兑後巽。一升一降，交易存乎中矣。以乾坤象上下之體，以坎離象體中之用，以四卦象二用之升降，交媾于中，復爲太極，則四面中宫皆用之矣。此一變之初法也，此一義也。充之至于六畫，乾坤亦分上下之體，坎離仍係乾坤之用，五十六卦一正一反，即震艮兑巽，一升一降、交媾于中之法，不過一奇一偶遞加積之，以至于大方耳。然奇偶即二用，二用即坎離，是小員不離八卦，大方大員亦不離八卦，故《繫辭》止言八卦。然坎離爲乾坤之用，而四卦又坎離之變，故《繫辭》止贊乾坤，明其爲體也；《文言》之標九六，著其用也。大横不外小横，其逆而返于中，同也。大員不外小員，其逆而返于虛，又同也。此又一義也。惟是康節小員照《説卦》「天地定位，山澤通氣，雷風相薄，水火不相射，八卦相錯」，以八卦交互爲對待，固與經交合矣。然他書論納甲之法，餘六之位皆同，獨坎離納戊巳而在中，且云「水火不相射」，較上三句獨多一「不」字，正不對待而在中之義也。況坎離在中與人身中水火相符，與經合者一；與《文言》二用在上下二體中相符，與經合者二；與互體在中亦符，與經合者三；與二經皆以水火終者相符，與經合者四；與河圖五十在中亦符，與經合者五。

或曰：如此則中宫不空矣，太極又安在耶？曰：小横已明言太極，則此不嫌坎離在中，大員且有大方在中象地，小員又何嫌于坎離在中象二氣之交哉？此又一義也。況六卦布列，其中亦空，可象太極；左三卦下畫皆陽，右三(畫)〔卦〕[一]下畫皆陰，可象兩儀；乾上坤下，坎離在中，可象四象，歸于太極之中。合而觀之，小横、八卦無一不具，卦、象、義、極四義亦無不全，又一義也。況大圓十二辟卦象天地之一歲，陰陽以漸而升降，而大方在中自若也。小圓六卦象日月之一月，魂魄以漸而消長，而坎離在中自若也。有十二辟卦之升降，故成大方之在中；有六

〔一〕依前後文意，此處「畫」當作「卦」。

卦之消息，故有坎離之在內。坎離即大方一變之始，大方即坎離積累之終也。此可以互參者，又一義也。此先天之不可易者也。《序卦》始于乾坤，言其陰陽之純，分上下而爲體也。下經終既未水火之小者，上經終坎離水火之大者，皆以其在中之變，爲乾坤之二用也。上經坎離前有頤、大過，四卦之合也，連坎離則六子之合也。始乾坤而終六子，上經之用止八卦也。下經既、未前有中孚、小過，亦四卦之合也，連既未亦六子之合也。或以爲少乾坤，不知乾坤固以六畫爲大成全體，亦以三畫爲小成全體。咸、恒三陰皆在外，三陽皆在內，即三畫之乾交于三畫之坤之象也。是下經之用亦止八卦也，此一義也。《雜卦》始乾坤而終姤夬，亦如八卦之有震、艮、巽、兑，合之則二也，固欲其夬盡而爲純乾也。然其中卦之變者五十有六，合之則二十有八，固不外八卦也。不變者八，乾、坤、坎、離其本體也，中孚、小過、頤、大過則合體也，則亦不能外八卦矣。中孚即離，小過，即坎，頤，即重離，大過，即重坎，又不外二用矣，亦猶八卦有四不變卦，即乾、坤、坎、離也，此又一義也。互卦之初六十四卦，互得十六卦，乾、坤、剥、復、夬、姤、大過、頤、家人、睽、蹇、解、漸、歸妹，二經皆有既、未，則惟下經有之耳。又以十六卦重互之，則止惟乾、坤、既、未四卦而已，然則互體不無取義，而《周易》之所以首乾坤終既未，又互體之可證者，不止于《雜卦》而已也，此又一義也。此又後天之不能廢先天者也，《易》豈易言哉？

大象正局篇

或曰：《中庸》曰：「大哉！聖人之道待其人而後行。」信斯言也，人與道固有二乎？曰：道原有局，人亦有等，合人于道，有學之名，合道于人，有統之脈，不分不明，不合不全，又何疑焉？

或曰：然則先有道乎，先有人乎？且道者何物，人又何自而生乎？曰：此難言之矣。雖然，試言其可以理推者。《中庸》固曰：「質諸鬼神而無疑，知天也；百世以俟聖人而不惑，知人也。」夫聽言之道，必以其事觀之。先聖之所貽者，惟六經耳。舍六經而外，即有談玄説妙不出于經，不可以爲聖道之徵矣。語云説天莫辨于《易》，請先即《易》以論天。《易》曰：「《易》有太極，是生兩儀，兩儀生四象，四象生八卦。」又曰：「八卦成列，象在其中矣；因而重之，爻在其中矣；剛柔相推，變在其中矣。」夫所謂象者，何象也？「天地定位，山澤通氣，雷風相薄，水火不相射。」此先天對待之象也。「帝出乎震，齊乎巽，相見乎離，致役乎坤，説言乎兑，戰乎乾，勞乎坎，成言乎艮。」此後天流行之象也。「天尊地卑，乾坤定矣。卑高以陳，貴賤位矣。動静有常，剛柔斷矣。方以類聚，物以群分，吉凶分矣。在天成象，在地成形，變化見矣。是故剛柔相摩，八卦相蕩，鼓之以雷霆，潤之以風雨，日月運行，一寒一暑。」此十六卦變六十四卦，兼先後而合爲一圖之象也。「乾道成男，坤道成女。乾知大始，坤作成物。乾以易知，坤以簡能。」此又兼二天以生人，以成位乎中之象也。合而觀之，有對待之體，有流行之用，有生成之業，天之顯仁備矣。又有易簡之德，則天之藏用亦備矣。試思合四者以言天，而天之所以爲先天後天者，寧有餘蘊乎？

或曰：以此言天則信詳而有徵矣，其于人也奈何？曰：人非天地之所生乎？不知其子視其父，故知天則知人矣。《易》曰：「乾，天也，故稱乎父。坤，地也，故稱乎母。震，一索而得男，故謂之長男。巽，一索而得女，故謂之長女。坎，再索而得男，故謂之中男。離，再索而得女，故謂之中女。艮，三索而得男，故謂之小男。兑，三索而得女，故謂之小女。」此分天地爲二，故分男女爲二，陰陽之辨、對待之體也。「有天地然後有萬物，有萬物然後有男女，有男女然後有夫婦，有夫婦然後有父子，有父子然後有君臣，有君臣然後有上下，有上下然後禮義有所錯。」則三綱既正，而萬化之所由生也。「女正位乎内，男正位乎外。男女正，天地之大義也。家人有嚴君焉，父母之謂也。父父、子子，兄兄、弟弟，夫夫、婦婦，而家道正。正家，而天下定矣。」此一家之對待流行也。「天地交而萬物通也，上下交而其志同也。」又曰：「天地不交而萬物不通也，上下不交而天下無邦也，此天下之對待流行也。」然則天道人道何嘗有一之不同哉？猶未也，此特以人道言耳，未返于人之一身也。《易》曰：「乾爲首，坤爲腹，震爲足，巽爲股，坎爲耳，離爲目，艮爲手，兑爲口」，則天地之道在人之一身矣。又曰：「乾健也，坤順也，震動也，巽入也，坎陷也，離麗也，艮止也，兑説也」，則天地之道又在人之一心矣。又曰：「夫乾，其静也專，其動也直，是〔二〕以大生焉。夫坤，其静也翕，其動也闢，是以廣生焉。廣大配天地，變通配四時，陰陽之義配日月，易簡之善配至德。」又曰：「夫大人者，與天地合其德，與日月合其明，與四時合其序，與鬼神合其吉凶。先天而天弗違，後天而奉天時。天且弗違，而况于人乎？况于鬼神乎？」蓋在天地而對待之中有流行，而生成于是乎出焉。在父母亦是對待中有流行，而家道於是乎正。在君臣亦是對待中交接，而天下於是乎平，在人身何獨不然？以一身之上下外内爲對待，以一心之往來進退爲流行，以中宫之聚散誠明爲變化，是合天地之道而爲一身之用也。故曰：萬物皆備于我矣，此非聖人之全局乎？雖然全局則然，獨無所謂超局乎？有形而下者而無形而上者，即合形上形下而爲一，猶之乎未超也。全而不超，無爲貴先天矣，曰超局亦有之。在《中庸》則單以天言，而不兼乎地者是也，故曰：「維天之命，於穆不已。」蓋曰：天之所以爲天也。在《易》則單以神言，而不兼乎形者是也，故曰：「天生神物，聖人則之。」又曰：「神無方而易無體。」又曰：「陰陽不測之謂神。」又曰：「易無思也，無爲也，寂然不動，感而遂通天下之故；非天下之至神，其孰能與於此？」又曰：「神也者，妙萬物而爲言者也。」又曰：「出入利用，民咸用之，謂

〔二〕影印本脱漏一頁，此上一百六十餘字據原刻本補。

之神。」又曰：「知幾，其神乎！唯神也，故不疾而速，不行而至。」又曰：「神以知來。」又曰〔一〕：「聖人以神道設教而天下服矣。」夫《論語》曰「子不語神」，乃《易》中之言神一何悉也！又上下二經不言神之所以神，而（係詞）〔《繫辭》〕〔二〕言之又何精也！乃知三才之外别有神也，非人之所能測，非言之所能顯也。故曰：神明默成，存乎德行。由是言之，天道一而已矣。參之以父母而合，參之以君臣而合，參之以心身而合，甚至參之以神道而亦合，乃知天固一道而有二義焉。其與人道、人事、人身參之而合者，後天中合先天而言也；其與神道參之而亦合者，則去後天而單以先天言矣。然則所謂道一者，其一之以天乎？所謂一以貫之，其即一天以貫之乎？大哉天也！千聖復起所不能加，所不能易矣。然考之于經，羲皇之《易》名開天矣，對待爲主而未嘗不兼流行；文王之《易》名演天矣，流行爲主而未嘗不因對待；周公之《易》兼二天爲存天矣，然以二體爲交易，而未嘗不以二體之變化爲四千九十六卦者爲變易。要之，天道神道未可以輕褻，故三聖止用寓言，而不敢顯言耳。至孔子而百家紛出，《易》且流爲卜筮之書，則前聖之加意天道神道以爲萬世法者幾于失其傳矣，則不得不直指天地言之者，亦時爲之也。三聖以

〔一〕「又曰」下原衍「又曰」二字，今删。
〔二〕依文意，「係詞」當作「繫辭」。

《易》書爲寓言，孔子以天地爲直言，遂使三聖之《易》得以流行，而天地之道亦因而顯著其全局，故孔子爲統天之易，不惟三聖之功臣，而實天地之功臣也。前聖之道非此無以發明，後學之師非此無以示的，然則孔子爲生民未有之盛，此非其最隆最著者哉？

誠身聖樂篇

或曰：孟子有言，「萬物皆備于我矣，反身而誠，樂莫大焉」，茲《易》中所有，廣大悉備，天地人神之道盡在其中矣。所謂反身而萬物皆備，豈亦有與《易》相符合者乎？曰：人之一身必先默識其體中之體，又細辨其體中之用，然後從其用之所變化而還以變化其體，則自人而神，脱凡入聖，如舜之生于瞽叟，禹之生于伯鯀，借形以生而自拔以爲聖人，天地不能限，父母不能拘矣。何言乎體中之體？乾爲首，坤爲腹，離爲目，坎爲耳，震爲足，艮爲手，兑爲口，巽爲股，此外體也。離爲火，坎爲水，震爲木，兑以正秋而爲金，坤以地而爲土，則内體矣。乾爲首而兼督脈，自後逆升；坤爲腹而兼任脈，從前順降，則四面之無形者矣。心腎相去八寸，四分中間，前對臍，後對腎，正中之空虚一竅是爲人身之中宫。又曰：神室在《月令》爲中央，黄帝之宫在《易》則太極，在《洪範》則皇極，在《周禮》則王宫，皆法此而名之者也，則中宫之可以默會而不可以形求者矣。此體中之體，聖凡所同，寤寐如一，各正而不相侵，一定而不可易，以其静而皆具，故名曰體中之體。乾本在上也，而所生者反屬陰；坤本在下者也，而所生者反屬陽，似逆矣。然乾不下交，則坤中之陽不生；坤不上行，乾中之陰不生。其實，坤中之陽乾所生也，乾中之陰亦坤中之陽上行而變者，則亦一氣之變化而異其名耳。其生生之本，則固專屬之乾矣。故曰：「乾知大始。」又曰：「乾始，能以美利利天下，不言所利。」蓋陽之生，即元之始也；陽生陰應，亨之通也；交而歸中，利之各正也；復歸下田，返本還源，貞之保合也。總之，皆此動之一轉耳。又後天八卦始于出震，即元也；終于艮，止即貞也。先天方圓，中宫之交也。始于雷以動之，亦以陽生爲侯也；終于坤以藏之，亦以下田爲養也。以静正爲常，以動變爲用，故曰：六爻之動，三極之道也。妙乃在動矣，是四德二天無異義也。動而有爲，則從無入有；静而歸伏，則復從有入無。以其動静互根，陰陽互宅，雖生于體而非常静不動，故曰體中之用。然合而參之，體固聖凡所同，用亦非聖獨有，人自亂之，故自失之耳。體之各正，一定而不移，易知也；用之變化而有序，亦何嘗不易知而且易能。夫婦之愚皆可與能行哉，百姓日用而不知，無足責矣。仁智之見，智愚賢不肖之過不及，其失時而並以失中，又何爲也？嘗試思聖人反身而誠之樂，蓋有數義焉。《易》曰：「女正位乎内，男正位乎外。男女正，天地之大義也。家人有嚴君焉，父母之謂也。父父、子子，兄兄、弟弟，夫夫、婦婦，而家道正，正家而天下定矣。」吾身有二老六子，即是有父母男女，萬物之皆備，人所同也，而使之各得其所，則反身之樂一也。又曰：「天地交而萬物通也，上下交而其志同也。」又曰：「天地感而萬物化生，聖人感人心而天下和平。」又曰：「先王以建萬國親諸侯。」又曰：「損上益下，民説無疆。自上下〔下〕〔一〕，其道大光。」《中庸》曰「君子之道，造端乎夫婦」，謂下經也；又曰「及其至也，察乎天地」，謂上經也。夫婦之道不出乎家，雖曰「正家而天下定」，然規模大小則不同矣。其言天地必以聖人配者，見天地之全局，非天子王政不能盡其義也。夫吾身有乾坤上下，則吾身有君臣士民，固萬物皆備之證矣；而使之上下内外各得其所，其規模較家而遠大焉，則反身之樂二也。至于《繫辭》首章「天尊地卑」以至「坤以簡能」，天地之理備矣；而繼之曰：「易簡而天下之理得矣，天下之理得而成位乎其中矣。」夫吾身有二易，則吾身有二天，體中之體與夫體中之用。凡天地之所有，皆吾身之所有，固萬物皆備之證矣。而使日月循軌，四時順度，雷霆風雨各安其職，則反身而誠之樂三也。《大象》曰：「君子多識前言往行，以畜其德。」三皇二帝制器通變，皆在天地古今之中，亦萬物皆備之證也。而牧爲吾身畜德通變之用，是亦反身而誠之樂四也。夫吾身而具一家之親已足樂矣，況具朝廷以及天下，不滋樂乎？況又具天地萬物現在幽明全局，不愈樂乎？況又具天地一元之中古今之變、皇帝王霸之治亂，不愈樂乎？蓋聖人直言吾身，則褻吾道；專言《易》書，又隱吾道。夫道者，非聖

〔一〕依《周易·益卦》彖辭，「下」字脱。

人所得私，乃天地人神全局之道也，或隱或褻，皆非所以重道矣。然就道論道，則虛而無據；借事物以明道，則實而有徵。所以然者，凡家國天下之政制，聖人皆象道而立，而天地幽明之理又原皆自道而生者也。天生人立不同，而其象道則一耳，而一一皆備于吾之一身，已足爲樂，然猶人之所同也。惟聖人倣道而修，不失其原初之理。于是彼悖而相反求而未至者，始覺聖人之獨異，而若天之所篤生者矣。豈知至易至簡，人皆可以與知與能，聖人固以同者異之，而非以異者異之哉？《中庸》曰：「及其知之，成功一也。」又曰：「果能此道矣，雖愚必明，雖柔必强。」然則孟子所謂人皆可以爲堯舜，猶就曹交言之耳。進而求之，《易》理不更有至神至聖者哉？

象宗活局篇

或曰：子謂《易》之道有六局，《易》之用亦有六局，且以德業爲中天，以性命爲先天，以神化爲後天，亦既信而有徵矣。然謂《易》有整局，有活局，有顯局，有隱局，有順局，有逆局，有實局，有虛局，有大局，有小局，有正局，有變局，一何分析之詳耶？曰：聖人正經立教，原欲有益于天下，有切于人心，而講學之士區區以性命爲言，至使聖人萬世之功僅爲教讀之用，此忠臣義士所爲發憤而不平也。倘略有知而不大爲發明，何以見先聖于九京哉？即爲白先聖之道而犯天之所禁，固甘心而不辭矣。嘗觀世儒所深惑而不可解者莫如佛氏，然其教之異固聖人所不爲，而其理之精則聖經所原有，人自未之察耳。且彼所謂凡所見象即是見心現前，即是覿面即呈，信手拈來，頭頭是道，聞其説者，豈不心意開通、精神活潑、言下覺悟、立地鼓舞哉？正如學《詩》之士一悟詩趣，則無之非《詩》也。又如學文之士一悟文機，則無之非文也。一悟性宗即無之非性，則踴躍信受，亦何怪其然耶！第反復思之，倘此一種悟機乃聖經之所無，一旦自佛入中國而後創之，則以舍己從人之量推之，亦何妨兼取以爲用也。一日玩《易》之大象，忽有悟曰：此非聖門之性宗耶？信手拈來，頭頭是道，現前即是，言下即了，非即謂此象宗理耶！乃復因而細玩，則圖書二天無非象也，六十四卦、三百八十四爻無非象也，甚至廣八卦之象、制揲蓍之法亦無一而非象也。象宗一明，則可自我作祖，而其信手所拈、信口所言，無一非我之妙用矣。所謂聖經之中原具佛之至理，豈不信而有徵乎？

或曰：凡所見物即是見心，固佛語矣；然凡所有象皆是虚妄，若見諸象非象即見如來，亦佛語也。子執象宗以爲盡佛之理，遂遺其掃象之妙，得無猶涉于邊見耶？曰：禪宗掃象，英雄欺人耳。執象固邊見矣，掃象獨非邊見耶？既欲即象明心，又欲掃象見性，兩邊不立，中道不安，豈不稱高禪之大智耶？今善悟之僧、聰明之士皆能了此，乃聖人獨不以此爲至教，僅偶一拈之而已，何哉？此聖教之所以爲善，而聖學之所以爲實也。聖人于天地古今幽明之中立天子以爲主，列諸侯、卿、大夫、士、庶人以爲等，分家、國、天下、中國、外夷以爲界，象耶？非象耶？其立政也，上經天文，下緯地理，明理人物，幽理鬼神，尊則郊社，親則宗廟，禮樂飾喜，征伐飾怒，象耶？非象耶？其治家也，教子嬰孩，有胎教，有保傅教，有孺子室，有長幼之序，有男女之別，象耶？非象耶？其教士也，始于冠婚，中于飲射，考以小成、大成，終于喪祭，象耶？非象耶？其養民也，始于農桑，中于庠序孝悌，而亦進以飲射讀法，象耶？非象耶？其用賢也，升于司徒曰造士，升于司馬曰進士，爵之于朝則爲公孤卿二，象耶？非象耶？其建侯也，天子觀風則爲巡守，諸侯入覲則爲述職，奠以方岳，鎮以連帥，象耶？非象耶？甚至周旋中規，折旋中矩，升于東階，降于西階，象耶？非象耶？既曰象矣，同一象耶？有二象耶？既觀象而有悟矣，象中有性耶？無性耶？既曰即象見性，可執耶？不可執耶？又曰即象即性，可掃耶？不可掃耶？既不掃象，亦不執象，正見耶？邊見耶？人皆曰《易》之道一象盡之矣，愚亦曰禮之制一象盡之矣。顧人日游于禮之中，而不知禮之皆象也；人日遊于象之中，而不知象之即道也。乃假途于佛法，拾唾于禪宗，遂妄自尊大，斥小聖人，豈知聖道原自廣大，原自圓通。彼自惑于佛氏，遂厭常喜新，薄聖經爲無奇耳。試清夜平心以思，有不自悔其誤，自哂其愚者哉？雖然觀象蓋有法焉，得其法則即象可掃象，亦可其天機之開人，真有不知手舞而足蹈者。倘不得其法，則有如坐對一竹以求格物，終不可得而悟者，遂欲並格物之訓而掃之者矣。嗟乎！深契于佛之現前，即是反痛斥夫儒之即物窮理。蓋有成心横于胸中，非惟不公而其兼誤後學，且並不仁矣。宜其厭聖論之尋常，而侮聖人之言以爲註腳也，可慨也。夫可慨也！夫願與天下同志之士恢復聖經至樂之妙焉！

象數輔易篇

或曰：子于聖經條爲十二局，其于《學》《庸》之旨亦庶幾有合矣，然此以談德業則可，以合于象數則未見其深入也，有顯仁而無藏用，或者經世之要得無猶有缺與？曰：愚嘗有言，聖人之道即形下而寓形上，即後天而寓先天，然則顯仁之寓藏用，固亦不外此矣。此非可一言盡也，請略陳其概。一曰天地古今之數，康節以先天之卦衍爲一元十二萬九千六百年，固天地之大數也。兹以後天之卦衍爲萬有一千五百二十，亦天地之大數也。然十二萬之數雖覺廣大，但三皇五帝相去不遠，而已不同如彼，則後天萬有一千五百二十之數似尤爲精切矣。二曰天地成運之數，萬以一元如一歲，此以一運三百六十年爲一歲，正如三代各成一局，又如春秋自成一局，皆須歷年略久方盡其變。陰陽家以一百八十年分三元，三百六十年爲六紀，即其法也。三曰天日成局之數，此則以一歲三百六十日當一運矣。然有陰陽二氣，分爲四時、八節、二十四氣、七十二候，《月令》有之奇門，蓋取諸此耳。四曰日月入用之數，此則以一月三百六十時當一歲者也。

此法《月令》有之，惟丹家用之爲火候，堪輿家用之測金精，此外未有兼之者，亦一秘法也。然火即日也，以此測合朔以後日與月相去之遠近，似亦不可缺矣。五曰日星捷用之數，此以天行三百六十五度四分之一，而日行稍遲不及天五度四分之一，乃取用則在日躔與中星矣，皆《月令》之所有也。六曰斗柄專用之數，一元遠矣，一運猶未甚近，惟一歲之内則天與日月星周旋四面，而斗柄居其中間，天度三百六十五度四分之一，歲紀三百六十日，月律三百六十時，日行三百六十度，斗指三百六十度，此則相爲表裏，相爲經緯，歲歲如是，有置閏而無改曆者也。七曰乾元統天之數，自一元一運一歲一月一日合爲一局，而斗柄運乎中，臨乎其上，儼然一幅天文全圖矣，此之謂乾元統天之局。八曰統天顯用之局，一元太遠，一日太近，從運卜歲，從歲卜月，從月卜日，從日卜時，則力厚局全而神氣具足，是占驗家所折衷而用者，《天河轉運》一書似近之矣。九曰統天密用之數，《奇門》步一歲之氣，本之曆法，數之祖也；《六壬》推一歲之星，本之天文，象之宗也，二書尤世所常用。然緩則從門，奇門是也；急則從神，六壬是也。《月令》紀日躔中星，蓋亦寓從神之義，人自未察耳。十曰統天超用之局，即寓統局之中，然非異人指授不可知也。嘗疑《易·繫辭》曰：「君子居則觀象，動則觀變，是以自天佑之，吉無不利。」又曰：「卦有小大，辭有險易。辭也者，各指其所之。」夫所之，蓋謂趨吉避凶之路也。猶未免有趨避，則不能無得失，安能吉無不利哉？及聞急則從神之說，乃知各指所之，蓋從神耳。既從神矣，吉無不利，又何疑哉？宜聖人秘之而不輕言也。十一曰通知晝夜之數，自一元一運以至密局超局，象數之法無不聚于此矣。仰觀天文，俯察地理，明知人物，幽燭鬼神，推步古今，六通四闢，無不照然，總之不出此十二時之陰陽所引申而觸類矣。十二時之陰陽各六，即晝夜也。知晝夜即知天地幽明，其知亦已神矣。雖然此知吉凶也，非轉凶爲吉也；知趨避也，非能吉無不利也。其合之中天，則聖學之始條理也，而非終條理也。合之先天，則此其形而下之器也，非形而上之神也。可藉爲先天中天之用，而不可混中天先天之義也，僅屬後天而已。得後天而不得先天，將坐照無術；得後天而不得中天，將轉移無本，雖深入神智，猶之乎術耳。十二曰範圍曲成之數，人知神智之用莫妙于數，而不知性命之用亦莫妙于數。然人知性命之理亦兼用乎數，不知神智之數能範圍曲成乎性命，此豈易言哉！此豈易言哉！合而觀之，知象者不可不知數，知數者不可不知其全，知數之全不可不知其要；知全知要矣，又不可不得其用，更不可不要其成，然縱要其成，猶不可不歸于正。論而至是，然後信孔子之爲不可及也。嗚呼盛哉！

占筮寄易篇

或曰：先天以仁生安，後天以仁學利困勉，則聖人之仁天下已無一不被其澤矣，而復有蓍法之制、六爻之義何居？曰：此又爲百姓與能而設，不獨以仁天下者公天下，且並以爲二天之

《易》豫爲萬世之慮也。何也？二天之《易》以示知學者則易悟耳，故曰：知者觀其彖（詞）〔辭〕，思過半矣。彼百姓日用而不知，非以神道設教亦無以與知與能矣，易簡之理無乃有不偏之人，而聖人好生之仁無乃有未公之處乎？然此易知耳。秦之焚書，他經不免焉，獨《易》以卜筮幸存。向非設爲筮法而但名一經，將無與五經並焚乎？嘗謂《易》隱于卜筮，聖人前知有秦火之禍也。蓋所以預爲二天之慮者，意愈深遠矣。然占法之中發揮二天者更爲詳悉，人自求之弗深，考之弗詳耳。後世焦京之法與二經不能盡合，故止可言占而不可以入道，何也？其以後天八卦分方位，是經之所有也；以先天八卦分納甲，亦經之所有也；以六十四卦分屬八宮，是八卦相摩相盪之義也；以一卦變六十四卦，以六十四卦變四千九十六卦，是六十四卦引申觸類之義也；其約二三四五爲互體，是初始卒成、非中爻不備之義也；其分二體爲世應，是六爻乘承比應之義也；是六者則皆與經義合矣。然其蓍法不用蓍而用錢，則變化之妙弗全矣。斷占不用二經而用五行、六神、六親，則易簡之理弗現矣。世儒多言象數，抑知聖人性命之詳，固微顯於蓍法之數而全具于序卦之象乎，此之爲象數，非如後世占法之象數也。分二以象兩儀，其體立矣；而掛一在兩儀之後，虛一在兩儀之先，其義精矣。揲之以四以象四時，則一升一降，左旋右轉，圖書四面之義亦寓其中矣。歸奇在扐以象五歲，再閏則二曜妙合，而凝圖書、入中宮之義尤隱然皆現矣，所謂微顯于蓍法之數，可深思者一也。雖然此一變之法也，何十有八變而同此一法也，可深思者二也。一卦變六十四卦，引申之法也。六十四卦變四千九十六卦，雖曰觸類之法，然其中有隱語存焉，先儒所未發也，何也？兩儀之初，左方惟一奇耳，積而小成之乾，一奇之遞加耳；積而大成之乾，亦一奇之遞加耳。一卦變六十四卦，固以卦變言，然一奇之遞加以至十二畫，則積而成十二畫之乾，固引申之妙也。六十三卦亦皆成十二畫之卦，自然合四千九十六卦之數矣，觸類之妙豈非不待卦變而已森然具哉？然溯其所始，則一奇一耦之遞加耳。假令再加再積，以與一元之數十二萬九千六百年者合，亦不過此一奇一耦之遞加耳。此易簡之理，可深思者三也。然此以象言耳，若以蓍法言之，則雖積至十二畫以至一元之數，其分揲再扐虛一掛一，亦不過此四營之法耳。夫卦之成體不過一奇一耦，卦之入用不過四營。此易簡之理，可深思者四也。雖然兩儀遞加，則九六之二用顯，四營遞用則四面中宮之義明，信乎其爲易簡矣。然所謂占斷即此而寓，與世之占斷用納甲分宮，參以六親六神者不同，何也？蓋《下經》有《下經》之序，其序之所至，有初中末之不同，而其中即具已成未成之象。且六爻之中即隨初中末，與已成未成用功少有得失者，而分吉凶悔吝無咎之五占矣。其在《上經》亦然，但《下經》爲小成之初中末，《上經》爲大成之初中末，則相去甚遠耳，此以二經之定體論也。又有自初而變入中末，自中末而變初者，分二經各一義也。有自《下經》而變入《上經》，有自《上經》而變入《下經》者，合二經而互爲一義也。其變而之善，變而之不善，則六爻之中又隨其所值之卦、所變之爻，而著其五占矣。蓋自初而中末，進也，自《下經》而《上經》亦進也，不然則不進而退矣。上爻爲主，而下有應則利于上；下爻爲主，而上有應則利于下。若無應，則孤立無與而不可動，或應非其人又反凶矣。雖有應而有乘承，比之爲間則悔吝之生又由此而別矣。蓋以二經先定其大義，則大成小成之分一斷也，初中末已成未成之辨又一斷也。次以六爻二天四面中宮之咸具爲一斷，又以六爻二體乘承比應爲一斷，則時之所值、位之所處、大用小用、利內利外，皆可得而辨矣。然不本之于道，則不知大成小成之分、已成未成之辨、或前或後宜進宜退之别；知道而不知幾，則不知時之所臨、位之所值、得失憂慮、利静利動之異。故所居而安者易之序，以道言也；所樂而玩者爻之詞，以幾言也。居安定于平日，故曰：智以藏往；樂玩現于臨時，故曰：神以知來。又曰：知幾其神乎，知微、知彰、知柔、知剛，皆以研幾言也。以道照之，以内照外，因往推來，非淺衷所能識，故曰：惟深也，故能通天下之志。以幾酌之，以位爲主，以時爲參，取決于倉卒，故曰：惟幾也，故能成天下之務。既有居安之素，又知臨事之幾，其視以納甲、分宫、六親、六神以爲斷者，無論深淺精粗有所不同，而其難易煩簡相去一何遠哉！然非因占立斷，則此道之妙亦不得以公天下，而百姓終無以與其能矣，此蓍法之不容已于設也。

或曰：一筮之頃，筮者正席而坐中宫，四面儼然布列于外；既筮之後，觀其所值是何二體，所布是何八卦，又一中宫四面也。然後以吾胸中原具之中宫四面默而照之，再以彼所值之卦中宫四面互而參之，則大成小成、初中末之辨，與夫變而之善之不善之故，皆可以坐見；而彼之當静當動當進當退，與夫宜改過而挽回，皆可以立斷矣。是筮法占斷皆取之于經文而有餘，又安用納甲、分宫、六親、六神以襯貼之哉？所以然者，非得聖人正傳，不得以二天之道在中爲衡鑑。倘可以爲百姓通志斷疑，則亦從俗之便可矣。

卷十五

聖教原立正坊

恪遵王制篇

或曰：聖經之行于世久矣，或稱引于章奏以對君，或鋪張于誥敕以諭下，或因之爲講學之證，或輯之爲舉業之資，其所取于聖經者，誠非一途也。乃子顧謂先臣世受國恩，將藉之以爲報國之具，豈即如前所取義耶？抑猶别有説也？曰：以報國言，猶無一人一家之私耳。若夫以天下爲公，則有王制在焉。漢高嘗祀孔子矣，而挾書之禁未除；唐宗嘗封孔子矣，而專祀之典未舉；宋祖嘗幸太學矣，嘗贊孔顔矣，而制科之設，六子之書猶得與六經之題並命，則雖尊之而猶未純也。洪惟我太祖高皇帝，創業之初，定庠序鄉會之制，盡黜二氏百家，獨尊孔子。于是孔子之教如日大明中天，即太陰五緯猶不得與争光焉，而況爝火之微乎？此固聖祖之挺興，見高千古，智越百王，不惟聖子神孫之所當恪遵，亦天下臣民之所當共守者也。在國初之士以明經起家者，無不惟孔子之是尊，非直尊孔子，亦以尊聖祖之初制也。論其得士之效大者，劉誠意之翊運，于忠肅之定國，其次靖難之仗節，大禮之抗章，及近日礦税之執法。《宋史》所謂祖宗尊賢敬士之報，以我國家士氣方之初，何減於宋哉！聖祖不負孔子，孔子不負國家，亦既可見于前事矣。其至于今日，奈何非毁孔子者乃出于孔氏之門，而又起于講學者之喙耶！且曷不觀孔子盛德之事，而自消其鄙吝耶？孔子曰：「吾學夏禮，杞不足徵也；吾學殷禮，有宋存焉；吾學周禮，今用之，吾從周。」又曰：「周監于二代，郁郁乎文哉，吾從周。」猶以義理言也，其言温厚和平。又曰：「愚而好自用，賤而好自專，生乎今之世，反古之道，如此者，烖及其身者也。」其言慷慨切直，則並以利害言矣。至《春秋》一書始終以尊王爲義，不惟己一人尊王，而且合天下以尊王。且以《書》立教，倡萬世後學後賢以尊王，其愛君之心何其篤，而爲天下萬世之慮何其遠哉！世儒不知尊孔子，或以惑於異説，而於聖人之經求之弗深，考之弗詳，原不知孔子所爲至神，聖經所爲大備耳。愚已别有所論辨，至于聖祖王制，則家傳户誦二百四十餘年於兹矣。明知而明悖之，其若人臣之誼何？嗟乎！使聖祖所尊而非也，爲人臣者猶當以匡救之義爲之。蓋慫使聖祖所尊而是也，方當以將順之義揄揚其美之不暇；奈何名尊而實悖，陰爲而陽掩，自同隱怪以博名高，此其設心與忠臣義士得異哉！以理評之，是爲小人無忌憚；以情按之，亦豈事君如事親者乎？故以王制爲主，而後論聖人以附于《春秋》尊王之義，使觀者有惕于中，知尊王制之爲重云。

忠告士心篇

或曰：先民有言，合三教而論，儒者爲正；合百家而論，儒者爲冠。洪惟我聖祖，創業定制，盡黜二氏百家，獨尊孔子，其于崇儒之意不既專且美乎？自後明經起家而報國恩者，亦既屢收其效矣。雖然孔子所以當尊，與聖祖所以獨尊孔子，尚未發明其大義。若徒以王制壓服人心，得無挾天子以令諸侯之故智乎？倘所尊非孔子，亦將挾王制以爲名耶？吾恐人心不服，適足以滋天下後世之私議耳。曰：孔子原自至神，聖經原自大備，愚已各有成説，大聖人之藴非可一言盡，而以《春秋》尊王之義推之，則吾黨人臣之道斷當以王制爲主，故首即明揭之耳。然未論聖人之藴，而即次及士人之心，何也？士心之錮蔽，自孟子而後浸淫于二氏，陷溺於百家，非一朝一夕矣。不有以先破其惑，而即驟以聖人之藴語之，非拒而不信，必兩疑而無所適從矣。請先指其大惑之所從起。一曰疑天地之不足師。彼二氏之徒或言超天地之外，或言生天地之先，世儒不知其寓言也，遂直以爲天地果有外、果有先，而此現在之天地反爲法象，反爲贅疣矣。然此未可與淺夫道也。試使深於二氏者平心思之，天地果有先、果有外耶？抑寓言耶？心思尚欲其路絶，言語尚欲其道斷，而乃信天地有先有外爲真實語，二氏具眼者必將掩口笑之矣，此其大惑者一。二曰疑帝王之不足學。二氏之徒固云：其不可傳者與其人俱往矣，此古人之糟粕耳。世儒不知其寓言也，遂真以爲聖人之糟粕而棄之不顧矣。則曷不以現在之世界列其必不可缺、必不可廢者，而取聖經以證之乎？姑無論心術隱微之妙，而即以現在大理言之，天地也，君臣也，父子也，兄弟也，夫婦也，朋友之交也，可廢乎？不可廢乎？修身也，齊家也，治國也，平天下也，危而扶之安也，亂而反之正也，可廢乎？不可廢乎？朝儀也，覲禮也，官聯也，農事也，教典也，兵制也，禮樂政刑之法也，古今之變而時事之宜也，可廢乎？不可廢乎？使數者而可廢也，還有人類否？還成世界否？彼方外之士亦深知其不可廢，但自了一身，以天地爲贅疣，故並以聖謨爲糟粕，然亦寓言以掃其情欲之累耳。倘真以爲可廢，則二氏之得君用事者，亦間有之矣，何不舉前數者而盡廢之，而人主之有國家者終必恃此以爲治安耶？夫不廢者自若，而掃之者亦自若，則彼之爲寓言亦既彰彰明矣，奈何真信以爲糟粕耶！此其大惑者二。有此二大惑横於胸中，于是吾儒之中好高騖遠之士必欲求之天地之外，超出帝王之上，其發心之初已茫無定見；及所之既倦而後悟天地原不可分内外、帝王原不可泥古今，而稍稍俯就聖人之經，則二氏之説深根固蒂又已牢不可破。于是欲深入二氏而勢不能，欲粗入吾儒而時不及，兩失無功，百悔已晚，豈不哀哉！孰知夫孔子原自至神，而又不離聖經之中而可證也；孰知夫聖經原自大備，而又兼二氏百家之長而並有也。嘗謂欲尊孔子必先正人心，而欲正人心必先破其大惑，人心不正即王制壓之不能，而況區區之論辯乎？故爲此正士心之説以次于王制云。

聖宗正本篇

或曰：世儒斥小孔子，張大佛氏，子固有所不平矣。至有調停三教，合之爲一，以爲始于道，中于儒，究竟于佛，持之有故，言之成理，似亦平心之論也，庶三教可以忘言與？曰：不然。張大之説其言顯明，忠義之士有報本之思者，猶知憤而力争；調停之説其言淆亂，高曠之徒有超脱之想者，最易喜而攛入。此中國聖道莫白之大冤，而萬世人心至毒之深害也，請申訴于上帝以悉其説。竊惟孔子之道以天子爲主，此其大綱，與二氏萬萬不同者一也。天子之制以天地爲準，此其大統，與二氏萬萬不同者二也。天子之德以父母爲本，此其根本，與二氏萬萬不同者三也。天子至于庶人，孝各有等；又天子之孝至于事天地而極，人臣之孝至于事天子而止，此其名分，與二氏萬萬不同者四也。其生子也，有胎教，有孺子室；其教子也，有小學，有大學，此其家教，與二氏萬萬不同者五也。其仁民也，養之田里，教之庠序；其育士也，聚之鄉學，升之國子，此其學制，與二氏萬萬不同者六也。其取人也，或以言揚，或以行舉；其用人也；賢使在位，能使在職，此其官制，與二氏萬萬不同者七也。其武備也，以民養兵，以兵衛民；其征伐也，居則爲卿，用則爲將，此其武備，與二氏萬萬不同者八也。其經天也，曆以步氣，象以推星；其緯地也，分爲九州，制爲五服，此其大觀，與二氏萬萬不同者九也。其禮神也，天神地祇，又有人鬼；其制禮也，郊祀后稷以配天，宗祀文王以配上帝，此其祀典，與二氏萬萬不同者十也。其定制也，五等施于天下，六等施于國中；其設官也，三公六卿以治内，同姓異姓諸侯以治外，〔此〕〔一〕其王制，與二氏萬萬不同者十一也。其明倫也，君臣朋友爲義合，父子兄弟爲天合，夫婦爲人合，門内之治恩掩義，門外之治義掩恩；其辨等也，親親而仁民，仁民而愛物，此其禮制，與二氏萬萬不同者十二也。合而觀之，天地以爲規模，天子以爲主宰；上則事父母以事天地，下則用賢才以澤民物；内則行仁政以安中國，外則嚴武備以禦四夷；宰相全而修之以輔天子，諸侯等而下之以治其國；師守此而無異教，士安此而無異學。二氏未出之先，中國聖人之教原只如此，何嘗借道家以爲發端，倚佛氏以爲究竟耶？秉公持正之士，亦可平心而自解矣。乃其必欲援二氏以補湊之者，蓋未嘗深考聖經之理，爲二氏之所惑耳。請再合而論之，彼以道家可入門者，蓋以清浄長生爲可先立其命耳，不知身體髮膚不敢毁傷、立身行道揚名顯親，如此入門之更爲正也。彼以佛家可究竟者，蓋以一切歸空爲可頓了其性耳，不知存順没寧得正而斃、成仁取義日月争光，如此究竟之爲更了也。不然則以因果報應之説爲足以竦動人耳，不知作善降

〔一〕「此」字脱，依文意補入。

祥，作不善降殃，積善餘慶，積不善餘殃。聖經原自有之，非有待于二氏之開先也。不然則以神通變化之説爲足以鼓舞人耳，不知饑而有食，寒而有衣，居有宫室，病有醫藥，非聖人之神通何以辨此？上而經天下而治水，明治人物，幽禮鬼神，非聖人之神通何以辨此？尤有異者，一大樂之作也。至于祖考來格，神人協和，鳳凰來儀，百獸率舞，其神通爲何？如尤有異者，一夫婦之禮也。乃至帝由此出，王由此生，聖由此誕，賢由此育，其神通爲何？如今弗從二氏未出之先以考聖經之全局，又弗從聖經之全局以辨聖道之始終，聞人曰道家可借爲始，即趨道家以求其始；聞人曰佛氏可借爲終，即趨佛氏以求其終，中心無主已摇摇如懸旌矣。其于聖人有始有終之全局反忽之而不考，且疑之而弗信，譬之舍己之父母而誤認他們之相似者以爲真也，此其無由以入聖人之道，而且無功以衛聖人之教，猶其自失之小者耳。第恐辨之弗明，守之弗定，反爲二氏具眼者所笑，則亦後儒之過矣。總之，不以天子爲主，故散漫不可收拾，至此乃知孔子尊王之教，千聖復起固不得而易也。嗚呼至哉！

諸儒公論篇

或曰：聖人之澤與天無窮，謂自孟子而止，則後之尊聖人而正經教者，豈皆與聖人相悖者乎？曰：正爲有諸儒之相繼而出不忘先聖，愈以見聖澤之長遠耳。然須分爲數種，庶辨其衛道之功，有得失輕重之不可以強同者。一曰即聖經以闡天道，邵子先天之學是也。羲皇四圖至此而發輝曲盡，如日中天，即其通變極數以合一元之數；而《易》中引申觸類之義益因以明，《易》義既明則諸經有破竹之勢矣。自宋以迄於一元之終，《易》道之得與四聖並傳者，邵子之力也，中興之功直繼孟子之後一人而已矣。二曰因聖經以發正見，周子《太極》《通書》、二程朱子語録是也。太極圖雖本於《易》，然以己意增補之矣。第其一脈相傳，咸本經義，而《學》《庸》《論》《孟》又表章以爲四書，其綱目之作、世道之功有不可得而掩者，是亦聖門之功臣也。三曰合經文以尊皇極，真、丘二氏《大學衍義》及《補》是也。聖人之道欲行之天下，必以天子爲主，天子而不知學，即高談心性、詳釋訓詁，猶於世道人心無分毫益也。自有此二書，而後世始知有天子之學，又知聖人之教原係以天子爲主。是不惟有功於聖經，並有功于君德，有功於人心，有功于世道矣。雖旁引諸子未純乎經，然意重格君，用在經世，大體已正，固不害其爲有功也。四曰托文章以衛聖道，董子之《三策》、昌黎之《原道》、歐陽子之《本論》是也。三子之學未知聖道深淺何如，然發之爲文，專尊聖道而不惑於百家二氏，獨持正論侃侃如也。使讀聖人之書者而皆首倡大義，力扶聖經，則聖人之教不患不大明大行於宇宙間矣。孟子所謂能言距楊墨者，聖人之徒也，則三子者是已。五曰據己見以擬聖經，揚雄之《太玄》《法言》、王通之《中説》是也。《太玄》一書上合天文，下符《易》理，邵子亦有取焉，是或不爲無見，然於聖道無所尊，於聖經無所補。

第自以己見爲書，則師異教，士異學。如近世儒者守其師説，寧悖聖經者當不少矣，此無功于聖門者，則亦諸子百家之類已耳。六曰借聖言以博名高，世所重者，德行、功業、氣節、文章耳。自理學之名出，而四者皆遜出其下矣。然其所謂理學，果一一與孔子無異乎？細察其實，人曰尊聖，吾亦曰尊聖。試問其聖之所以爲聖，與吾之所以當尊者安在，則茫然而無對矣。此正如衛鄭小國，人曰尊周，吾亦曰尊周，徒慕其美名耳。然於聖人無加損，置之勿論可也。七曰援聖經以附己見，如宋末之儒某某者，姑無指其名。以彼其才，超然遠覽，卓然高步，儘有大過人者。徒以未能深入聖經，遂以佛氏之説先入爲主，牢不可破；凡聖經有與佛説相似者，改頭換面，説向儒家，遂紐合而爲一。夫聖經大義未及大明，使人皆合佛説以混聖經，則其勢必且聖經日輕，佛説日重，其究將使佛超聖人之上，聖人反屈於佛之下，如近臣之儒敢於輕毁聖人而略無忌憚者矣。晉人有言：王何之罪，深於桀紂。近世輕毁聖人者，無不以某某爲宗，律以王何之義，是亦聖人之罪魁耳。八曰悖聖經以肆己意，宋儒之學雖亦有陽儒陰佛者，然未敢明言毁聖而敢於背本者。不意我太祖專尊孔子，聖教大行，乃不幸有叛聖之徒見於當世儒者著書之中，一人倡之於前，一人復和之于後。彼所據者不過佛氏廣大之語，信以爲真，其於聖人之經曾未窺其毫末，即有一二未盡，古人尚爲賢者諱，况聖人乎？且彼之聰明才辨，視顔孟何如？以顔孟之去聖一間，猶心悦而願學焉，乃由聖人出身敢悖逆而無忌憚如此，是誠何心哉？于王制爲不忠，於家傳爲不孝，於悖聖爲不義，於陷後學爲不仁，此其滔天之罪，與亂賊何異？語云：亂臣賊子，人人皆得而誅之。願與天下有志之士，共鳴鼓而攻由聖人出身復背本而叛聖人者，孟子所謂聖人之徒，庶幾其無負乎！

從祀公論篇

或曰：今之從祀孔廟者，大抵以有益聖經爲主，而論其所得之淺深與著述之多寡耳。質之聖人之教，其果不可易乎？曰：此未爲不是，然固有所未盡也。聖人之精神所以爲世道人心計者，誠不外六經矣；而其身體力行之實又備載之四書，而闡揚于孟子則有功經書者，豈不可以從祀哉？雖然經之本意以尊王爲主，則其大義所在專爲明倫設也，而人倫之大更莫有過于君臣者，故宗族稱孝，鄉黨稱弟。僅爲一鄉之士，倘有功于尊王，即假之如管仲，猶以如其仁稱之，則從祀之説固可按此而定矣。故嘗謂論輕重，行爲重，人倫大節一虧，雖有細行不足贖矣。論大小則功爲大，蓋行即極其真切，然止一人一身耳；功則有及一家，及一國，及天下，及萬物，及鬼神，及天地，及宗廟社稷，及聖經，及萬世之後者矣。揚雄、許衡經術有餘，而忠君尊中國者不足，是身悖聖經者，其黜宜也。然僅以經義律人，則聖教亦狹，而所以當從祀者亦鮮矣。愚以爲聖人之教原以明倫爲重，而以治天下爲大。經義雖精，然功在覺人與明倫而有功天下者，正未可軒輊也。古今豪傑有當于明倫者，似當以從祀收之以爲俎豆之光，或疑文士之以經義起家者，以明倫收之宜矣。倘武士之明倫者，彼且不知經義謂何，而亦以明倫收之，不亦迂闊而牽強之甚乎？曰：不然。明倫固聖人之教也，《春秋》成而亂臣賊子懼，則夫爲忠臣孝子者，孰非聞《春秋》而興起者乎？縱不知經義之謂何，然去其亂賊而不敢爲，即是身體聖人之教而不敢背矣。況事父孝，故忠可移于君；居家理，故治可移于官。又曰：「志士仁人有殺身以成仁，無求生以害人。」又曰：「三軍可奪帥也，匹夫不可奪志也。」又況孔子一生出處，專以從周爲念；而六經删述，專以尊王爲主，縱不學之而孰不聞之。夫師道固有百世之下聞風興起者矣，明倫而以聖人爲師，因遂從祀于其側，亦何負于武士哉！故從祀之典當以明倫爲主，而收録明倫之士，則不當分别大小文武；第取其有光人倫，有功于宗社，有功于天下者。至于經義亦必辨其有功全經，有功一經，或推尊聖道，或閑衛聖道；而區區文義第可祀之一鄉，而不必祀之天下。如此則聖人之教如天地之無不包容，而學聖人之道者，争趨實行惟恐人倫之不盡，争效實功惟恐治平之不奏。即不遇于時而爲聖經之慮者，亦必以大體爲主，使君得之爲聖君，臣得之爲聖相，師得之爲聖師，士得之爲聖士。雖無功于現在，亦有功于後學，是一從祀之中而已寓鼓舞人心之道矣，豈不於聖教有所光顯，于祀典有所增重哉！若止于明經而不及明倫，竊恐空言日勝而實行寖衰，兩廡之中徒增夫文學之士，其于明倫大義不反有所偏失而未盡耶！篤行務實之賢，當不以愚言爲非是也，姑以俟之焉。

道家公論篇

或曰：儒者自有出世，原無借於二氏，且其爲出世也，不離經世而自得之，則吾既聞命矣，敢問玄之與禪也，同耶？異耶？玄亦有與儒同者耶？答曰：三教之混至今日而極矣，然日流於下，未有若道家之甚者也，何也？今之道者論外則先爐火，論內則先彼家。夫爐火近利，彼家近欲，世俗自好者且不屑談，而道者乃自以爲得意，方且秘之而不輕授受，宜高禪之掩口而笑也。

曰：談釋則離宮修定，論道則水府求玄，禪玄之分其所從來遠矣。答曰：謂玄有命而無性，猶謂儒有經世而無出世也，此殆道者未嘗聞其全理，故自爲納敗耳，姑無多引。第以《道德》一書言之，所謂有名萬物之母，又曰：「常有，欲以觀其竅」，又曰：「我獨異於人而求食於母」，又曰：「專氣致柔，能嬰兒乎？」，謂之命宗固矣。其曰：「無，名天地之始」，又曰：「虛極靜篤，以觀其復」，又曰：「我好靜而民自正，我無欲而民自樸」，又曰：「聖人抱一以爲天下式」，又曰：「侯王得一以爲天下貞」，果止言命已乎。夫性譬之於國，則性其君也；譬之於師，則性其帥也。今論命而不論性，是知有國而不知有君，知有師而不知有帥，固已失其主矣。況所謂命者，第指爐火彼家而言，故道家之納敗未有甚於今日者也，而道家之受誣亦未有甚於今日者也。

曰：然則玄之於儒固甚近乎？答曰：論其同則二氏未常無同，不能強分之爲異；論其異則二氏終不能同，亦不必強合之爲同。惟各守其長，各成其是，彼不必混此以爲同，此不必援彼以爲重，則儒者之純粹中正廣大悉備者自見，而二氏之有資於吾儒而可爲反觀之益者，亦不嫌於偶同矣。何也？儒者自身心性命與天下國家合爲一體，而其所宗者天地，所重者人倫，故曰：仁不遺親，義不後君。又曰：殺身成仁，捨身取義。又曰：事親孝，故忠可移于君。又曰：明王事父孝，故事天明；事母孝，故事地察。儒者所爲動天地，格鬼神，正人心，扶世教，惟此綱常一事而已。禪者單提一性以爲一悟百悟，而於綱常人紀天下國家反以爲人天小果，其與儒者不同甚易知耳。玄者同原天地，同出《易》理，同言性命，亦同言天下國家，宜與儒者無不同矣。然而首廢禮法，不貴仁恩，遂使高明之士蔑棄紀綱，脱略名分，爲東晉之風流殘忍之徒；芻狗視民，土苴視事，爲申韓之慘刻。其至於今，則一味專言命宗丹道，既不知有虚極静篤以養其神，又不知清净無欲以治天下，其視《道德》之書不啻天淵懸絶。彼之失傳方且得罪於道，尚不足掛高禪之齒頰，又何敢與儒並論哉！故知玄之異於儒與禪，又知玄中之自分爲異。譬之兩造具陳，始可以片言立斷，不然竊其皮膚而懸爲之臆决，豈惟不得其心服如宋儒已哉，竊恐彼中亦有具眼適足以滋其辨論之端耳。

諸子公論篇

或曰：前儒尊孔子者必辟二氏百家，子獨專尊聖經，無一言旁及，何也？曰：大舜有大焉，樂取諸人以爲善，自耕稼陶漁無有遺者，此聖德之大也。二氏百家俱在，豈無一言之可與耕稼陶漁比者，以樂取之量容之，固不必辟也。且《春秋》之義先自治而後治人，聖經尚未深考詳究，而且旁及乎，固不暇辟也。況天地間之理不可易與不可缺者，儒者既亦悉收之，所處既已高，所得既已多矣。所謂大者先立，小者不能奪也。即補所未足，發所未盡，不妨兼聽並觀，以天下之用爲用，何至自貶其高。與之爭勝，必欲盡出于己而後快乎，何示人以不廣也，是又不當辟也。所謂儒所得已多，二氏百家原不相混，人自未之深考耳。請復言之，天地爲宗，百家或有之；人倫爲大，百家所無也；天子爲主，百家所無也；帝王爲法，百家所無也；事親爲本，百家所無也；修身爲本，百家或有之，而所謂修者亦不同；事親達于事天，百家所無也；修身以達于平天下，百家所無也；名分有君臣、上下、父子、親疏之不同，百家所無也；經制有上下、内外、大小、遠近之不同，百家所無也；交際有上下、尊卑、内外、親疏之不同，百家所無也；政事有政教、禮樂、征伐、幽明之不同，百家所無也；制度有宫室、衣服、器用、泉貨、田里、賦貢、學教、大閱、朝覲、會同之不同，百家所無也；貽謀有《易》《書》《詩》《三禮》《論語》《孝經》《大學》《春秋》《中庸》《孟子》之不同，百家所無也；道統自三皇帝王而後至孔子而定，得孟子而尊，百家所不同也；事功自天地開闢而後至堯舜而盛，得孔孟而全，百家所不同也。嘗試譬之孔子之定經術，是契之立教也；孟子之辟楊墨，是臯陶之明刑以弼教也。有教以導之於前，有刑以督之於後，如日中天，無所不見。少有人心者，亦當知無父無君非聖人之教，爲孟子之所不容矣。夫聖教本明，而不知其本明，是自昧其本也。聖品本尊，而與二氏百家争勝，自生一敵國，是自貶其尊也。既尊矣，既明矣，大者已先立矣。彼二氏百家以天地之度容之，集其所長，棄其所短，皆聖人與人爲善之公心也。又安在必辟之而後爲功哉，亦先自考之詳，自治之豫而已矣，此所謂正其本也。

或曰：子于諸儒則論之嚴，于諸子顧取之恕，得無有未當乎？曰：諸子自爲一家，于吾爲客，即有譏刺，是門外之戈也。諸儒業已究心聖經，即聖經之主矣，乃反從而斥小之，所謂入室操戈者非乎？《春秋》之法，責備賢者，諸侯用夷禮則夷之，正爲中國立此坊耳。此坊不嚴，是使中國胥而爲夷也。然則嚴于論諸儒者，蓋亦竊取《春秋》之義哉！

技術公論篇

或曰：羲皇之作《易》也，仰則觀象于天，俯則觀法于地。今曆數家有二，一則推步度數，求日月躔次之遊行以置閏餘；一則觀玩象緯，求日月五星之侵犯以斷吉凶，所謂仰觀天文者果若是與？堪輿家亦有二，一則概觀形勢，求五星九星之變以定堂局；一則細審理氣，辨浄陰浄陽之脈以乘生氣，所謂俯察地理者果若是與？曰：天地之道有四，而皆見于《易》，德業爲中天尚矣，次則性命，次則神智，又次則物理，其本于天地則同，而所以爲用則異。前之所稱，蓋神智中一法耳。即神智之用且未之盡，而況于性命德業哉？請略言其不同者。德業之道是合天地爲一體者也，故曰：「乾父坤母，乾男坤女，天下地生，乾始坤成。」又曰：「天地交而萬物通也，上下交而其志同也。」又曰：「女正位乎内，男正位乎外，男女正，天下之大義也。」天文之家專以曆數星象言，則言天而不及地矣，與《易傳》不同者一也。且吉凶分見于天象之已形，而未及于人事之先著，與《洪範》不同者二也。又一象自言一事，而不能合萬象爲一局，與《月令》不同者三也。言顯仁而不言藏用，得其粗跡而不得其精微，與圖書八卦不同者四也。即能知吉凶而不能轉凶爲吉，與《易傳》示人以轉移者不同五也。即轉移乃在事後修攘修救，所謂後天也，與先天而天弗違者不同六也。

或曰：子所言者，星官家之事也，若夫堪輿家則與此不同矣。以陰宅言從龍至穴，以陽宅言從門至宅，皆全局也。以選擇言，以天合地，以神合氣，亦全局也。東四西四各居其位，浄陰浄陽各分其類，生克以位而分，禍福以類而異，是亦能轉吉凶也。二宅地之用事有形勢之顯仁，選擇天之用事有神氣之藏用，是亦能兼顯藏也。然不得與德業之道同類並稱，何也？曰：百家之術莫切于醫與堪輿矣，所謂不但知吉凶，且能轉凶爲吉，則二術是也。第嘗試驗之，有不服藥者而亦無病，不求風水而亦發者，此得之天命，固在所不必論矣。至于有修陰功、行善事而得壽者，是壽不在風水也；有修陰功、行善事而得子者，是子不在風水也；有修陰功、行善事而得官者，是官不在風水也；有修陰功行善事而發財者，是財不在風水也。所以然者，人之于天地，以名分則爲子之于父母也，未有子之既克諧而親有不底豫者；以道理言則如心之于四體也，未有心之既中正而四體有不和平者。即曰修德行善，有驗不驗；然從事于祈禱風水，亦有驗不驗者矣。與其從事于祈禱風水而驗，又不若以修德行善而驗爲可以與知與能矣。嘗謂以聖神之德成太和之治，堯舜之因果以頓圓者也，萬世取法是受報之大者也；以仁厚之積成太和之治，成周之因果以漸圓者也，卜世過曆是受報之次者也。誰謂聖經無因果哉？故求之于幽，不若求之于明也；求之于人，不若求之于己也；用之于私，不若用之于公也；用之于險，不若用之于平也，人猶易知也。存之于心思，不若兼之于行事也；修之爲德行，不若兼之爲功業也；守之于身家，不若兼之于天下也；行之于一時，不若兼之于萬世也。此聖道之所以爲大，而聖局之所以爲全也，所以配天地而成位乎中者，其在斯乎！其在斯乎！

佛家公論篇

或曰：佛氏談出世，吾儒談經世，故不及佛氏之超脱，此公論也？答曰：謂佛氏談出世則有之矣，謂吾儒止有經世而無出世則未然也。且子謂出世，將身出世耶？抑心出世也？如謂身出世也，則着相修行，禪家之小乘耳。如謂心出世也，則在喧不亂，在寂不昏，寧獨禪家有耶？

曰：出世，世間儒者故所未言，六籍具在不可得而掩也。答曰：謂之未言則可，謂無其理則不可。且禪家固云：性，一而已，凡夫之性即是佛性。如謂禪者能之而儒者不能，是二姓也。豈儒中之聖尚不及佛中之凡夫耶？既合聖凡爲一性，而復分儒佛爲二途，得無自相矛盾耶？

曰：禪之神通如驅神役鬼、吞刀吐火之術，固儒者所未有也。答曰：子謂神通爲佛之上乘耶？所謂最上一乘者，頓悟圓明、直超彼岸、彈指證聖、刹那成佛、言語道斷、心思路絶、兩邊不立、中道不安，豈在神道哉？神通者，佛之一法，如儒者之有武備而非其最上者也。大抵人之常情，遠有所慕必近有所遺。儒者至常之中原自具至神之道，以其大近故反忽之，中心無主安得不爲佛氏之所摇惑哉？雖然此就神通言之，皆有形跡之可見者耳。禪家最上之法在無形者，然無形而神，儒者豈遂無之哉？聖人立教，以有形爲顯仁，以無形爲藏用；顯者民可使由，故聖人誨而不倦；藏者民不可使知，故聖人略而不言，非聖人之無出世法也。韓子得其顯，反足以彰聖人之大；宋儒辨其隱，適足以混二氏之深。蓋不知即顯仁而寓藏用者，是儒者之出世也；離顯仁而言藏用者，是二氏之出世也。聖人復起，不易吾言矣！

或曰：佛亦聖人也，子謂天無二天，則佛氏亦誑語乎？曰：佛書無誑語而有寓言，如《易》之大象，天在山中之説耳。蓋西域之人多以幻術化其國俗，至有千手千眼、三頭六臂者，則三十三天之説安知非幻術也。如真謂天有三十三天，則亦將真謂人皆有三頭六臂、千手千眼耶，固知是寓言無疑也。且佛書寓言非一，即如楞嚴一經，禪宗所最尊者，然其爲寓言可一指而明也，何也？阿難，佛之高弟，誤入淫房之事，世之素行謹飭者所不爲，況有神通者乎？此其寓言一也。即如七處徵心，八還見性，世皆以爲佛之談性精徹，不知此亦寓言耳。不然阿難之聖一語可悟，豈得累千百言而猶執迷不解乎？此其寓言二也。又如二十五位圓通，五十種魔障，亦皆寓言之類耳，何也？以阿難之聖一語可了，固不待多舉，以俟其自擇也。此其寓言三也。大抵佛書多寓言，而且多用神通者，必其俗多信鬼神，而且執迷難曉，故佛之慈悲托爲師弟問答，使之聞廣譬而開悟耳。不然會上拈花一笑已能默喻，豈阿難之聖而煩多譬如此哉？固知是寓言也。夫知佛之多寓言，則天無二天，聖人之言愈可無疑矣。故儒者之道亦先自正而已，儒之不正而規規與二氏辨末，窺彼之藏用而已先失吾之顯仁也，豈不自甘納敗哉？

聖教實事篇

或曰：近世儒者好拈宗旨，各立門户，蓋竊用佛氏之法耳。子謂孔子之教以天子爲主而不自私焉，彼固欲再立門户而不可得矣，誠剖藩籬而定一尊之一快也。然有進于此者，當下即悟，一悟即了，不假修習，頓證頓圓，是六經之所無也。一切萬有畢竟歸空，言語道斷，心思路絶，是六經之所無也。故天資明敏者無不拈此以高自標榜，此實各立門户之根，其義真似有令人超然直上者，子亦安得而盡少之哉？曰：此未可以口舌争也。先民有言：聽言之道必以其事觀之，則言者不敢妄言，然則儒者之論學亦當以事爲據耳。孔子之教既以天子爲主，請先言天子之事。今夫端冕凝旒，垂紳正笏，南面而聽天下，此天子修身之事也。倘一切空之，還成天子之身極否？父義母慈，兄友弟恭，男正乎外，女正乎内，正家而天下定，此天子齊家之事也。倘一切空之，還成天子之家法否？君明臣良，人存政舉，刑政修明，紀綱振肅，禮樂征伐自天子出，此天子朝廷之事也。倘一切空之，還成天子之朝綱否？天成地平，民安物阜，中國順治，四夷賓服，天子垂拱而天下治，此天子治國平天下之事也。倘一切空之，還成天子之天下否？非惟儒者不能空，即佛亦不能空也。非惟人不能空，即天亦不能空也。然則一切掃而空之，指事而言耶？

抑出于事之外耶？孔子之教所重在事，事既不可空，則當求所以踐其實矣。且事既不可空，則所謂空者何物耶？如所謂空者，但空其心之累，未嘗空其事之實也，則空之取義又不獨佛氏有之矣。洗心退藏于密，秋陽以暴，江漢以濯，皜皜乎不可尚已，空耶？不空耶？勞而不伐，有功而不德，毋意，毋必，毋固，毋我，空耶？不空耶？無思無爲，寂然不動，感而遂通天下之故，空耶？不空耶？有若無，實若虛，有不善未嘗不知，知未嘗復行也，空耶？不空耶？空其心之累，而不空其事之實，儒者之所爲兩得也。若並事以爲幻妄，爲空華而一切空之，則既無其事矣，心自然無累，不待空也。且既無其事矣，即空其心又將何處用之耶？世儒但喜其言之超脱，而不察其事之何如，其于聽言之法已自中無所主矣，又安得不爲其所駭，一折而入其中哉？

或曰：事不可空則信然有矣，若夫不假修習，頓證頓圓，則《易傳》所謂不疾而速，不行而至，《中庸》所謂不見而見，不動而變，無爲而成，淵淵其淵，浩浩其天，是亦有此言矣，將即事而言耶？抑離事而言耶？曰：此亦心空後之真景也，然亦即事而言耳。假令無所謂天子之身事、家事、朝廷之事、治國平天下之事，即有此頓證頓圓心空後之真景，將何所用耶？當因是而論之，所貴于生人者，以有天子統治之也；而所貴于天子者，以其能修身齊家以治國平天下也；所貴于臣民，以其能法天子以自治也。以分言之，是代天理物之責也；以功言之，是澤彼天下之功也；以教言之，是尊天子以正天下之教也；以事言之，是生人必不可缺，必不可廢之事也。

空其心之累而不空其事之實，故于孔子之教兩有合焉。若空其事矣，即空其心將安用之，此甚易見易知之理，奈何第駭其言而弗徵之以事也。以此推之，一悟即了以心言也，頓證頓圓以心言也，畢竟歸空以心言也。必兼以事言，則有必不能了者矣，有必不能圓者矣，有必不能空者矣，奈何人之弗深思而密察也。然則彼自立門户者，不過矜其宗旨之異于人耳，而宗旨之至超至圓者，莫過于一悟即了、頓證頓圓、畢竟歸空三語矣。即其心果空如三言者，亦與天子之事了無干涉，乃所理者天子之事，而所空者事外之心，其無益于事亦甚彰彰明矣。一旦天子召而用之，將仍空于事外耶？則非與民同患之義矣，將並空于事内耶？則天子所托重者謂何，而乃以了不相干之心當天子之任使耶？了不相干之心，是無誠意矣。無誠意，是無忠心矣。人臣而若此，可乎？不可乎？誠則不空，空則不誠，有事則不能空，欲空則必捨事，萬萬必無兩全之理。深思密察乎此，則好以超脱之言立宗旨者，亦可以反求于天子之事，以驗其言之合否矣。如第以其言而已，則推一好勝之念超之上，又安知無超焉者紛紛，空言之弊又何時而已哉！有世道之責，不得不爲此懼矣。

或曰：佛氏之空，亦即事而空者耳，安得有異？曰：吾固云（所）〔聽〕[二]言之道必以其事觀

〔二〕依前後文意，此處「所」當作「聽」。

之，彼既出家固已空父子之事矣，彼不出仕固已空君臣之事矣，彼不臨民莅政則又空朝廷天下之事矣。況並形骸而空之，是亦空身之事矣。夫事必有所指，兹已一切空之猶謂即事而空，所即者乃何事耶？是何掩護之甚一至于此也，不知以事徵之有必不能掩護者，心勞日拙豈至公之論哉？故略述而剖之，倘亦有留心天子之事者，幸一比而觀之，則毫釐千里當自有辨，又奚俟于多言矣。

近儒公論篇

或曰：宋儒誠知尊聖經矣，然往往留心訓詁名義，遂爲近儒所譏。夫舍大體而尋細節，譏之誠是也。顧近儒亦有未盡者，其張大佛氏，斥小孔子，易知耳。乃有陽尊孔子而陰用佛氏者，又有會通三教爲一調〔二〕停之説者，有超出三教爲天主之説者，果孰是孰非耶？曰：此難言之矣。訓詁（多）〔名〕〔三〕義誠不識大體，然猶切于初學，如《爾雅》之釋名物，古人所不廢也，但不得稱爲大學耳。若後之四説則非徒無益于初學，而且有損于聖教矣。彼張大佛氏，斥小孔子與天

〔二〕「調」上原衍「一「爲」字，今删。
〔三〕依前後文意，此處「多」當作「名」。

主之説，前既辨之悉矣。惟是陽尊陰用者，正不必過用其心也。佛有可取不妨明取之，又何必陰取而陽掩哉？至于調停之説，尤爲害道之甚，使孔子而非也。固不能援二氏以爲高，使孔子而是也，亦不待藉二氏而後重。必行二氏而後備，則聖經之理反有未完者耶？必待二氏而後備，則二氏未與之先，孔子之道又何所藉以完耶？嘗觀爲調停之説者，正陰爲陽掩之不足，故又從而調停以歸于一耳。竊以爲必有待而后足，則固已自居于不足矣；即有待而爲足，其不足者仍不可掩耳。夫依傍人之門户，高禪以爲耻，而況聖人之徒乃待二氏以足之乎？所以然者，正爲留心聖經者求之弗深，考之弗詳，先有佛氏之説横于胸中爲主，而又嫌于背孔子，故不得已爲調停之説以附籍于聖門耳，不亦心勞而日拙哉！竊以爲有志聖人之道當先以聖經爲主，而分爲數義以觀其大體。一曰聖道必不可易，非以天地爲祖故耶。一曰聖道必不可缺，非以人倫爲實故耶。一曰聖道必不可僭，非以天子爲主故耶。一曰聖道必不可疑，非以六經爲徵故耶。一曰聖道必不可假，非以修身爲本故耶。一曰聖局必不可隘，非以天下爲局，萬世爲量故耶。一曰聖道必不可私，非以王政爲公故耶。一曰聖教必不可混，非以天地爲祖，天子爲宗，六經爲徵，修身爲本，人倫爲實，王政爲公，天下爲局，萬世爲量故耶。一曰聖品必不可及，非以六經備載前之數者，而又不自居其德，不自以爲功，一則曰述而不作，一則曰何有于我，一則曰空空如也故耶。使有人于此，天地以爲祖，天子以爲宗，六經以爲徵，修身以爲本，人倫爲實，王政爲公，天下爲局，萬世爲量，其知及之耶！粹然一出于正，已不失爲豪傑之士，能見聖學，始條理之大意矣。使知至而行亦至，誠明並進並終條理而得之，將不得爲聖人之徒耶？嘗謂《孟子》之論大人，以爲先立乎其大者，則小者不能奪也；《中庸》之論費隱以爲聖人，亦有所不知不能；天地猶有憾，二者正當合而觀之耳。倘前之數者一一皆備于我，所謂大者先立，非乎？即有所未盡，不妨好問好察以收之，正如堂上人觀堂下曲直，自能執兩端而用其中矣，此大者先立之效也。至于天地之外涉于荒唐，鳶魚之内入于瑣屑，非聖人之不能知，正聖人之不必知、不屑知也。如此作聖豈不得其大體，而非小者之所能混哉？且爲調停之説者，不過謂孔子之教，性宗有所不足，故援佛以補之；命宗有所不足，故援道宗以補之耳。夫聖經之中性命二宗果有所不足耶？抑求之者弗深，考之者弗詳耶。且合倫政性命以觀，孰公而孰私，孰大而孰小耶？即使性命果有不足，曷不先立乎大者、公者，乃明言而明取之，安所事陰爲而陽掩耶？然此爲有志于聖經而求之弗深、考之弗詳者言耳，果能求之既深，考之既詳，則聖道自有全局；而凡斥小之説、調停之説、陰爲陽掩之説皆不辨而自明，則雖忘言可矣。此可與深心者道，又何多贅焉？

天主公論篇

或曰：子之論儒以天子爲主，而臣民第效法焉，是固二氏所不能同矣。乃兹復有自西洋來者，稱説以天主爲宗，以天文爲業，似乎得天之全局者，得無出儒之上乎？答曰：不然。然此須以人身人事證之，則同異是非自見矣。蓋儒者論上帝，是天地開闢所即有者，《周禮》所謂昊天上帝是也。如人有身即有心，乃是同時俱有者，如道家之説則有生姓父母，如佛家之説則天外有帝，如西洋之説則又是先有天地，數千年而後始有天主也。以人身例之，殆不其然一也。且人身之主自生至死一而已矣，既開闢時已有之，數千年後又復有之，是一人乎？是二人乎？如以爲果降生，則未降生年間又誰爲天之主乎？以人生例之，殆不其然二也。家無二主，國無二王，故足貴也。若前數千年有一帝，後數千年又换一帝，是二本也。人心將何所適從？以人世例之，殆不其然三也。如謂天欲教化一方，故不嫌降生，此又不然。天至尊也，天上之神至衆也，如世之天子欲教化一方，即甚驕亢不可化誨懷服，然不過使名臣代往而已，甚則帝駕親征而已。豈必自降生其地，自俯育其家，而後可教化哉？則帝亦不神且褻尊甚矣。以人事例之，殆不其然四也。豈謂中國不知尊上帝哉？禮惟天子得祭天地、享上帝，而諸侯以下不敢僭焉，尊之何其至也！宗伯之大禮，三首以事天爲主，而事天又以事昊天爲極，故《中庸》曰：「郊社之禮所以事上帝也。」夫人道莫尊於天子，而天子之禮莫大於郊社，尊之何其至也！且天道有全局，惟王制得而用之。《周禮》王宫王朝王國以及天下華夷之制，上下内外儼然一天文全局也。又《月令》明堂，王者隨四時十二月移居其中，東西南北又渾然一天時全局也。惟至尊之人得而用之，又惟至尊之人得而祭之，故尊而又尊，始尊無二上矣。倘人人皆得祭祀，人人皆得僭用，則天子之名分既無所別，而上帝之至尊人皆得以妄干之矣。以人事例之，殆不其然五也。豈以中國爲不知天道哉？任羲暨和，治曆明時，璿璣玉衡，以齊七政，自堯舜以來固然矣。即有歲差不同，不過後人一救正耳。天文非盡失也，又測以土圭，定以日表，天地之所合，風雨之所會，陰陽之所和，地中固在中國矣。《周禮》豈僞書哉？況先天後天、天德天則，《易傳》固詳之矣。夫天文也，天運也，天時也，天體也，猶曰外也，形而下也。至於天德也，天則也，先天也，後天也，則内矣，形而上矣。如人一身内外形神性命無一不全，而反自謂不足，不亦舛乎？此皆不能反求，而厭常喜新遠有所慕之過也。以人身例之，殆不其然六也。

或曰：子之論寬於佛而嚴於天主，何也？答曰：佛之教雖自以爲尊於上帝，然上帝與佛爲二人，猶能辨之也。天主自謂上帝矣，與中國者混而爲一矣。人將奉中國原有之上帝耶？抑奉彼之天主耶？吳楚之僭王號，《春秋》猶嚴辨之，而況混上帝之號者哉？以帝號論之，不可不辨者一也。且彼所稱天之百神，亦與中國所常祀者異。夫中國所祀見於六經舊矣，佛氏入而更之，百神已不安其位；天主入而又更之，並上帝亦不正其名矣。豈非天地之大變，世道之大厄哉？以鬼神論之，不可不辨者二也。以中國之教爲非耶？三皇二帝以來，其修身經世亦足以配天地而協神人矣。以儒者之書爲少耶？《論語》半部可以定天下，半部可以致太平，而況十三經如此之多也。博學詳説而反約，則六經亦足矣。多一教，多一番諍論，二氏其往鑒已，奈何又添一敵哉！以教學論之，不可不辨者三也。且佛與儒争教，其兆在下；天主與上帝争名，其兆在上。既欲斥小中國之儒宗，又欲混淆上帝之名號，此其志不小，其兆亦不小。竊恐有識者之所隱憂，不止世道人心而已。以事幾論之，不可不辨者四也。嗟乎！昌黎之諫迎佛，明允之論辨姦，人未有信之者，及其既驗而後，悔之亦無及矣。有世道之責者，其可不早見而豫防之也哉！吾固願吾言之不驗也，噫危矣！

公請任道篇

或曰：伊尹任天下之重，希文先天下之憂，此皆儒者分内於此。有人焉，于衛道甚專而于任道甚怯，何也？曰：亦嘗合古今儒者升降之變而揆之矣。居天子之位而任，斯道之任如高屋之建瓴，水直順流而下耳。自伏羲以至舜禹，道統皆在天子是也。其次莫如宰相，伊傅周召是也，已非若天子之順矣，然猶曰在高位也。文王以諸侯而任道，僅能演後天而義諸用，已不若相臣之得行其志。至孔子而益難矣，雖以至聖之德、至神之道，不能行之當時，第以傳之後世，則豈非以在下位也哉。故曰：下焉者，雖善不尊，不尊不信，不信民弗從。然則任道之難易，視位之高下，其故可按籍而睹。己嘗爲在上位者思之，位已尊矣，禄已厚矣，功業文章皆可以自見矣，得無曰何必講道論學而後爲名乎，不知聖人之明道非爲一己之私也。天下之事莫大于扶世教，而莫重于正人心。有如聖人之道不明，則臣不君其君，子不父其父。如春秋之世，亂賊交作，成何世界，則爲世道不可不明者一也。聖道不明則人心無主，且厭常喜新，人之常情也。如戰國之世，異端蜂起，家異教，士異學，即有有志之士欲聞聖道之正，其孰從而求之，則爲人心不可不明者二也。況天地開闢而後，自伏羲以至孔孟，孜孜矻矻，無非爲扶世道、正人心一大事以立教。數聖人拮据而立之，後之人安坐而棄之，有惻隱之心者寧無動念乎，則爲聖教不可不明者三也。且儒者非僧非道，自束髮讀書即已繫孔孟之籍矣。既而家温禄厚，身寵位高，上顯祖宗，下榮妻子，何者非遵孔孟之教而致也？古人受人一飯尚不忍忘，而況受聖人之賜若此其厚乎？藉其途以入，及已得志遂弁髦棄之，忠臣義士所爲扼腕而不平也，則爲公義不可不明者四也。然不但已也，凡事豫則立，有備乃無患，平居無犯顔敢諫之士，則臨難必無仗節死義之臣。使聖道不明，人不識忠孝之爲重，則必有頑鈍無耻如頌莽功德至四十八萬者矣。惟我朝靖難諸臣，自殷頑民而後僅一再見，豈非平日豫養之效乎？比事而觀，緩急自見，則爲臣節不可不明者五也。又況天下亂無寧國，國亂無寧家，家亂無寧人。有如聖道不明，人心不正，不知忠孝之爲是，則不知亂賊之爲非。事變横生，禍亂交作，即此身進退安危亦未知所税駕矣。當此持而始思正人心，扶世教，不亦晚而無濟乎，則爲事幾不可不明者六也。又嘗爲在下位者思之，位之卑而便于下問也，職之簡而便于咨訪也，時之暇而便于該博也。雖然道能違位而獨行乎，即使行之，能如君之尊而偏行乎，能如相之貴而順行乎？吾以爲，道者天下之公理，當持之以天下之公心，則曷不如管仲之借齊以尊周乎，則曷不如子房之借漢以報韓乎？道果可行，吾藉手以報先聖足矣，又何人己之分、爾我之別哉！嗟乎！董生《三策》尊孔子而絀百家，昌黎一表尊帝王而排佛氏，千載而下讀之凜然猶有生氣。矧我太祖盡黜二氏百家，專尊孔子。當今之世，有能尊上帝以辯天主，將功高二子，無不及焉。非中原豪傑孰能勝其任而愉快乎？豈惟遠方之士拭目望之，將太祖在天之靈，實式臨之。惟高明留意，天下幸甚！萬世幸甚！

卷十六

聖祀原兼聖神

昭告上帝篇

臣聞善言天者必有驗於人，夫天上之事非下臣之所能知也，請徵以人事。蓋聞堯之爲君也，天下之事不必身自爲之也，擇舜以爲相任之而已。舜之相堯也，天下之事亦不能自爲之也，擇禹、稷、契、皋陶、伯益以爲群有司任之而已。若是者，非堯舜之仁有不足而智有不周也。爲君者有君之體，爲相者有相之體，大體所在固不可亂也。以人事猶然，如此則天上之事可推矣。茲有人焉從大西之國來，以爲上帝降生於民間，别號曰天主，所傳有經，所立有教。茲其人欲以天主之教行於中國，盡辟舊時三教之説而駕其上，其稱號甚尊，其論理甚實。且謂天主即中國所稱上帝，信如其言，即天子猶將讓尊焉。彼三教之説，固有不待攻之而自不敢並立者矣。顧下臣愚昧，竊不能無疑焉。二氏之教其是與非，臣不敢與知。臣所疑者，天主之必非上帝，而上帝之必不忍廢孔氏也，何也？其人之言曰：上帝，至仁者也，憫其國之失教，故降生顯化以救世云爾。臣謂上帝至尊者也，爲天地神人之主，是生生之本也。必待人而生，無乃非尊乎？可疑者一也。上帝至神者也，有失教之國生一聖人焉救之，何不能者不用人而自用，無乃非體乎？可疑者二也。上帝至公者也，憫一國失教，即身自降生，厚于大西而薄於萬國，無乃非公乎？可疑者三也。然則上帝之必非天主，其理固甚明矣。乃其國明知天主人之所生，而必比其尊於上帝，何也？尊其名位，所以震服人心也。蓋中國之初亦已行其説矣，天主之稱不過如中國稱皇稱帝稱王耳。《周禮》祀昊天上帝，之外又有五帝，伏羲、神農、黄帝稱三皇，堯舜稱二帝，禹、湯、文武稱三王，此皆中國極尊之稱也。蓋《書》言作之君，作之師，惟曰其助上帝。天子之尊繼天立極，比於上帝，中國之初固久已行其説矣。天主行其教於彼國，彼國之人感其恩，服其義，尊而稱之。比于上帝，亦如中國之尊聖人，稱之爲帝爲王，後世之尊孔氏，亦欲尊之爲帝爲王，皆此義耳。以尊稱天主，遂謂爲真上帝，則凡中國聖人生於人而享尊稱者，孰不可謂爲上帝？而所以爲上帝者不亦多而亂乎，是何異陰陽家之論帝星，異名紛出而茫無所統者也？

前之三疑下臣滋不能解矣。臣又謂上帝之必不忍廢孔氏者，何也？蓋帝王之得天下者，前代君臣有功德于民，必且封及其子孫，善善長而惡惡短，所以鼓舞人心使趨於善也。人猶如此，豈天而不然乎？孔氏之功德，孟軻所謂賢于堯舜，自生民以來未有盛焉者也，上帝之所鑒察固非一日矣。自漢以來但知孔氏之聖，相與尊其經，奉其教而已。至於孔氏之所以爲功德，則未有詳發其盛者，亦儒者一缺典也。數年之前，講學之人多張大佛老而斥小孔氏，覺有未安，乃復欲調停三教混合爲一。彼時臣深惡其悖本，又復逆慮以儒道盛行之世，夫人莫不各受孔氏之恩，而猶忍肆譏評若是，矧異世而後能保百家之不争求其勝乎，必有疑孔子之未神、聖經之不足而復生異議者矣。使孔氏受千古不白之冤，是儒者之罪而世教之憂也。臣不勝憤又不勝懼，乃盟心自誓，專取十三經一一意深研。蓋數年而後得其大概，竊謂孔氏之功有不可忘，孔氏之德有不可及，考之於經一一皆有實據，又皆人所易知，非駕空以誇大其説者。臣非爲感孔氏之私恩，亦將以明萬世之公論耳。玆請爲上帝誦之，伏望天慈俯垂鑒焉。

聖功列叙篇一〔一〕

或曰：信如子言，即理一分殊以定道體，而以天子爲主則既信而有徵矣。夫皇極天子所自立，而儒宗孔子所獨尊，不知者將不能無疑，子能發其義乎？曰：大聖人身教淵深，姑且與子論其萬世之功，宇宙至尊至大至神莫如天地，群聖迭興未有直揭其全局以示人者。自孔子合二天

〔一〕 原標題無序號「一」，爲整理者所加。

而作《十翼》，于是天地之道始揭其全局，以爲萬世帝王學術治道之祖，是大功之在天地者一也。人第知畏天地，尊天子，敬大臣耳。至于父母，鮮不以其近而忽之也。《曲禮》所記第事父母之文，其冠婚喪祭飲射六禮皆各有義，而于事父母大義反無專義，亦無專經。自《孝經》作，而父母之尊始與天地並矣。天地其至道乎，父母其至德乎，以至德凝至道，其以天地父母並言乎。故雖尊爲天子，德如聖人，而不能有加于大孝達孝之外也，是大功及于後之父母者二也。羲皇開天立極，親受圖象于天，始作先天四圖；文王演二經而係彖，周公分二體而係爻，聖人神道亦曲盡其變矣。然皆隱于卜筮，其遠者自羲皇，迄于春秋，不知幾千百年。自孔子作《十翼》，以性命德業易其象變詞占，于是三聖之《易》咸爲學道者之大用，而不止于占卜之小術，是大功之在先聖神道者三也。三皇聖神既尊之爲道統之祖，而二《典》三《謨》其精粹甚多，聖德、聖學、聖治、聖功、天文地理、事神治人、建官立政、内威外嚴無一不備，顯二帝于萬世之天下，使慕聖者三皇不可考鏡，猶得以二帝爲宗焉。自是而三代之主合之則治，悖之則亂，以其近者證之已驗。若影響至此矣，萬世而下又孰敢不尊奉而恪守之也，是大功之在光顯前王者四也。三皇二帝三王之表章是矣，使所表章者皆聖主，而賢主以下弗與焉，則爲君者無乃有懈心乎！又使君道止録其善而惡則隱焉，則爲君者無乃無警心乎！《書》之所録，三代賢君無一不載，雖太甲之自艾、秦穆之悔過亦有取焉，至于桀紂以不仁失天下，則直書而不諱。夫小善不遺，大惡不諱，人君之鑒戒備矣，是大功之在前王者五也。然遠有所慕者，或近有所遺。且成周自后稷始基，至武王而後創有天下，其積累久而發跡遲，與舜禹之以身王者不同。自孔子删《詩》《書》、定禮樂而有周一代之世德，且爲萬世之法程，是大功之在成周祖宗者六也。第頌聖主易，尊庸主難。齊桓僅借尊周之名，而不知王者之大道，故止足爲五伯之冠而不足繼三王之統。《春秋》一書奉天以正王，奉王以正天下，使上下各安其等，華夷各正其分，此何等規模次第！使見用于周，則禮樂征伐自天子出，而春秋之世且轉而唐虞三代矣，是大功之在成周子孫者七也。雖然，此皆以其在君位者言之耳。倘有君而無臣，天下能自治乎？君而自擇群有司，則又勞而失君體矣。故君惟擇相，而相代擇群有司，二帝三王悉由此道，而相道則自舜禹以迄周公而大備矣。故孔子以祖述憲章歸之堯舜文武，而志所欲行則在周公之道，詩書禮樂固所不廢，而其中周制獨詳，又皆周公之制獨多，是大功之在聖相者八也。但周公之相成王雖兼創守，然天下已平，非有征伐會盟如五霸之世，天子之尊方盛，春秋之季則不同矣。且周公又以親臣在内而相天子，《春秋》之義以魯爲主，則似以諸侯入相天子之事矣。以撥亂而補致平，以諸侯入相而補親臣，于是相業始無不備，是大功之在相臣者九也。舜禹受禪之事，後世決不可行；伊尹放桐之權，亦非人臣所宜藉口。禹、皋、稷、契之陳謨説，箕、周、召之建議，則相臣之盛軌也。祖伊先見，三仁效忠，則親臣之大節也；親臣失職而外臣重，則天子已無權矣。桓公正而不譎，故《春秋》實不與而文與者猶多。至晉文之譎，挾天子狩于河陽，而《春秋》始不勝痛矣。嘗謂湯武之征誅，非以湯武爲訓也，警君之失權者，又立一大戒也。桓文之會盟，非以桓文爲訓也，警君之失道者，立一大戒也。臣之鑒戒固備矣，君之鑒戒愈備矣，是大功之在人臣者十也。有《書》之四代取善于帝王矣，有《詩》之四義取善于祖宗矣，有《詩》《書》中之陳謨進諫取善於諸臣矣，然此皆有位者也。至於《三百篇》中征夫遊女之歌，《左傳》所採下及輿人之誦、童子之謡，其取善于人者又無一不備矣。使古人一言一行之善猶得因刪述以存，是大功之在先民者十一也，然此猶以人事言也。至于《易》之大象取善及于天地，《易》之小象及廣八卦之象，取善明及于人物，幽及于鬼神，則宇宙大觀豁然在目。非孔子繫《易》，其誰開之，是大功之及于天地萬物者十二也。合而次之，上天下地也，而人居其中，父母以爲本，君相以爲綱，民物以爲用，三才之顯仁者備矣。且神道之藏用者，亦無不寓於其内，是天地幽明鬼神人物無所不詳盡也，其功之大何如哉！

聖功列叙篇二

或曰：聖人大功若此則信然矣，然皆有功于孔子以前之事也，乃其大功之及于後世者，獨不可列而言乎？曰：孔子之道有四，有即經而刪正者，《詩》《書》《禮》《樂》是也；有因經而補足者，《易傳》《春秋》是也；有離經而自得者，《中庸》《孝經》《大學》是也；有引經而立教者，

《論語》是也。然前之十二義，以六經及《孝經》言之耳，而猶有未盡者。《中庸》曰：「君子語大，天下莫能載焉；語小，天下莫能破焉。」夫莫能載，則必大出于六合之外矣；莫能破，則必細入于鳶魚之内矣。夫無不包，無不貫，雖道體固然，非所以立中庸之教也。孔子定之爲中，于是造端始于夫婦，極致止于天地。惟止于天地，則不必求之六合之外矣。惟始于夫婦，則不必索之鳶魚之内矣。以無不包、無不貫者明道體之大，以始夫婦止天地者明立教之中，此易知易從而愚不肖皆可與能也，是大功在立現在之大中者一也。以現在言之，固以自夫婦察乎天地爲中，而合千古言之又自有中。蓋《易》始于三皇，《書》《詩》詳于二帝三王，《春秋》終于五伯，故邵子以皇帝王伯概言千古之變，由淳厚而入澆漓，世運固然任其變而不爲之折衷，非所以明中天之盛也。孔子又定之爲中，三皇神道未易及矣，五伯詐力不可訓也。二帝德化，三王禮教，合而用之，其萬世帝王之中乎？故曰：祖述堯舜，憲章文武，是大功在定千古之大中者二也。現在有大中而道術定矣，千古有大中而經術明矣。不指其實而言之，無乃玄虚而無據乎？于是約之人倫以爲經，王政以爲緯，道德九經是已，而猶以爲未盡也。倫政以爲表，聖學以爲裏，明善誠身是已。既有所以爲經緯，又有所以爲表裏，既以望君又以責臣。于是理皆有據，事不容諉，大中之在千古與現在者，不涉于隱怪而其可以與知、可以與能，真有徵而可信可從矣，是大功合千古現在而直指其實者三也。然道理雖備而名分未明，則君猶得諉臣，猶得僭中道，雖明而未能確乎其可行也。《孝經》論天子之孝與諸侯卿大夫士庶人之孝，各有其等而名分始明矣。《大學》曰：「一人定國。」又曰：「堯舜帥天下以仁而民從之，桀紂帥天下以暴而民從之，其所令反其所好而民不從。」于名分之中而特標天子以爲主，于天子之中而又分堯舜桀紂以爲法戒，雖師保耳提面命之諄切，不過如此而已，教止矣。故嘗有言：天子之制定而天下之制皆定，人所知也；天子之學定而天下之學皆定，人所未察也。惟以天子爲主，故政令出于一，此道德所以一，風俗所以同，而聖人之立教所以爲萬世不可易耳，是大功合治統、道統而一歸其權于天子者四也。人之聞道者，大抵知而不能行，未久並其所知而忘之矣。惟孔子于聖經所有之道一一實體諸身，幽可以對天地鬼神，明可以對人，上可以對君，下可以對弟子，前可以對帝王，後可以對萬世學者。使後之爲師者必先身教而後可衍經教，是大功及于後之師道自任者五也。舜禹而下，以相業著者亦多矣，而何以獨宗周公？蓋以叔父之親而輔幼沖之主，其小心忠懇至于人言不能動，天變爲之回，且無禪受之奇，亦無放置之異，真可爲相臣輔佐幼主之法矣。幼主可輔，餘者又可知矣。且不獨謹畏而已，安家而寧天下，定制而慮後世，心無一不周，制無一不備，孔子尚以爲宗，則萬世相臣之鵠其定于此矣，是大功及于後之聖相爲志者六也。或疑孔子之功，或及于前人，或及于後世，則誠有之矣。而于當世之天下，僅能成就諸賢之才德耳。君未得，道未行，其于當世之君臣民物似未有以相關也。不知豪傑之士，孰無南面而王之心，無人可輔，無勢可乘，則亦已耳，是制于外而不敢動也。孔子之門稱弟子者三千，通六藝者七十有二，子西之對昭王，固駭其盛矣。有可爲宰相者，有可爲將帥者，有可爲邑宰者，有可爲奉使者，無才不備，無才不奇。古人有言：當秦之衰，得一士而可王，乃孔子以聖人之德聚群賢之才，以魯君之弱而上不疑，以三家之悍而下不忌，不過正于不用之在位耳，未有駭其有異心者。然則聖人一念退藏，不動聲色，而天下安于泰山，民無得而稱焉。此其至德，豈在泰伯文王之下哉，是大功及于當世之天下者七也。然以聖如孔子，豈不能自出其所藴以超二帝而軼三王，然先儒稱孔子有三大讓而人不知察者。一有王天下之德而自安于臣節，二有神人之道而以人道立教，三有作者之才而僅自居于述，何也？存者定之，缺者補之，萬世不易之道已無不備如是，而復求奇異焉，無乃没前人之善而攘以爲己功乎？非所以明聖心之至公也，是大功及于經術之賴以不亡者八也。人即有得道者，又自私其身，甚至有隱于山林者矣。惟孔子以其所得之道，主以身教而輔以經教，且其大旨惓惓以仁爲主，使人人各懷己立立人、己達達人之心，則小之可以仁一方，大之可以仁天下，傳之可以仁萬世之天下。與天地好生之心同流罔間，其不忍自私一念又何公而普也，是大功及于現在之諸賢九也。然使聖人之教但可施于賢智之士，而愚不肖之民皆不得與焉，則亦有限而不能徧矣。惟《中庸》之教，立自庸言庸行，以達于無聲無臭，皆夫婦之愚不肖可以與知、可以能行者，則中國蠻貊何處不可以通行乎，是大功及于後世遠近之民者十也。爲人子者第知居家，則盡事親之道耳。至于可以推之事君，則有未必知者。《孝經》曰：「事親孝，故忠可移于事君；事兄悌，故順可移于長；居家理，故治可移于官。」則家庭之間儼然君臣之際，而所由以擴充爲大孝達孝者，無不基于此矣。然人子之義有常變之不同，人臣之義亦有常變之不同，特以事言耳。至于事君之心必根于事親之心，然後爲真誠懇至此，非素有純孝之心，則發爲事君之心亦有分數而未純矣。惟移孝爲忠之説出，而忠臣之心始未仕而先已豫蓄之矣。萬世而下不患無才臣之盡職，而患無忠臣之矢心，則孔子之教貽之也，是有功于後世之忠孝合一者十一也。不但此也，孔子成《春秋》而亂臣賊子懼，前有聖賢以示之鵠，後有亂賊以示之警，即欲甘心以自外于忠孝，而不能無懼心矣。春秋二百四十二年之間，弑君三十六，自誅亂臣賊子之法嚴于斧鉞、昭于日星，漢唐以來二千餘年其陷于大惡者亦鮮矣。豈非大聖人先天而天弗違，即萬世之人心已審爲之轉移乎。夫亂賊尚無不轉，則忠孝者之奮發又可知矣，是大功及于後之綱常世教者十二也。合而觀之，合二大中爲一大中，而以天子爲主，總之爲世道人心也。然則求孔子之功者，亦尊天子之教，體經于身，傳經于人，貽經于後世，亦總之爲世道人心也。區區以性命爲言，不過一身之私耳，何關于世道人心而乃以擬孔子之求之世道人心而可見矣。功哉？

或曰：二氏亦言人心，安得弗同，豈人有二心耶？曰：聖人之正人心，將用之君臣父子爲天下國家治安計也，弗治弗安則有舍生取義、殺身成仁、棄性命以從之者矣，是安得強而合之。平心以思，當自見其不同矣，是不在以口舌争也。

聖功列叙篇三[一]

或曰：合上天下地而論，則人居其中；合已往未來而論，則現在之人居其中。子于孔子之功亦既詳其已往與、現在者矣，引而申之豈無及于未來者乎？觸類而長之，豈無及于前二者之功之外者乎，是將安在？曰：孔子之有功于已往者，以經教也，有功于當世之現在者，以身教兼經教也，則欲詳其有功于未來者，亦豈有出于身教經教之外哉？春秋之世，百家蜂起，雖亦知言天地，或語體而遺其用，或言天而不及人。至于帝王之事，直欲超而上之、薄而棄之，有稱引者鮮矣，况從而祖述憲章乎？惟孔子贊揚天地，鋪張帝王，存者定之，缺者補之，使後世聖賢豪傑有志于衛道者，必以天地爲祖，帝王爲宗，父子爲本，君臣爲綱，天下爲局，萬世爲量，而後與儒者之大成合。後儒惑于異説，各立宗旨，愈趨愈下，不有聖人之全經合而爲一，則天地帝王之大全孰能據之以正諸儒之失乎，是大功及于後之諸儒者十三也。明經雖曰衛道，然不如明倫爲有

[一] 原標題無序號「三」，爲整理者所加。

關于綱常之大也。一人盡忠，天地爲之變色，鬼神爲之飲泣。嘗謂從祀之典當以明倫爲首，而衛道次之，收古今忠臣烈士列之兩廡，愈以增俎豆之光耳。不然窺天地帝王之大全者，以先于明倫猶可，彼區區文墨之小儒反得以口舌先忠烈，此英雄豪傑所爲扼腕而不平也，是大功及于後之明倫者十四也。文章之士，取資也博，用物也弘。前人有言：三代無文人，六經無文法。或者遂謂聖人經教與文士無關，不知自漢以前，文章最稱雄奇者有過於孟子者乎？老泉至秘之巾笥，雖二子不輕示焉，其妙可知矣。孟子以前誰爲，文法雖自孟子作祖，有秋毫不自聖經出者乎，是大功及于後之文士者十五也。孔子而後，文武分爲二途久矣。漢人有言：薦紳之士專言和親，介胄之士專主征伐，是其證也。彼蓋以武備之事，聖人所不言，聖經所未備耳。夫不言則誠有之，伐國不問仁人，誠不忍以殺伐之事恒掛之齒頰間也。然謂聖經有未備，則未之深考矣。無論左氏一書，善用兵者之所必資，且大閱之法、井田之制，何者不具載聖經中也，然此猶其末也。窮神知化，知來藏往，此何止一將之任，而謂聖人有文事而無武備乎，是大功及于後之武備者十六也。百家之駁而不醇易見也，莊列之出于老氏易知也，申韓原于道德則史遷必有所見矣，管子書亦有解老，則老氏之學蓋不止一家宗之矣。然老氏之道，其初亦祖于《易》，亦有意于治天下，即康節以爲得《易》之體，但其意欲以先天之道返于三皇之治，故盛稱無欲無知、清静無爲之事，而不知世變不同，後世固有萬萬難返者。孔子叙天道原不敢遺三皇，至定之爲萬世之中制，則惟二帝爲主而三王輔之，蓋亦反覆驗之熟矣。使後世有所據，以正中國百家之失，則六經之全局是也，是大功及于後之正百家者十七也。嘗參二氏之徒矣，或單言性以爲超，或兼言性命以爲全，其言似若薄世界而不恤，輕功名而不爲者。然徐察其他語，頗有謂積因果以修福者矣，有謂積功行以基仙者矣，是亦未嘗遺此世界也，獨不欲事天子而爲臣耳。雖然人皆出家而不爲子，則生人之類滅矣；人皆隱山而不爲臣，則世界之亂久矣。矧忠臣烈士亦有不聞性命之説，而以心事得證仙佛者不暇多引，世所共知之關壽亭侯是已。然則明倫之教亦何負于人哉？故聖人言天地必言聖人，言君臣必言父子，言成己必言成物，言天下必言後世，規模既大，義理更全，包二氏之所長而不墮于其短，則亦六經全局之力也，是大功及于後之分三教者十八也。佛氏之入中國，其言廣大無垠，世儒見未定者莫不宗之，甚至反斥小孔子以推尊佛氏。嘗疑而深參之，其一切法事教像因果之説，彼門中所自掃而不用者，其頓悟頓圓則宗之一法，其漸修漸證則觀之一門，此外别無幽隱而深奇者。儒者不敢援儒入佛，故望而駭之以爲異。佛者不欲使佛同儒，又歧而異之以爲□，不知天下古今無二道，人自求之聖經有弗深耳。然得有所據以辨儒者之大全，則六經之力也，是大功及于後之正儒佛者十九也。天主之教首先辟佛，然後得入其門，次亦辟老，亦闢後儒尚未及孔子者。彼方欲交于薦紳，使其教伸于中國，特隱而未發耳。愚以爲佛氏之説易知，而天主之教難測，有識之士不可不預爲之防也。然其旨以天主即中國所謂上帝，則未然矣。天主亦天母所生，則亦人之子耳，與佛氏何異而可混言上帝耶？然得有所據以辨天主與上帝之不同者，亦六經之力也，是大功及于後之正天主者二十也。世之譏聖教者，不過曰彼所言者人事耳，于神道弗與焉。夫《論語》謂子不語神是矣，乃《易傳》中言神不一而足，不知神而顧言神以爲誇乎，他書所載前知之事雖儒者不道，然孔子之既神亦略可證矣。矧孔子爲萬世之師，正有不專以神者，惟以神道爲藏用，而以人道爲顯仁，聖德于是稱大成耳，是大功及于後之辨人神者二十一也。其譏者又不過曰：彼即删定，大抵述前人之舊耳，于作者之聖弗與焉。是又不然。舊者存之，孔子之至公也。缺者補之，亦孔子之至公也。《易傳》《孝經》《春秋》三書，正作之以補前人之缺者，而亦以爲述可乎。或述或補一以至公行之，此所以爲聖人之心事也，是大功及于後之辨作述者二十二也。其譏者又不過曰：彼所立之教蓋未離法象耳，以言離象而超脱則未能矣。不知聖人之道其妙正在法象，孰知夫費之寓夫隱也，孰知夫人道之寓夫天道也，孰知夫修身之可以治天下國家也，孰知夫盡性之可以贊天地化育也。幸而有六經之全局在，是大功及于後之辨性象者二十三也。其譏者又不過曰：彼所立之教終未脱言語耳。然二氏之言不知多于六經幾千百倍已，則多言而于儒則譏之亦不公甚矣。夫由象可以識心，得心則忘象，因言可以見道，得意則忘言，况天何言哉，無聲無臭，聖訓固昭昭如也。彼二氏亦然，安得過責于儒者哉，是大功及于後之辨語默者二十四也。夫舜有大功二十，身爲天子，澤及後嗣。孔子之功舉其顯而易見者凡三十有六，是其賢于堯舜固已信而有徵矣。況微而難名者，又未易深測而悉數也！其爲萬世帝王之師，崇德報功之無盡，復何疑哉！復何疑〔哉〕〔一〕！

聖功合叙篇

或曰：韓昌黎《原道》稱聖人有功于天下萬世，不離人倫王政，宋儒以爲粗淺故深而求之性命，精而求之禮樂，子乃復以人倫王政爲言，得無蹈昌黎之故智而爲宋儒之所笑耶？曰：是不然。宋儒以人倫王政爲粗淺，蓋未知人倫之精深耳。昌黎以言人倫王政爲宋儒所譏，亦以昌黎未發明人倫王政之精深故耳。夫人倫王政之精深愚别有（倫）〔論〕〔二〕著，乃今叙孔子之功，正不敢以人倫王政爲粗淺耳。蓋天下之勢，君主治于上，民治聽于下，宣上德，達下情，則臣居其中焉。人倫斁而君德衰矣，王政廢而民生苦矣，所賴以正君德、以行王政者，人臣之事也。所以然者，君一而已矣，臣固臣也，士亦臣也，民亦臣也，是天下盡臣也，聖人豈不欲君之皆聖以御天下之臣民哉？顧難責備于一人也，故曰：君失之，臣得之；臣失之，士得之。總之，欲正君以澤

〔一〕「哉」字脱，依文意補入。
〔二〕依前後文意，「倫」當作「論」。

民，使天下歸于治耳。孔子之前無論矣，嘗自孔子正經立教之後而考之，漢高之興，寬仁大度，有君德矣。且能用賢也，能聽言也，非即六經湯武之故事乎，是有功于漢之創業者一也。孝文之恭儉愛民也，孝武之表章六經也，孝宣之綜覈吏治也，非即六經啓甲成康之故事乎，是有功于漢之守成者二也。光武之延攬英雄，優禮故舊，非即六經少康、武丁之故事乎，是有功于漢之中興者三也。昭烈三顧孔明，君臣魚水，非即六經湯之于伊尹、文之于吕望乎，是有功于漢之恢復者四也。六朝之易興易敗也，臣廢君也，非犯春秋君臣之戒者乎？以其犯君臣之戒而亂，而知《春秋》之有功于君臣者五也。五胡之彼此互争也，夷亂華也，非犯《春秋》華夷之戒者乎？以其犯華夷之戒而亂，而知《春秋》之有功于中國者六也。唐有貞觀之治，能用人也，能聽言也，故曰：戡亂同于湯武，致治庶幾成康，非有合于經故耶，是有功于唐之創業者七也。唐有永徽之治、開元之治、貞元之治，亦以有合于經之用人聽言故耳，是有功于唐之守成者八也。武氏之亂，貴妃之亂，則有犯于經之父子夫婦之戒耳。以其有犯即亂，益以見犯倫之禍，其有功九也。藩鎮之亂尾大不掉，正犯《春秋》諸侯僭天子之戒耳。益以見犯失權之禍，其有功十也。至于漢唐皆以用内侍而亂，是犯春秋伊戾寺人柳之戒耳，是有功于犯内豎侍之戒者十一也。又漢兼有外戚之亂，則春秋借庇于大國而反失之者耳，是有功于犯外戚之戒者十二也。至于五代之際，其犯君臣父子華夷之戒與六朝同，則其亂亦同，是《春秋》所謂從同同者，因其犯同亂同益，以見六經之與亂同事罔不危且亂者，其有功十三也。宋之創業守成，其用人聽言與漢唐同，其治亦同則治亦從同同矣，德同治同益，以見合六經之與治同道罔不興者，其有功十四也。然宋以母后之賢而免外戚之禍，則知漢有外戚之禍是犯六經之戒者，其有功十五也。宋以杯酒釋兵權而無藩鎮之禍，則知唐有藩鎮之禍是犯六經之戒者，其有功十六也。又宋以兵制過弱而致夷狄之禍，治過西晉而亂亦過于西晉，益以見夷狄之不可不防，其有功十七也。然宋以文學而興，以尊賢敬士而治，及其亡也，亦受尊賢敬士之報，益以見聖教之能正乎人心，其有功十八也。元人以夷狄入主中國，是天地一大變也，而《春秋》所爲豫謹華夷之辨者至此一驗矣，其有功十九也。然元之一代亦有安危治亂之不同，其治且安未嘗不以君臣父子兄弟夫婦之得也，其危且亂未嘗不以君臣父子兄弟夫婦之失也，是夷狄之人亦不能廢聖人六經之教也。所謂天且弗違，而況人乎，其有功二十也。夫論功之大者莫過于有功于天下，使之治且安矣，而所以治且安者乃以人倫王政，非以性命也。有倫政而無性命不害爲治，漢唐是也；有性命而無倫政，不害爲亂，歷代之崇尚二氏者是也。然則論孔子之大功于萬世者，其當以倫政耶？其當以性命耶？是安得以爲粗淺而忽之也，故就昌黎與宋儒並論，吾終以昌黎爲正。

聖神特異篇

或曰：即如子言，聖德聖功可謂極其盛矣，然大抵皆人道之事耳，二氏動以神道驕于儒者。

嘗據他書所紀，孔子生有聖瑞制作之符受之于天，尼山之禱應之于地，五老之降庭，麒麟之繫角，幼而陳俎豆之容，壯而備帝王之相。舉國門之關，是其勇也；見吴門之馬，是其明也。他如知萍實之霸，知商羊之雨，辨肅慎之矢，識沙丘之亡，記董生之收書，斷張伯之懷璧，倘亦可與二氏之神通齊驅而並駕乎？曰：子以爲神通者二氏之正宗耶？夫二氏吾嘗聞之矣，其正宗在性命不在神通，彼中學正宗者薄神通而不爲。子乃執此欲以張大孔子，亦不知神之大且遠者自有在耳。夫所謂神之大且遠者，非以凡所建立，即天地鬼神不能違，千聖百王復起不能易，然後爲神之大且遠乎。而孔子之教天地爲祖，帝王爲宗，君臣爲主，父母爲本；性命藏用而德業顯仁，天道自治而人道治人，幽理百神而明及萬物，身教爲鵠而經教爲貽，中國爲内而夷狄爲外，天下爲局而萬世爲量。試思此數者，天地鬼神能違之乎，千聖百王能易之乎？即二氏出家隱山，不過能脱累滅情而已，能舉而盡廢之也，使終天地之運竟不復一用乎？夫其盡包天地古今而無所遺也，是其神之至大而無外也。夫其竟天地始終，即十聖百王以及二氏必不能廢也，是其神之至遠而無窮也。以此論孔子之神，庶僅得其大略矣。然此人所習知，即指以爲神未必不以爲尋常，而莫之深信矣。子又試思人皆如道家入山修命，則君臣之義誰與共行，天下國家之治誰與共理。自《春秋》一作，與《周易》並傳，若豫知有道家之教，而使萬世而下，即在朝行君臣之義而不嫌于修命者，其前知之神一何遠且大也！人又如佛家修性，則父子之恩一朝而絶，天下生人之類安得復蕃，又何處生人以俟其度脱哉？自《孝經》一作，與《周易》並傳，若豫知有佛家之教，而使萬世而下，即在家敦父子之親而不嫌于修性者，其前知之神又何遠且大也！近日又有天主之教，以上帝即其所奉天主，如此則天子與凡民皆可以共奉上帝，則天子之尊何自别，而上帝爲人之所共奉又何以稱獨尊哉？自《易傳》之論天地甚明，而《周禮》正祀典之祭天地者惟天子一人。若豫知有天主之教，使萬世而下知天子之獨祭天地，諸侯以及凡民弗與焉，而後上帝獨稱尊之又尊矣，其前知之神又何遠且大也！後世有志衛道之士，亦知三者之不能與吾儒並矣，而中心原無定見，在古又無定據。自十三經大備，如前所稱，自天地以至萬世爲量，一無所遺又一無不確。若豫知有吾道必有異端，使萬世而下得有所據以内守，又得有所據以外禦，聖道得以如日中天而不爲雲霧所掩、薄觸所害，其前知之神又何遠且大也！然不特如此而已，前知之神又未若轉移世界之神爲尤遠且大也。《春秋》之作所以扶君父而誅亂賊，其所爲撑宇宙而重綱常者，可謂誠且切矣。考之春秋二百四十二年之間，弑君父者三十有六。自《春秋》一作，自漢以來二千有餘年矣，忠臣義士無代無之，即温莽操懿之姦猶知有所畏憚，二千餘年之亂賊曾不及二百餘年之多，則孔子一念精誠有以格天地而密移之，所謂先天而天弗違，此其神之遠且大者又一證也。漢雜百家未久而廢，唐宋雜二氏亦間用之未久而廢，未有盡黜百家、專尊孔子如我聖祖之獨斷者，而得士之效亦未有如靖難議禮效忠之甚者，有過唐宋無不及焉，則亦孔子忠孝之教有以上感聖祖，下惕諸臣而密移之，所謂先天而天弗違，此其神之遠且大者又一證也。以此言知來，以此言密轉，而後孔子之所以爲神，信可謂遠且大耳。彼區區符瑞之徵應，即有識之士猶以爲不足憑，而況欲以議聖人之品哉？

聖德總論篇

或曰：即信如子之言，不過事功著述之粗耳。智者能謀，才者能作，故尊王之功管仲能首倡也。集古之美，史遷能總會也，將亦可與于聖人之列乎？曰：吾所謂聖人之事功著述，正謂其有神聖之德足以立其本耳，豈徒襲取其外以博名高者哉？請復言聖人之德。試舉其大者，孔子蓋有三讓焉。有作者之才而自居于述，使帝王之德業得以並存于世，一讓也。有神人之道而能自治以人，使天下後世得依于人倫，以扶世教而不至逃之方外，將國無其人誰與共理，能之而能不爲，二讓也。有王天下之資而安于臣德，此尤人所無得而稱者，然觀子西阻昭王之語，則宰相、將帥、游説、守令之士，聖門無一不具。即文之四友、武之十亂不過如是，後世豪傑所深幸而不可得者，而卒無幾微異念，且終古亦不得而知。蓋其厚德隱衷真在泰伯、文王之間矣，三讓也。不寧惟是，揭天地爲道統之原，至仁也；揭父母爲至德之本，至孝也；叙帝王爲君道之法，至正也；存相業爲臣道之式，至公也；尊周爲天下之主，大忠也；存魯爲父母之邦，大義也；

好學而終身不倦，至勤也；好善而樂取不遺，至大也；以天下生民爲己任而周流庶幾一遇，至慈也；以萬世斯文爲己任而精神聚之六經，至慮也；不私其子而隨材造就，至平也；不拘其類而因人救正，至寬也；燕居以至大廷一依于禮，至恭也；存心以達制行一本于誠，至實也。其立教也，以人治人，依《中庸》而黜隱怪，至常也。其率人也，以身爲倡，崇實行而袪煩文，至真也。依乎《中庸》條理之始，大智也；遯世無悶，至死不變，大勇也；然且爲物不貳，一以貫之，至一也；空空無知，何有於我，至虚也。雖然指其事而名之，謂非聖人之德不可，然執此以論聖人之德，則失其大體矣。《中庸》不云乎，小德川流，大德敦化，此天地所以爲大也。指事而言，不過小德之川流者耳。必求其大德，則有二局焉，一合現在之天地而論，有全局，有超局，然單以超局言不見其超，合全局而特表之其超乃見耳。「天尊地卑」一章，自「天尊地卑」至「坤道成女」，天地之全體妙用變化生成備矣；而繼之曰「乾知大始，坤作成物」，則所以尊乾者何至也，此合天地而言之者也。「大哉乾元！萬物資始，乃統天」「至哉坤元！萬物資生，乃順承天」，則所以尊乾者又何至也！「乾，天也，故稱乎父」，乾以君之，又爲天爲圜，爲君爲父，其尊乾又何至也！天地之道，貞觀者也。又曰：「觀天之神道，而四時不忒。」又曰：「天何言哉，四時行焉，百物生焉，天何言哉！」其尊天又何至也。蓋有專言之天，有兼言之天，兼言之天則天地交而萬物通，天地感而萬物化生，天地絪緼，萬物化醇是也。是天不可無地，如君不可無臣，故兼而言之也。若前之所引則專言之天，如君之一人定國，尊無□上是也。以此思聖人之大德，固可即現在之天地而得其宗矣。一合古今之天地而論，則有總局，有活局。蓋有先天之聖人，有中天之聖人，有後天之聖人，有統天之聖人。先天之聖人，三皇是也；中天之聖人，二帝是也；後天乾元之聖人，湯武是也；後天坤元之聖人，周公是也；統天之聖人，孔子是也。《易》之廣大悉備、止寂光明則用三皇，《孝經》《論語》恭安溫厲、侃侃誾誾則用二帝，《春秋》謹嚴名分各正、華袞斧鉞書法不同則用湯武，治定制禮、功成作樂則用周公，此活局也。統天之極則有《中庸》一書，無聲無臭、淵淵浩浩，則三皇之境也，大孝達孝則二帝之德也，戎衣天下則湯武之功也，人存政舉則周公之業也，此總局也。蓋帝王之道各以其時而爲通變，雖以聖人用之能不失其正，而不能違天之時也。以此思聖人之大德，又可即古今之天地而得其變矣，何也？身，活物也，對臣謂之君，對君謂之臣，對父謂之子，對子謂之父，無定位也。然〔對〕〔二〕天下國家則獨爲本矣，不論位也。心亦活物也，則隨身之位而轉其名矣，在君謂之仁，在臣謂之敬，在父謂之慈，在子謂之孝，無定名也。然對宇宙統天則獨爲尊矣，不可名也。此洗心之不可不嚴，而致知之不可不精也，何也？知之不至則局未必全，如國之有大小強弱不同，非一統之規模也。心之不净則主有

〔二〕此處漫漶，依文意當作「對」。

不端，如君之有明暗仁暴不同，均之非皇極之全德也。行之不至則品有未極，如學之有至次全半，局非不大，主非不净，終非至聖之境地也。故論主局知局無如《大學》一書，天子至于庶人所公共也。超局行局則《中庸》一書無以加矣，何也？天地開闢，而後群聖迭興，有以君道顯者，有以相道顯者，然未聞有以師道顯，有之自孔子始，乃師道蓋難言矣。承群聖之後而表章其遺文則當論功，當百家之興而獨崇乎聖統則當論識，然天人之局未全，其何以超百家而出其上，則當論教，然身心之實未盛，其何以集群聖而總其成，則當論德。所以然者，功猶易樹，識猶易超，即教猶易定，獨德爲最難。本之無德而徒侈言功言識言教，後世一大法師能之，何以創立身教、永定經教以爲萬世帝王之師哉？故論孔子當以至德爲本，然單以德論則亦與夷惠等耳。惟合功合識合教，皆人所不可及矣，然後提至德以爲之本，庶孔子之全局、本末、分明始終具備。不惟慕孔子者可，即是以想見其至盛之儀刑；而學孔子者亦可，即是以灼得其頓證之門户矣。然則聖經之大明，豈非千古後學之永快哉？

聖經合贊篇

或曰：先聖之爲天縱，聖經之爲大全，則既可指其事而言矣。然殷因于夏，周因于殷，而皆不能無所損益，董生當漢之世亦曰宜損周之文、用夏之忠，則自漢而後，六經之制豈遂無可損益者乎，子何固執之深也？曰：孟子有言，先立乎其大者，則小者不能奪也。三代所因，則其大者也，大者既立而後可議及其小。倘大者未明而先遽議損益，必將損益失宜，并大者而亦累矣。請先言大者，一曰聖經有大權而不可貳。蓋道德所以不一，風俗所以不同，皆由于師之異教、士之異學，故分門立户以求其勝，遂不肯相下耳。聖人立教則不然，六經删述總之爲天子設者也。以天子建極爲立教之主，天下臣民胥從而效法焉，師不得有異教，士不得有異學。故曰禮樂征伐自天子出，此道德所以不能不一，風俗所以不能不同也。然不持立教之公，而且以身師天下以從之，故曰：「周監于二代，郁郁乎文哉，吾從周。」又曰：「吾學周禮，今用之，吾從周。」以大聖如孔子，而且從周如此，自大聖而下又孰敢有生今反古之念哉？故曰：大權而不可貳。一曰聖經有至尊而不可加。世儒所講大抵皆六經以後之人事耳，人事之中其尊者至天子而極矣。夫天子固天下之共尊也，天子建極于上，而天下臣民咸則君以自治焉，豈不稱至尊哉？然《詩》《書》之中所以稱天子之學者，必以敬天畏天爲言，是天又尊于天子矣，故曰有至尊而不可加。一曰聖經有合局而不可易。聖人制度言天必言人，故天不落于空虚；言人必言天，故人不流于卑瑣。《中庸》曰：「質諸鬼神而無疑，知天也；百世以俟聖人而不惑，知人也。」蘇老泉亦曰：「聖人之道以《易》爲之幽，而以《禮》爲之明。」不然言天不言人則尊而不親，言人不言天則親而不尊，二者胥失之矣。惟其天人合爲一貫，故曰有合局而不可易。一曰聖經有中教而不可誣。

蓋世運之變不可勝窮，統而概之則皇帝王伯盡之矣。三皇神道用事難以偏責于人，五伯詐力相尚不可以爲臣訓，故祖述始于堯舜，憲章止于文武。以二帝之德業兼三王之禮樂，固萬世之可知可行者，故曰中也。然此合古今言之耳。現在之理大莫能載，小莫能破，六合之外、鳶魚之内安往而非道哉？然六合之外涉于荒唐，鳶魚之内流于瑣屑，故君子之道造端始于夫婦，則不必細入于鳶魚之内矣；察乎天地而止，則不必遠想乎六合之外矣。自夫婦之知能以達于天地之化育，是現在之可知可行者，故曰中也。合而言之，現在有天道人道之中以爲之經，古今有堯舜文武之中以爲之緯，萬世帝王之道折衷于此，千聖復起不能易矣。人人可以與知與能，又安得而諉焉，故曰有中道而不可諉。一曰聖經有至常而不可廢。世儒惑于佛法，動以人倫王政爲世法爲常道，掃而空之，彼蓋未嘗反而思之耳。試反而思之，人倫王政誠世法也，誠常道也，然去君臣還成世界否？去父子夫婦還有人類否？彼佛法中亦未嘗無師弟、無賓主、無朋友，不過出家不仕，則所掃者特君臣、父子、夫婦耳。然掃而空之則不成世界，無復人類，則聖教之世法常道固與天地相始終者矣。掃空之説當屬寓言，豈可認定以爲真實語耶？故曰至常而不可廢。一曰聖經有至正而不可混。蓋君臣既必不可滅，父子又必不可滅，則聖人之教其大者固在此矣。故曰：「邇之事父，遠之事君。」又曰：「以孝事君則忠。」又曰：「未有仁而遺其親者也，未有義而後其君者也。」又曰：「墨氏兼愛，是無父也；楊氏爲我，是無君也。」又曰：「孔子成《春秋》而亂臣賊子懼。」夫孔孟之切于扶植者正在君臣父子，而佛法之掃而空之者不在師弟賓主，而在君臣父子。乃世儒惑于其説，必欲援彼以爲重，不然則調停以爲一，甚至斥小孔子以張大佛氏，不知此心視君臣父子爲輕耶？重耶？且我不欲借彼以爲重，則我固得矣。彼必欲混我以爲同，則彼固失矣。試令各守其教，求之未有佛法之前兩不相混，不亦相安于無言乎？故曰至正而不可混。一曰聖經有至嚴而不可犯。人知天之尊不可犯，而不知聖人之制爲禮教，其不可侵僭一如天之不可犯也。然臣不可以僭君，子不可以僭父，婦不可以僭夫，下不可以僭上，外夷不可以僭中國，人所共知也。至于君不可以侵臣，父不可以侵子，夫不可以侵婦，上不可以侵下，中國不可以侵外夷，則有未及察者矣。必上下内外不相侵僭，而後謂之各正其位，各止其所。又曰：並育而不相害，並行而不相悖，禮制之嚴與天地同節，原是如此。及禮之衰，上下内外互相侵僭，有不可勝言者，故《春秋》得執禮以維之。人知《春秋》之嚴，而不知其原于禮也，故曰有至嚴而不可犯。雖然天自天而禮自禮，則範圍不全，血脈不貫，人猶得以己意損益之矣，此所貴于天人一貫以爲合局也。一曰聖經有實德而不可假。人知王伯之辨在真與假，不知儒中亦有王伯，所謂色取行違、義襲而取，皆假儒耳。聖人之教有生安學利困勉之不同，其主于誠則一，上之至誠與天地參，次之致曲以至能化，又次之亦慎獨而毋自欺，與伯者之立心固不同矣。然立心不同，宋儒辨之甚詳，而行事不同猶有所未悉也。則以力假仁、以德行仁與夫皞皞驩虞之辨，孟子勘之已明，固有可得而推類以盡之矣。至于聖賢之反身而誠，以實心而行實政者，則有四書之實證在，故曰有實德而不可假。一曰聖經有大體而不可紊。前史有言：儒者博而寡要，勞而罔功，此蓋未知大體之分耳。君職其要，臣職其詳，君明其義，臣能其事，君無爲，臣有爲，君代天，臣代君，蓋君有君之大體，臣有臣之大體也。智者不偏物而急先務，仁者不偏愛而急親賢，知大體故也。堯以不得舜爲己憂，舜以不得禹、皋陶爲己憂。以百畝之不易爲憂者，農夫也。解者以爲堯舜之憂大，不同農夫之憂小，非也。蓋以堯之憂不得舜，與舜之憂不得禹、皋陶，正如農夫憂百畝之不易，皆其職在是，故憂亦切切在是心，不敢有他用耳。君臣各有大體，教學何獨不然？師者，學爲君且學爲相者也。誠察知其大體，方且約而有要，詳而有體，又何博與勞之爲累哉？故曰有大體而不可紊。一曰聖經有大用而不可誤。人見聖人無可無不可，以爲聖人之能權如此，稍有可以自便者遂遷就以徇之，此非所以爲聖人之權也。《論語》曰：「君子之于天〔一〕下也，無適也，無莫也，義之與比。」《易》曰：「精義入神，以致用也。」《孟子》曰：「大人者，言不必信，行不必果，惟義所在。」又曰：「充類至義之盡也。」今人所謂義者安在耶？義尚不知所在，又安能精之而入神也。聖人之教以天子爲主，天子之局以天下爲量，《春秋》一

〔一〕「天」字下原衍「天」字，今删。

書，天子之所行于天下者備矣。有義之大者，有義之小者，《春秋》無所不辨，故無所不謹。然則《春秋》者固聖人精義之書與，莫尊于天子，莫大于天下。天子行于天下之義既精，則自天子而下，可引申觸類以精之矣。外義以言無可無不可，外君臣父子以言義，未有不爲小人之無忌憚者，故曰有大義而不可誤。一曰聖經有定品而不可襲。《論語》明言聖人君子善人有恒之不同，《孟子》明言善信美大聖神之不一。世儒惑于佛法，遂以爲聖人之學一悟即了，不假修證，一超直入，不由漸次，不落階級，此亦惑于其言，未嘗反身而驗之耳。試反身而驗之，入而事親有事親之事，出而事君有事君之事，還可一悟即了否？又可一超直入否？且彼日度衆生，日演法教，亦分三乘，亦分九地，固未嘗一悟即了、一超直入也。而儒者反信之牢不可解，亦痴甚矣，且愚甚矣。要之，佛法以君臣父子爲世法爲常道，欲掃而空之，故可一悟即了，一超直入。儒者以君臣父子爲大恩爲大義，故必行而後盡，斷斷乎必不可一悟即了，一超直入者，此儒佛之分千載未決之公案也。世儒惑于其言，止少反身自驗一着耳。試一驗之當自一笑而解矣，故曰有定品而不可襲。一曰聖經有神道而不可褻。帝王敬天畏天，蓋降祥降殃生物之天耳。《易》之所言，則天地之所以自生者也。略分爲六，則有性之神，有性兼命之神，有性兼象之神，有知來之神，有藏往之神，有往來互參之神。總合爲一則性命神化，原屬本末一貫之理，又屬始終一件之事，是天道之全局也。聖人不敢褻天以犯天禁，而又不敢掩天以滅天道，故立象盡意而天下之理與天下之能事已盡在其中矣。乃學之者上之既不能神明默成，次之又不能居安樂玩，惑于二氏乃反以聖人爲無神道，其果無神道耶？抑有神道而人不識耶？故曰有神道而不可褻。一曰聖經有全教而不可遺。祖天地有《易》，祖帝王有《書》，法祖宗有《詩》，親父母有《孝經》，尊天子有《春秋》，治天子之國有《周禮》，治諸侯之國有《儀禮》《曲禮》，合治天子以及諸侯又有《春秋》。此六經者，聖人與天下公共之者也，而不本于《孝經》，則六經不能約于一心。《中庸》自得于《易》與《禮》《樂》者也，《大學》得之于《詩》《書》者也，《論語》兼用六經以爲教者也。《中庸》以立本，《大學》以妙用，《論語》以敷教，隱居以求志者備矣，可以舍而藏矣。得君行道則六經用焉，行義以達道者亦備矣，可以用之則行矣。然不本于《孝經》則四書六經不本于真念，故曰：吾志在《春秋》，行在《孝經》。六經聖人之經教也，《學》《庸》《孝經》《論語》聖人之身教也。以身教立身而以經教行道，揚名後世以顯父母，而聖人之心事畢矣，故曰有全教而不可遺。雖然聖人之功大矣，聖人之教全矣，而一着于心則非所以爲浩浩其天也。一曰聖經有大功而不可掩。蓋奉天子以爲主，是大權不可貳者也。有天命以惕其心，有禮制以立其政，又合天命禮教而不可易，所謂至常而不可廢，至正而不可混，至中而不可諉皆在此矣。然且有大體之不可紊，大義之不可誤，實德之不可假，有定品而不可襲，是爲天子修身以至平天下計者固無所不備也。而又有至神之道以待顧問，有至備之經以爲貽謀，其爲天子慮一何周且遠也！分而言之，則有功天地，有功帝王，有功父母，有功師道，有功相道，有功學者。合而言之，則有功天子有經可據，固不得而掩也。若曰此有爲之法耳，掃而空之。然二氏之法亦多矣，未聞其盡掃而空之也，乃獨于聖人所以爲天子修身平天下者掃而空之，亦不公甚矣，且不仁甚矣，故曰有大功而不可掩。一曰聖經有盛德而不可名。聖人之道聚之于六經矣，合六經之教奉天子以爲主而已不自私焉，是聖心如天之至公者也。聖人之蘊聚之于四書矣，合四書之蘊第竊比于述者而已不自有焉，是聖心如天之至空也。爲天下萬世計，則欲其至公而無私；爲自心自身計，則欲其至空而無着。聖人且無所有而不自私，人又孰得而名之哉？故曰有盛德而不可名。合而論之，爲天下萬世計，莫大于經教，爲經教計又莫大于身教；體經教以爲身教，是聖人以身師天下者也；本身教以行經教，是聖人以道公天下者也，所謂大者先立乃在此矣。大者既立，何書不可讀，何事不可處，又何有于因革損益之間哉？是知聖人之經實天下萬世之規矩權衡，固方圓輕重之所自出也。彼以專業爲未足者，亦求之弗深，考之弗詳耳，何足語聖人之妙用哉！

聖心隱念篇

或曰：孟子謂孔子集大成，説者曰即三子之所長而時出之，其果然乎？曰：否。若是則所集者亦小甚矣，何以爲生民未有之至聖哉？

或曰：孟子願學孔子，説者又曰孟子出處進退一毫不苟，儼然孔氏家法也，其果然乎？曰：否。若是則所學者亦淺甚矣，何以稱名世豪傑之大任哉？夫願學者，正學其所集之大成者也。請陳其概。

或曰：孔子有先天之學焉。天地之理見前，即是伏羲之時尚未有文字也。仰觀俯察，遠求近取，其先天之學乎？孔子上律下襲，崇效卑法，凡天地之高卑、陰陽之摩盪、夫婦之知能、鳶魚之飛躍，無不有以觀其妙焉，斯所謂集大成者乎？曰：是矣，而未盡也。

或曰：孔子有後天之學焉。古今之變具在載籍，道莫盛于堯舜，法莫備于文武，伊尹稱監于成憲，傅説稱學于古訓，所從來矣。孔子祖述憲章、好古敏求、多識前言往行，贊《易》、删《書》、興《詩》、立禮成樂、游藝學文、闕疑闕殆，無非學古之爲惓惓。夫前兼見在之天地，此復兼已往之帝王，斯所謂集大成者乎？曰：是矣，而未盡也。

或曰：孔子有大全之智焉。孔子有言：「吾道一以貫之。」是故語形上而不遺形下也，語莫載而不遺莫破也，語顯仁而不遺藏用也，語大德而不遺小德也，語崇德而不遺廣業也，語知天而不遺知人也。夫天人也，上下也，古今也，幽明也，知行也，誠明也，德業也，神化也，無一不備而亦無一不貫，如太極之未分，如鴻濛之未判，斯其所謂集大成者乎？曰：是矣，而未盡也。

或曰：孔子有豫立之本焉。孔子有言：「天何言哉！四時行焉，百物生焉。」《大學》曰：

「壹是皆以修身爲本。」嘗觀其燕居也而申申夭夭，其在朝也而與與，其在廟也而便便，其與大夫言也而誾誾侃侃，其衣服飯食之各有其節也，其侍食應召、使擯執圭之各循其矩也，其居鄉問友、見冕式版之各中其則也，如四時之運行而不爽其候，如太和之周流而無處不貫，斯所謂集大成者乎？曰：是矣，而未盡也。

或曰：孔子有如天之量焉。子貢有言：「夫子焉不學，而亦何嘗師之有？」嘗聞其問禮於老聃，問樂于萇弘，學琴于師襄，問官於郯子，求助我于顔淵，稱起予于商賜，取管仲之仁，稱平仲之敬，録文子之三思，闡子産之四德。孺子之歌、蘧使之對以一言見取，借馬之行、潔己之進以一事見稱，農圃自以爲不如，三人猶以爲有師，其樂善之大，取善之周，如天地之無不覆載，如江河之無不容納，斯所謂集大成者乎？曰：是矣，而未盡也。

或曰：孔子有莫測之權焉。孔子有言：「我則異于是，無可無不可。」用則行而舍則藏也，樂則行而憂則違也，可以仕止久速而各隨其時也，可以行、可見、可公，養而不拘其迹也，可以見南子，可以見陽貨，可以應公山佛肸之召，而堅必不可磷，白必不可淄也，可以浮海，可以居夷，而卒非賢者所能測也。夫聖而不可知之謂神，斯其所謂集大成者乎？曰：是矣，而未盡也。

或曰：孔子有難名之德焉。曾子有言：「江漢以濯之，秋陽以暴，皜皜乎不可尚已。」嘗觀其君子之道而以爲無能也，鄙夫之問而以爲無知也，默識學誨而以爲何有也，出事入事以至不爲酒困，而亦以爲何有也。無思也，無爲也，無聲也，無臭也，巍巍蕩蕩而無能名也，淵淵浩浩而無能知也，是則與堯爲一，與天爲一也，斯所謂集大成者乎？曰：是矣，未盡也。

或曰：孔子有萬世之功焉。宰我有言：「夫子賢於堯舜。」説者謂以功論，嘗觀其贊《易》之有功于天地也，删《書》之有功于帝王也，删《詩》定《禮》之有功于先王也，修《春秋》之有功于時王也，作《孝經》之有功于父母也，著《論語》之有功于身心日用也。一人行之則一人之賢聖，人人行之則人人之賢聖矣；一時行之一時之治平，世世行之則世世之治平矣；是有功于萬世之帝王、萬世之學者也，斯其所謂集大成者乎？曰：是矣，而未盡也。

或曰：孔子有千古之公樂焉。其立教也，自天地、帝王、君臣、父子、身心、性命合而爲一，曰立天子爲皇極建于上，而率天下臣民咸效法焉，至變而不可混，至確而不可易，一樂也。其立德也，知理之一則以至誠無息。法天大德，三千三百，法天小德；知分之殊。則以事親事君者歸之己，以事親事天者歸之君，各安其分，各盡其心，各得其所，並行不悖，二樂也。其抱道也，天與人一，君與臣一，德與業一，教與學一，皇極既出於一道術，自無不同，可以卷而懷之以治一身，可以推而行之以治天下，可以近而述之以淑其徒，可以遠而垂之以詔萬世，無所不可，無所不妙，三樂也。斯其所謂集大成者乎？曰：是矣，而未盡也。

或曰：孔子有萬世之遠慮焉。世儒僅窺一理即操筆而談著述。當春秋之世百家皆紛然各出矣，乃孔子有作者之才而自居于述，遂使千古帝王之道因以獲存于世，一慮也。後儒未積寸善即矢口而慕神通，以窮神知化、知來藏往之聖，所謂神通非乎？且孔子抱神通之道而立教以人，遂使君臣父子之倫因以與天不朽，二慮也。舜紀五臣，武稱十亂，謂得人也。聖門諸賢何如哉？《孟子》曰：「禹稷顔子易地則皆然。」子西阻昭王之封，亦曰：「宰相孰如顔回，將帥孰如子路，游説諸侯孰如子貢、宰我，分治諸職孰如冉有、公西華。」然則諸賢之才豈在五臣十亂下哉？乃孔子有王天下之德，有王天下之佐，而安于臣職，篤于從周，遂使文武之後，天下之共主也既賴《春秋》以尊，而周公之後，則父母之邦也亦賴《春秋》以存，三慮也。斯其所謂集大成者乎？曰：是矣，亦未盡也。

或曰：吾之贊孔子者，自一至十。以道理言之，天地也，帝王也，君臣也，父子也，師弟也，身心也，無一不備矣。以學術言之，天人一貫也，知行一貫也，誠明一貫也，神化一貫也，德業一貫也，教學一貫也，無一不備矣。以德行言之，本之於心而體之於身也，事親于家而事君于國也，公之于天下而垂之于萬世也，無一不備矣。以功業言之，有功天地也，有功帝王也，有功先王也，有功時王也，有功父母也，有功身心日用也，總之有功于萬世之帝王、萬世之學者也，無一不備矣。子猶以爲未盡也，豈天地古今之理猶有出乎其外，而孔子之聖猶有加乎其上者耶？孟子之願學者安在？願聞其旨。曰：子之言詳矣，非謂道之猶出乎其外，特子之未遡其本也；非謂聖之猶加乎其上，特子之未諒其心也。

或曰：子謂此言聖人之德而未及聖人之心也，豈聖心別有在耶？曰：孔子不云乎，「吾志在《春秋》，行在《孝經》」，此人倫之大本而聖心之至情也。

或曰：此緯書之語耳，不見于經，子安得據之以爲願學之案乎？曰：是固緯書之語矣。《孝經》不云乎，「身體髮膚不敢毁傷，孝之始也；立身行道，揚名于後世以顯父母，孝之終也」。夫孝始于事親，中于事君，終于立身，此亦不足據乎？

或曰：信斯言也，亦人道一節之行耳，何與於聖德之大而以爲願學者在是哉？曰：正爲世儒視孝太輕，故不足以知聖人之心，明聖人之教而適，自陷于二氏之流耳。子試思，帝王之盛孰如堯舜？夫堯居天子之位，此無論矣。舜固自匹夫而歷試而受禪者也，一身而三變矣。又父頑母嚚象傲，娶妻而不得告處，人倫之變亦無過于此矣。乃孔子總其尊富享保之隆、禄位名壽之全，一言以蔽之，曰大孝。天下之道又豈有外于孝乎？聖人之德又豈有加于孝乎？

或曰：子之言則然矣，顧孔子未嘗以孝聞而强以孝加之，不亦迂而無當乎？曰：子以爲晨昏定省、菽水承懽之謂大孝乎，抑立身行道、揚名顯親之謂大孝也？夫孔子少而失父，試以孝子之心推之，則其思慕之念蓋有無時而不切者矣。顧已無可奈何，則豈不復求其所可自盡者乎？夫事親之道自守身始，聖人之孝固未嘗遺庸行也。一舉足不敢忘父母，一出言不敢忘父母，非道不言，非法不行，此可謂士人之孝矣而未也。明一貫之道，存忠恕之心，仁以爲己任，大節不可奪，此可謂賢人之孝矣而未也。夔夔齋慄，克諧允若，繼志述事，立愛立教，始于家邦，終于四海，此可謂聖人之孝矣而未也。上律下襲，祖述憲章，大德敦化，小德川流，會天地於一身，萬象異形而同體，通今古於一息，百王異世而同神。神無思也，化無爲也，寂然不動，感而遂通天下之故，非天下之至神其孰能與于此，斯其爲神人之孝矣。然果其至矣乎？猶未也。謂證聖者在一身而未能移之以事君，未及乎天下與萬世，非所謂無窮之孝思也，于是乎《春秋》作焉。夫《春秋》之義，其大者人知爲奉天以正王，奉王以正天下耳，而不知此固由《孝經》以推之者也。蓋人君之孝與人臣不同，人臣之孝事親至事君而止，人君之孝事親至事天而極。夫孔子之孝固神人之孝也，而孔子之位則人臣之位也。故以事君者效之己，而以事天者效之君。若曰吾以事親者事君，而以尊君者顯親，庶有以盡生平之一念乎，則所以爲立身行道計者，何可不詳且盡也。請復證之，文王稱止孝，武王稱孝思維則，而天王固文武之後也，獨無法祖之思乎？孔子删《詩》自二南至三頌，無非稱引文武之德，則天子之孝也。然文武誠至德矣，第一代之孝耳。孔子删《書》，始唐虞，繼夏商，其進天王以堯舜之盛，而兼二代有道之長乎，合歷代又進于當代矣。然堯舜誠至矣，猶聖人之孝也。孔子贊《易》，崇效天卑法地、窮神知化，成變化而行鬼神，其進天王以天地之孝子，而立萬世帝王之皇極乎，合天地又進于帝王矣。夫立身則極于神人，行道則極于天地，此正孔子之移事親以事君者，而總之不出孝之一字，正所謂一孝立而萬善從也。然則一以貫之，其貫以孝之一字乎，是聖門之一粒靈丹也。

或曰：子以孔子之聖本于孝之一念，然則除去十贊而單提一孝，亦可以見孔子乎？曰：非謂是也。子之十贊盡孔子之大觀矣，生民未有之盛洋洋乎如在目前矣。顧嘗試譬之先天大圖，大員外運，大方中處，天地大觀豈復有加于此哉？然使不遡及于太極，無乃失其本乎？故孔子之十贊，則孔子之先天大圖也，觀止矣。所謂孝之一字，則孔子一生之心事也，所謂孔之太極其在此乎？千聖復起不易吾言矣！

聖祀尊崇篇

或曰：孔子身教經教，信乎生民未有之盛矣，然在當時亦人臣之位耳，謂之萬世帝王之師不已僭乎？以爲下不倍之義推之，竊意孔子之心亦必有所不安矣。曰：是何持論之不公不平也！必位在天子而後可師，則桀紂皆天子也，後世之天下何不奉之以爲師耶？彼老氏柱下史耳，且居上帝之前，然猶曰中國之神也。至佛氏則外夷之神矣，後世之人合掌膜拜以尊禮，未聞以位非天子而遂卑視之也。然則孔子之可師當以道德論，而不當以位論亦甚明矣。世徒見《書》之所稱「天降下民，作之君，作之師，惟其克相上帝」，遂以爲君師等耳。又見湯之于伊尹學焉而後臣之，則又以爲師亦終爲臣耳。不知作君作師，蓋爲王者名世，同時而出者義不可以兩大，故不得不學焉。後臣執此以論，孔子于在生之時則以至聖而安于臣位，其謙讓至德固已與泰伯文王先後一揆矣。迨至後世則孔子固在天之神也，佛老則以神論，孔子則以位論，何其不公之甚也！況佛老之爲神以性命，第一人之私耳。乃孔子之爲神，有功天地，有功生民，有功往聖，有功後學。人類之所□□□□□□而復蕃，世道之所以常治興亂而復治，皆孔子之教維之也。向使無父子之倫，則人類之滅久矣，無君臣之教則世界之亂極矣，將何人教之長生，又將何人爲之度脱，是二氏之神亦恃有孔子之神而後神者也。乃二氏則神之，孔子則人之，而且臣之，抑何不平之甚哉！且世之學者亦嘗深求，天之所以縱孔子以爲萬世帝王之師者乎。蓋孔子之教即孔子之功，而孔子之功即孔子之德也。自非以天下萬世爲心，必欲其人類之蕃、世道之治，大而無外，久而無窮，豈能慮之周，悉一至此哉？昔賈彪爲令不許人溺所生之男女，其後有生者遂皆以賈名之。孔子力扶父子之教，不知幾萬倍于賈彪矣。晉之雍季雖居草野，不失君臣之禮，文公賞功遂以之居首。孔子力扶君臣之教，不知幾萬倍于雍季矣。是孔子之身教經教即孔子之實德實功所貽于萬世者也。夫孔子之功如彼其大，德如此其隆，所謂生民未有之盛亦既信而有徵矣。然德或聖人亦有之，功則未必有兩焉，是合孔子之身教經教，真天地之全局也。嘗謂聖人必先誠其身，而後分任天下。夫分任天下不過君相師士，分固殊矣，而其誠身之理則一。惟世之論學者，或言性命而遺德業，或言德業而遺神化，或言身教而遺經教，故不知孔子之爲至神至聖，反以臣位議之耳。倘合天之全局以按孔子之全局，真見其一一符合而無所遺，且無所異也。則雖世世帝王之祀天，以其中奉上帝，左以奉孔子爲作師，右以奉祖宗爲作君，是謂陟降在帝左右，豈不愈爲郊社之光也哉？不然后稷臣也而配天，文王侯也而配上帝，不過以子孫之貴故極其尊崇耳，固非如孔子有功于萬世之帝王也。夫以爵位而尊之，孰與以功德而尊者之尤爲至公也？姑識于此，以俟後世之公論焉。

圖書在版編目(CIP)數據

清署經談 / (明) 王啓元撰;陳玄點校. —上海:上海古籍出版社, 2017.12
(嶺南思想家文獻叢書)
ISBN 978-7-5325-8685-1

Ⅰ.①清… Ⅱ.①王… ②陳… Ⅲ.①王啓元—哲學思想—文集 Ⅳ.①B248.995-53

中國版本圖書館 CIP 數據核字(2017)第 302279 號

嶺南思想家文獻叢書

清署經談

[明] 王啓元 撰

陳 玄 點校

上海古籍出版社出版、發行

(上海瑞金二路 272 號 郵政編碼 200020)

(1) 網址: www.guji.com.cn

(2) E-mail: gujil@guji.com.cn

(3) 易文網網址: www.ewen.co

惠敦印務科技有限公司印刷

開本 890×1240 1/32 印張 12 插頁 2 字數 230,000

2017 年 12 月第 1 版 2017 年 12 月第 1 次印刷

ISBN 978-7-5325-8685-1

B·1039 定價: 52.00 元

如有質量問題,請與承印公司聯繫